岭南中医药文库

岭南中医药文库·产业系列

合力发展 济世为公

——广州白云山制药股份有限公司白云山何济公制药厂发展史

主　编　廖文春

廣東省出版集團
广东科技出版社
·广州·

图书在版编目（CIP）数据

合力发展　济世为公：广州白云山制药股份有限公司白云山何济公制药厂发展史/廖文春主编．—广州：广东科技出版社，2012.11
（岭南中医药文库．产业系列）
ISBN 978-7-5359-5693-4

Ⅰ．①合…　Ⅱ．①廖…　Ⅲ．①制药厂—工厂史—广州市　Ⅳ．①F426.7

中国版本图书馆CIP数据核字（2012）第081695号

责任编辑：邓　彦
封面设计：丁青云
责任校对：罗美玲
责任印制：罗华之
出版发行：广东科技出版社
（广州市环市东路水荫路11号　邮政编码：510075）
http：//www.gdstp.com.cn
E-mail：gdkjyxb@gdstp.com.cn（营销中心）
E-mail：gdkjzbb@gdstp.com.cn（总编办）
经　　销：广东新华发行集团股份有限公司
印　　刷：广州伟龙印刷制版有限公司
（广州从化太平经济开发区创业路31号　邮政编码：510990）
规　　格：889mm×1 194mm　1/32　印张：10.125　字数　240千
版　　次：2012年11月第1版
2012年11月第1次印刷
定　　价：42.00元

内容提要

老字号承载的是老百姓对民族品牌的热诚。“何济公”是一个起家于新式成药的老字号，近百年来不断兼容发展，中西并举，目前是国内最专业的解热镇痛药和外用药生产企业，尤其在中药外用药方面独树一帜。它的历史，它的文化，充满传奇又满载辉煌。

在抗战前夕诞生的“何济公”品牌，以“半为慈善半营生，利己利人驰盛誉”的理念，投身商海，实业救国；以廉价高效和善于经营，贴近民众而赢得声誉。新中国成立后，这一品牌旗下合并和整合了37家（其中有的比“何济公”诞生还早）药厂、社，现已演变为广州医药集团有限公司（简称广药集团）旗下白云山制药股份有限公司下属的制药生产企业，是国家商务部第一批认定的“中华老字号”企业。

历史的风雨擦亮了“何济公”的品牌，市场的浪潮不断地抬升拳头产品阿咖酚散和“701”跌打镇痛膏的销量与影响，还有浴火而生的“向秀丽精神”等等，都为新中国药业史写下了浓墨重彩的一笔。

通过对“何济公”历史的回顾，我们可以读到在一个企业成长的过程中，精神的引领作用，品牌的感召力量，科技的创新机制，以及营销的传播推动是如何有机地结合，铺就今天横跨中西药业的广州白云山制药股份有限公司白云山何济公制药厂（简称白云山何济公）的成功之路。它的未来，又将书写岭南中医药产业的新篇章。

《岭南中医药文库》组委会

《岭南中医药文库》出版工作委员会

《岭南中医药文库·产业系列》编委会

《合力发展　济世为公——广州白云山制药股份有限公司白云山何济公制药厂发展史》编委会

主　编　廖文春

副主编　陈伟平　陈仲森

编　委（按姓氏笔画排序）

王建平　付　涛　吕建章　孙秀玲
汤宇梅　阮　文　肖　峰　邹德润
陈伟平　陈仲森　陈政权　陈扬雯
陈康荣　罗　丹　曾亚仑　曾智明
廖文春　潘秉升

序

岭南，在传统上是指越城、大庾、骑田、都庞、萌渚五岭以南的地区。这个地区的地理和人文环境富有特色，是我国地域文化中的重要分支。广东是岭南地区的核心地域，近代以来社会经济和科技文化发展均走在地区的前列。在这里，传统中医药以独特的作用深得人们信赖，一直呈现生机勃勃的局面。

2006年以来，广东省委、省政府先后出台了多个促进广东中医药发展的重要文件，提出要将广东从“中医药大省”建设成为“中医药强省”，这无疑为广东中医药的腾飞增添了巨大的推动力。其中，《岭南中医药文库》（以下简称《文库》）的出版就是一项具体的措施。遵《文库》编委会之嘱作序，略述感言如下。

一

从中国文化发源来看，中国文化的主流发源于中原一带。中医药学是从中原传入岭南的。晋代有葛洪、支法存、仰道人等活跃于广东，唐代开始有李暄《岭南脚气论》等以岭南为名的方书，可见医学与岭南挂钩，岭南医学成为中医药学科的一个分支，为时至少已有千多年了。

晋唐时期，岭南的中医学就已经体现出自身的特色，例如在研究当时流行的脚弱病（脚气病、维生素 B_1 缺乏症）方面成果突出。唐代《千金要方》卷七论风毒状第一："论曰，考诸经方往往有脚弱之论，而古人少有此疾，自永嘉南渡，衣缨仕人多有遭者，岭表江东有支法存、仰道人等，并留意经方，偏善斯术，晋朝仕望多获全济，莫不由此二公。"可见岭南医学善于创新。另外，从《千金要方》、《外台秘要》、《肘后备急方》等书中还可见葛洪、支法存等对蛊毒、沙虱热（恙虫病）、疟疾、丝虫、姜片虫等传染病有不少治疗方药，对岭南热带地区传染病的研究成就亦较为突出。这些成就不是由中原带来，而是吸取多地民间医药精华，加以总结得之。

宋代开始，岭南医学界人才辈出。先有陈昭遇，开宝初年至京师为医官。陈昭遇与王怀隐等3人历时11年编成《太平圣惠方》；又与刘翰、马志等9人编成《开宝新详定本草》20卷。绍兴年间（1137年），潮阳人刘昉著的《幼幼新书》为岭南儿科学的发展奠定了良好的基础。可见宋代岭南已有国家级的医家出现。元代释继洪撰《岭南卫生方》，其中就收录了不少宋代医家的经验方，标志着具有岭南特色的方药学已初步形成。

明清时期是岭南中医学大发展的年代。明代，有丘濬、盛端明等有名望的医家出现；还有浙江人王纶所著的《明医杂著》，是其在广东布政司任内完成的；一代名医张景岳的《景岳全书》，亦是在粤地一再印行方传世。上述著作对岭南医学的影响很大。清代，对全国有较大影响的医家何梦瑶，被誉为“南海明珠”；儋州罗汝兰著《鼠疫汇编》，丰富了对急性传染病的诊治经验；清末，西洋医学传入我国，岭南首当其冲，出现了朱沛文等主张中西汇通之医家。岭南医学的中医小儿科继续取得突出成就，在清代中期刊行了罗浮山人陈复正的《幼幼集成》后，清末又有程康甫著《儿科秘要》，由博返约，把儿科证候概括为八门（风热、急惊风、慢惊风、慢脾风、脾虚、疳积、燥火、咳嗽）；治法约以六字（平肝、补脾、泻心），举一反三，给人以极大的启发。民国时期儿科名医杨鹤龄继承程氏学说，著《儿科经验述要》。杨氏在育婴堂从 17 岁起独立主诊病婴，每天巡视、处理危重病婴数次，故育婴堂可称儿童医院之雏形。他积累了丰富的治疗危重病儿的经验，后来自己开业，日诊两三百人。西医张公让曾不断观察其诊证，亦深为佩服其医术之精也！

而广东草药在清代至民国时期也得到很好的整理，名作有何克谏的《生草药性备要》、《增补食物本草备考》和萧步丹的《岭南采药录》等，为中药材增加不少岭南草药品种。

上述可见，岭南医学至清代挟其岭南之特色已达相当高的水平。光绪三十二年（1906 年）广州就有医学求益社之成立，相当于今天的医学会，以文会友，每月一次。被评得第一名者，发表论文于报端。上月头名即为下一届论文的主审员，无形中开展学术之竞争。后继者有广州医学卫生社。但岭南医学之发展达到高峰则是在民国时期后，主要是在医学教育培养人才方面成绩突出。民国时期，学校教育开始举办，著名的有广东中医药专门学校与广东光汉中医专门学校，均为岭南中医学界培养了许多人才。虽然民国时期受国民党政府消灭中医的压迫，但岭南医学学术仍然日益繁荣，影响至香港和东南亚一带。中医药为岭南人民健康事业立下了不朽的功勋。

回顾岭南医学发展的脉络，晋代中原移民带来的先进医术与岭南地区医药相结合；宋代以后，长江流域的医药学术带入岭南，又促进岭南医药学的发展，加上自身的成就，岭南医药学成为有浓郁的岭南特色的医药学派。历史同时也表明，医药事业与地区社会经济发展状况紧密相关。当代广东改革开放已先行多年，经济文化各方面都打下了厚实的基础，在有力的政策推动下，聚集人才。可以寄望今后，岭南中医药学必将产生飞跃式的发展，实现中医药强省的目标。

二

研究地方医药学，其实也是为中医药学事业整体作贡献。自 1977 年美国恩格尔教授提出医学模式理论以来，西方医学正在由“生物医学模式”向“生物—心理—社会”医学模式转变。其实我国传统医学一开始就重视心理因素、环境因素，中医药学研究还不能脱离地理环境、社会环境、个人体质、时间因素，故应该因时、因地、因人制宜地去研究疾病预防和治疗。

对于环境与人类社会的关系，古今中外都有过各种讨论。我国伟大的历史学家司马迁，在《史记》中分别论述了 4 个主要经济区域与人的性格和社会风俗的关系。西方的亚里士多德也将地理环境与政治制度相联系，认为地理位置、气候、土壤等影响个别民族特征与社会性质。德国哲学家黑格尔的《历史哲学》也将地理环境看做是精神的舞台，认为是历史的“主要的而且必要的基础”，不同的环境会有不同的历史进程。至于自然科学，虽然研究的是事物普遍的客观规律，但科学也具有社会性的一面，客观规律在实际应用中总是有着对特定时间、地点与人群的针对性，不同地区的客观条件也对科学实践与发展有不同程度的影响。

医学既属于自然科学，又具有很强的社会性。医学技术的基本规律是一致的，但其实际应用必须考虑到个体的特点。中医自古以来就深刻地认识到这一点，注意地理环境、气候与人的体质对疾病和医药的影响，提出了“因时制宜、因地制宜、因人制宜”的原则。唐代《千金要方》指出：“凡用药，皆随土地所宜，江南岭表，其地暑湿，其人肌肤薄脆，腠理开疏，用药轻省，关中河北，土地刚燥，其人皮肤坚硬，腠理闭塞，用药重复。”就是具体的例子。

我国幅员辽阔，由于地理环境的差异和历史上开发的先后，各个地区医学发展水平不一。而每一个地区医学水平的提高，往往也充实了中医药学理论的实际内涵。元代朱丹溪对南方人体质和疾病的认识，就很好地补充了此前以北方经验为主的医疗知识。明清时期江南瘟疫流行，又促使了温病学派的形成。岭南地区的气候、地理环境和疾病谱也有特殊性，药材资源又相当丰富，若加以认真研究，完全有可能产生创新性理论。每一个地区中医药特点的形成，必然是对传统医学理论的继承性与实际运用的创造性相结合的结果。小的突破，至少丰富了中医临床的风格，增加了地方性的应用经验；大的突破，有可能形成新学说，带来整体性的变革。所以，研究地方医药学，其意义同样是相当深远的。

三

现代中医药研究，必须坚持以临床为出发点。近代岭南有许多临床水平出众的名医，饮誉国内外。现代岭南中医药发展应继承这一良好传统，抓好临床学术的传承。建设中医药强省的文件中很重视对名医学术的整理和对基层中医的培训，是十分有远见的。本套《文库》也注重对当代名中医学术经验的整理，这种整理就是学术传承的一种方式，并可为更多临床中医提供参考。

另外，岭南中医药的发展也应加强理论的研究。岭南医学发展历程如果横向比较，有全国影响或有重大突破的中医学理论著作还是不多的。这也许与以前岭南远离北方的传统政治文化中心有关。但在学术交流频繁、信息渠道通畅的今天，要想中医药理论有大的发展，关键还是要加强研究，提高水平，要对临床经验进行凝练和升华，对中医药理论进行务实的思考。近年，我们提出的“五脏相关学说”就在全国引起较大的反响，并被纳入国家“973 计划”中医药理论基础研究专项。在处于思想解放前沿的广东，完全应该迈出更大的步伐，促进中医药理论的现代化。

现代中医药的研究，又完全可以应用最新科学技术。葛洪《肘后备急方》记载的青蒿治疗疟疾，经过多年的不断研究实践，目前已发展成为世界最先进的抗疟新药。中医药治疗艾滋病、SARS，在临床有效的基础上，对其机制的深入研究有助于阐明其科学原理。但这种研究必须坚持中医药学主体性和中医药理论的主导性。

同样，现代中医药的发展也离不开产业的支持。广东中药产业有着非常好的基础，中药的种植和中成药的生产销售成为许多地方的支柱产业之一。正像民国时期创立广东中医药专门学校的前辈所说：“中国天然之药产，岁值万万（现在已远不止此数了），民生国课，多给于斯。”产业的发展既带动了地方经济，又为中医药的研究提供了良好的条件。研究中医药产业的发展策略，也是重要的课题。

《文库》囊括了前述各方面。这些学术、临床、科研及产业等的成果和经验得以系统整理出版，是岭南中医药界的盛事。岭南先贤梁启超先生诗云：“世纪开新幕，风潮集远洋。”相信《文库》能以海纳百川的气魄，汇集新知，刊布精义，成为21世纪岭南中医药腾飞的基石！是为序。

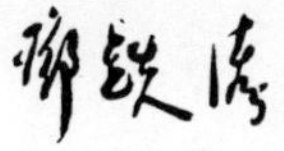

2008年4月

前　言

中药产业系列丛书是《岭南中医药文库》板块之一，是广东建设中医药强省的重大文化工程，由广东药学院和广东省食品药品监督管理局负责，组织数百人，充分调研，深入挖掘，精心策划，依据丰富的档案史料编纂而成的一套具有标志性意义，集中反映广东中药产业发展历史和水平的系列丛书。

广东中药产业历史悠久，中成药生产有1 300 多年历史。早在东晋时代，海幅禅院制造的金汁水是岭南中成药的原始产品。明万历元年（1573 年），佛山梁仲弘蜡丸馆的创立标志着岭南药业正式诞生。明清时期涌现了前店后作坊形式的药铺，有些发展成为了今天的药厂，其中200 年以上历史的药铺如陈李济药铺（1600 年）、冯了性药铺（1659 年）、黄中璜药铺（1662 年）、保滋堂药铺（1669 年）、敬修堂药铺（1790 年）、采芝林药铺（1806 年）。新中国成立后，逐渐形成了独立的、较为完整的中成药工业体系，特别是改革开放以来，广东中成药工业发展迅猛。2006 年，广东省委、省政府作出“建设中医药强省”的决定，广东中药产业继续保持增长态势，中成药产量近 12 万吨，占全国 13%，名列全国第一，广东已成为名符其实的中药大省。为充分挖掘广东中药产业的企业文化内涵，扩大企业影响力，促进广东中药产业的可持续发展，我们组织编纂了《岭南中医药文库·产业系列》丛书，这对提升广东中医药产业的地位和水平具有现实和深远的意义。

本丛书内容真实可靠、图文并茂，具可读性、趣味性和参考性，既紧扣岭南传统中医药特色，又兼具新兴中药产业的代表性。该系列组织了 11 家广东知名品牌中医药企业：广州中一药业有限公司、广州王老吉药业股份有限公司、广州潘高寿药业股份有限公司、广州白云山和记黄埔中药有限公司、广州白云山制药股份有限公司白云山何济公制药厂、康美药业股份有限公司、广州敬修堂（药业）股份有限公司、佛山冯了性药业有限公司、广东一方制药有限公司、广州采芝林药业有限公司、佛山德众药业有限公司，每家企业自成书稿 1 部。这些中药企业中，有历经百年、基业常青的中华老字号，也有近年诞生崛起的药业新秀。它们独特的品牌优势、卓越的产品质量、严谨的科研态度、科学的现代管理、不懈的创新精神、准确的市场定位、有效的营销推广、顾客至上的服务理念以及清晰前瞻的发展思路渗透在每本书的字里行间。读者在研读中将得到享受和启迪，掩卷萦思，回味无穷，收益良多。

丛书编写工作量较大，前后历经近 10 次会议交流、讨论和修改，特别是材料收集筛选方面，有些企业发展历史悠久，历史资料有所失散或断层，这些都给编写带来很大难度。由于编写时间紧迫，难免出现错误和不妥之处，欢迎各位同行和广大读者提出宝贵意见和建议。

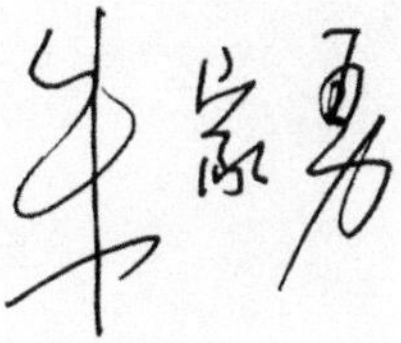

2010 年 2 月

目录

第一章 企业概况

本章看点

- 广州白云山制药股份有限公司白云山何济公制药厂（简称白云山何济公）横跨中西药业，尤其以中药外用药在岭南中医药产业中独树一帜。它的成功得益于品牌文化和向秀丽精神，从民国时期的一间药店到合并、整合了37间厂、社的制药厂，使“何济公”品牌不断壮大。
- “何济公”的特点是中西合璧、内外并举，拳头产品阿咖酚散独步天下，“701”跌打镇痛膏家喻户晓，推动白云山何济公成为解热镇痛药和中药外用药的旗手。

“何济公”，一个驰名的老字号品牌。这个品牌的拥有者白云山何济公，是广州医药集团有限公司（简称广药集团）旗下广州白云山制药股份有限公司下属的制药生产企业，是商务部第一批认定的“中华老字号”企业。

白云山何济公新市厂区风貌

商务部授予“中华老字号”牌匾

作为国内最专业的解热镇痛药和外用药生产企业，白云山何济公目前拥有15个药品生产质量管理规范（简称GMP）认证剂型，拥有260多个国药准字品种，9个大项的专利，3个国家级中药保护品种。拥有“药品生产许可证”、“医疗器械生产企业许可证”、“全国工业产品生产许可证”、“化妆品生产企业卫生许可证”、“食品卫生许可证”。药品有散剂、滴眼剂（含激素类）、软膏剂、乳膏剂（含激素类）、眼膏剂（含激素类）、栓剂、溶液剂（外用）、胶囊剂、颗粒剂、橡胶膏剂（含激素类）、贴剂、滴鼻剂、喷雾剂、溶液剂、搽剂等15个剂型。

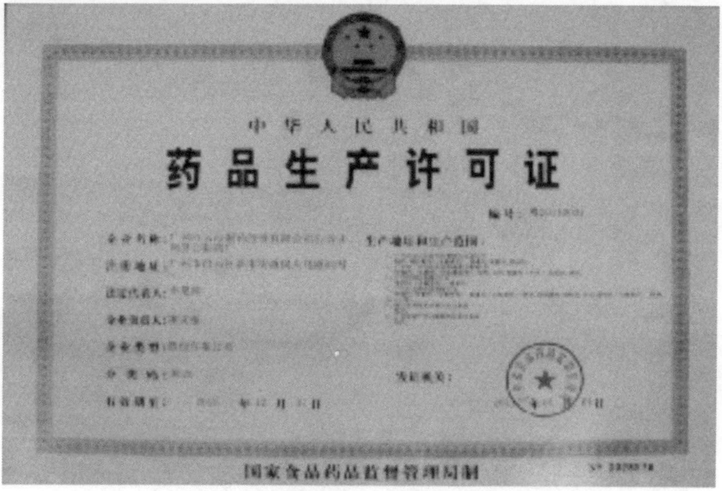

药品生产许可证

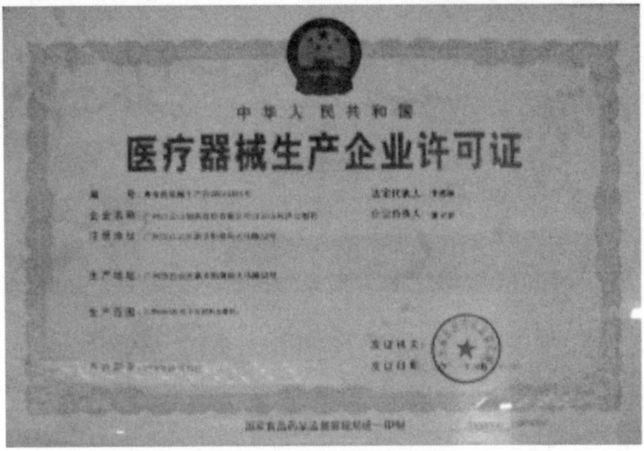

医疗器械生产企业许可证

白云山何济公部分名牌产品

白云山何济公横跨中西药业，尤其以中药外用药在岭南中医药产业中独树一帜。它的历史，它的文化，充满传奇又满载辉煌。

第一节 济世为公创传奇

何济公，一个始创于20世纪30年代的品牌。在新中国成立以前，它的品牌影响力仅仅十余年便遍及城乡，无人不知，可以说是当时民族制药工业的奇葩。

一、一干多支，合流济世

中国的药业历史悠久，宋代开始就有官营成药局，明清以来很多中药老字号都有拿手的成药产品。到了近代，西医西药逐渐进入中国。一开始国人对西药抱有怀疑和排斥的态度，例如1872年上海《申报》就记载说："国之人视西药竟有甚于鸩毒者，相戒勿服。"后来西医药的长处渐渐得到了社会认可，外商便纷纷进入中国开设西药房，西药行业由此在中国发展起来。1850年有英国商人在广州沙面开设屈臣氏药房，1886年英商老德记和屈臣氏已经在上海、天津等21个城市开设了分号。华商也开始介入这一行业，1882年归侨罗开泰在广州首设泰安大药房，以后各地华商西药房不断增多。

清朝后期，中国市场上的西药主要依靠进口。到20世纪初，中国才开始有西药制药工业。上述屈臣氏药房、泰安大药房等都设有自己的成药制剂部门。而专门的西药厂，以1900年英商施德之在上海开设的施德之药厂为最早，1902年梁培基在广州兴建的梁培基药厂则是最早由华人设立的西药厂。其后西药厂陆续增多，大多数都是利用进口的原料药，加工为成药制剂出售，如用奎宁制成发冷丸，用山道年制成疳积饼等。在1938年前后，广州有这类生产西成药制剂的药厂（社）30多家，产品100多个。逐步形成的新兴民族制药工业，其整体规模虽不大，但在国内市场上已初步可与外商相抗衡，避免利益外流。

“何济公”就是在这样的背景下创业的，并且取得了相当独特的成功。

“何济公”的创始人何福庆，20世纪20年代在汉口谋生，后与人合股开办广东药行，以此起家并渐有积蓄。1936年间，何福庆获得配方研制成“灭痛星”（后改名为解热止痛散，即现在的阿咖酚散前身）。1937年，他回到广东，次年在广州河南鹤洲直街积善里开办了何济公药行。之所以取名“何济公”，是有意效法南宋时传奇医僧济公普济众生的精神，树立将医药和慈善相结合的品牌形象。

民国时期“何济公”注册商标

何济公药行创办后，主要生产解热止痛药“灭痛星”。当时正值全民抗战，这一药物适应战时需要，被大量应用于支持前线。1938 年 10 月 21 日广州沦陷，何济公药行被迫迁往上海。直至 1945 年抗战胜利后，才又从上海迁回广州。

抗战胜利后，何济公药行继续采取灵活的经营方式，取得了商业上的较大发展，其主打成药“灭痛星”于 1946 年改名为“止痛退热散”，行销全国各地。由于“何济公”谐音“活济公”，故在长江南北一时出现了“广东有个活济公”的传说，“何济公”之名不胫而走。

“何济公”这一字号，从 1938 年起一直延续使用到今天。不过，今天人们所看到的“何济公”，既是当年那个何济公药行的延续，也不完全是。今天的白云山何济公历史，可以说以当年的何济公药行发展史为干流，但又接受了许多其他药厂发展史的支流融入。

这些支流，有许多也是当年怀抱实业救国志向的民族医药工业先驱。例如正式创立于 1881 年的徐宁远堂，起初是中药材铺，后来运用新式生产工艺生产清凉油；创立于 1921 年的灵芝药厂，以“十灵丹”闻名；创立于 1923 年的新民敷料厂，是广州最早的卫生材料生产厂家；创立于 1936 年的普济药厂，其产品“柠檬精”的广告曾遍及城乡；创立于 1940 年的张农林药社，是国内较早生产兽药的厂家……直到新中国成立初期，在 1952 年广州市成药联合供销处的名单上，何济公止痛散、灵芝十灵丹、万灵正金油、农林肥猪菜、梁永馨回春油、百灵药社百灵油、徐宁远堂百胜油等，仍然被并列为各厂当家的驰名产品。

1952 年普济成药社（原普济药厂）“柠檬精”止痛退热散广告

新中国成立后，工商业走社会主义道路，实行计划经济，厂家公私合营，产品同类归并，集中生产。于是许多原来基本是手工作坊的厂家进行了合并。“何济公”作为最有影响力、群众基础最好的品牌，于是成为合并中的领军者。各个品牌逐步统一到“何济公”名下。产品方面，与何济公止痛散性质类似的十灵丹、柠檬精逐渐不再生产。它们的精髓，已经充实到“何济公”企业中共同发展。

在历史的演变中，上述这些药厂，最终融汇到“何济公”这一品牌旗下，共同延续济世利人的事业。它们的融入，使今天的白云山何济公的历史之河更加延长拓深，更具有历史厚度。

20 世纪中叶以来，“何济公”品牌的载体，经历了多次重组，产业结构不断地调整。其中在 1964 ～ 1980 年长达 16 年的时间里，由于历史原因“何济公”商标曾一度消失，企业也改名为广州第六制药厂。随着改革开放的深入发展，品牌的价值重新为人们所认识。1980 年 12 月 7 日，广州第六制药厂复名为广州何济公制药厂。1985 年 4 月 1 日与广州第八制药厂合并，仍名广州何济公制药厂。2002 年 10 月，改制为广州何济公制药有限公司。2005 年 5 月更名为广州白云山何济公制药有限公司。到了 21 世纪，又经历了商品经济大潮中最重要的一次重组，与从广州卫生材料厂发展起来的白云山外用药厂进行合并，强强联合，成为了解热止痛药与外用药双旗并擎的新企业，即今天的白云山何济公。

1994 年广州何济公制药厂正门

1988 年广州卫生材料厂新市厂区奠基纪念碑

从支流算起，今天的白云山何济公经过100多年的发展，前后经历了4次重大合并，5次更名，10次厂址搬迁，共合并了37间厂、社。无论名称怎么变，企业始终延续着“何济公”的品牌命脉和企业精神，不断发展，成为全国生产解热镇痛药和外用药产量规模最大的知名制药企业。

二、品牌文化，引领超越

“何济公”品牌的载体在不同时期名称不一，但一直保持着一贯的企业精神和文化，这是“何济公”品牌得以持久响亮并不断发展的重要因素。

“何济公”品牌的文化，令人印象最深刻的莫过于创业者何福庆提出的“半为慈善半营生，利己利人驰盛誉”经营理念；传扬最广泛的莫过于著名英雄人物向秀丽留下的“舍己为群，甘于奉献”的敬业精神。

中国传统医药商业，有久远的历史。医药是特殊行业，人们对这一行业各持有独特的价值评判和道德标准。唐代著名医学家孙思邈在《大医精诚》篇中说，医生治病，须“先发大慈恻隐之心，誓愿普救含灵之苦，若有疾厄来求救者，不得问其贵贱贫富”，“医人不得恃己所长，专心经略财物”。这些都成为医家药业的道德规范。古代药店取名，多包含有德、仁、济、利等字眼，公开向社会承诺这一宗旨。每逢大疾疫灾，不少店铺都会特制汤丸药等给大众。

“何济公”这一品牌，也深深地打着传统文化的烙印。它的店名取自医药济世的“济公”，它的经营理念“半为慈善半营生，利己利人驰盛誉”，建立在传统文化以德为本的基础上。“半为慈善半营生 利人利己驰盛誉”这句话，阐述了“慈善”与“营生”，“利人”与“利己”四者的关系处理问题。高度概括了企业社会责任及个人道德标准。“何济公”品牌创始人何福庆明确强调企业经营发展的同时不可推托企业社会责任，既要慈善又要营生，营生不忘慈善。这一理念虽然比不上“毫不利己，专门利人”那么崇高，但对于企业来说却是实实在在、不尚空谈的务实经营原则。

“何济公”品牌的主打产品解热止痛散，其特点是高效价廉，贴近民众，深受平民百姓欢迎。这也是“何济公”品牌长盛不衰的群众基础。在 1947 年的重庆曾发生这样一件事，当时由粪夫组成的重庆市运肥业职业工会有多达数千人的会员，平时有钱人看不起粪夫，但这年正值国民政府立法代表、国大代表选举，参选的上层人士为了选票，便来多方拉拢职业工会的负责人杨金山。杨金山不动声色，表面上礼品照收，到了选举那天，派出手下的班头去到投票处。工作人员拿出候选人名片问班头选什么人，班头说“这些人一个我都不认得”，然后从身上摸出一包“何济公解热止痛散”的纸包说：“请你帮我写何济公，因为他能医好我的脑壳痛。”工作人员哭笑不得。旁边的《巴渝晚报》记者目睹此事，第二天写到报纸上，报童们在街上高喊：“看新闻，看新闻！看投何济公一票的特大新闻！”从这件事，可以看到“何济公”这一品牌，在底层百姓的心目中，要远比那些高谈阔论的政客来得亲切。

如果说何福庆的经营理论源自传统的优秀商业文化，那么向秀丽精神代表的则是新中国白云山何济公人的高尚情操与职业精神。

1958 年，广州何济公制药厂女工向秀丽，为抢救国家财产和保护群众安全，奋不顾身，扑住正在迅速蔓延的火焰，因严重烧伤抢救无效，于 1959 年英勇牺牲，时年 25 岁。她在与烈火搏斗时，想的是工厂的安全，不惜用身体堵截燃烧的酒精的去路，避免易爆化工产品爆炸。她在奄奄一息中仍向救她的领导和同志们说：“快叫人！不要管我！快去抢救金属钠!”她的英雄行为打动了千百万人的心，也教育了亿万青少年。70 多年来，“何济公”一路铮然砥砺，向秀丽的感人故事激励着一代代何济公人。企业一直以向秀丽的精神教育青年工人，“爱岗敬业”的主线已经演变为白云山何济公企业文化的主旋律。

向秀丽雕像

何济公，这个百年中华老字号，始终以“济世为公”的精神为主导，全力推进企业各项改革，以科技为动力，以市场为导向，以品牌为核心，以诚信为准则，跨越世纪，不断前进。

第二节　中西合璧　内外并举

当年的何济公药行是一间以西成药为主的生产厂家，后来企业不断发展，先后推出过正金油、清凉油、济公开胃茶等中成药产品。随着多次整合，现在更多的名优中药汇聚到了的白云山何济公旗下。其中，有来自原广州卫生材料厂的国家中药保护品种“701”跌打镇痛膏和滴通鼻炎水，来自原白云山中药厂的国家中药保护品种田七跌打风湿软膏，以及全国同类产品销量第一的白云山风油精等。巧的是，这些名优中成药多数属于外用药。因此，目前的白云山何济公，已发展成为中西结合，内外并举的综合性药厂，尤其中药外用药在市场上占有重要的位置，成为现代岭南中药产业的特色之一。

一、独步天下的阿咖酚散

说起“何济公”，每一个听说过这品牌的人，首先想起的便是其拳头产品——阿咖酚散，当然，人们更为熟悉的还是它曾经使用很久的名称“解热止痛散”。这个历史久远的产品，有些人甚至分不清它是中药还是西药，只知道它治疗头痛发热非常有效，同时价格便宜，应用方便，是居家必备的良药。

“何济公”阿咖酚散本身是西药。但这一老字号品牌的经营理念和企业精神，具有地地道道的中国传统味道。产品的成功，可以说是中国传统医药商业文化与新式科学技术结合的成功。

中国传统老字号，往往具有形象独特，产品个性鲜明的特点。在企业形象方面，前面已经提到过，它以“济公”为号，以慈善为怀，深得国人认同。在产品方面，“何济公”阿咖酚散组成合理，疗效突出，而当年用名“解热止痛散”简捷直接，深入人心。这些都奠定了它成功的基础。

何济公阿咖酚散

阿咖酚散的配方并不复杂，其组成是：阿司匹林、对乙酰氨基酚（早期为非那西丁，我国禁用非那西丁后改为对乙酰氨基酚）和咖啡因。这一配方，在西药制剂中其实并不复杂，也谈不上有什么特殊的技术或工艺。而且配方早已载入《中华人民共和国药典》（简称《中国药典》），完全公开，理论上有资质的药厂都可以生产。但许多年来就是没有哪一家能挑战何济公在这一领域内的“江湖地位”，原因何在呢？

一是药物经典，配方合理。西药大多是人工合成药物，很多有各种各样的副作用，因此随着科学技术的进步，西药的淘汰率很高。有一项统计称制药史上有90%的西药已被淘汰，当然也不断有更多新的西药推出，更新换代。而那些不被淘汰的，则正是西药中最经典、疗效最确切、使用最安全，经得起时间考验，因而历久弥新的药物。阿咖酚散中的三个药物都有类似特点。

首先说配方中的阿司匹林，便是百年老药中的经典。这个药由德国化学家菲霍夫曼合成，1899年起正式应用于临床，至今它仍是世界上应用最广泛的解热、镇痛和抗炎药。由于它解热镇痛效果好，连中医也乐于应用。民国时期著名的中医临床大家张锡纯便中西结合，创制了“石膏阿司匹林汤”，成为治疗外感发热的良药。事实上，阿司匹林的作用远远不止于解热镇痛，近年医学界对它的应用有更深入的研究，认为适量服用阿司匹林可延长生理年龄，降低心脑疾病发生风险。美国学者对 2 200 名 44 至 48 岁的健康人试验结果证明，每天按每千克体重服用阿司匹林 0.5～1 毫克，可使心肌梗死的发病率和死亡率降低 47%。对不稳定心绞痛患者及心肌梗死患者，用阿司匹林治疗后其发病率可下降 57% 至 69%，因此美国大约有 90% 的心肌梗死患者出院后，仍然坚持每天服用小剂量（0.5～1 毫克/千克体重）阿司匹林以巩固疗效和防止复发。此外阿司匹林具有抗凝血作用，这不仅可以提高化学药物的治疗效果，而且还可防止癌细胞的转移。阿司匹林还能提高人体免疫功能，从而起到免疫治疗作用。因此，许多学者认为适当服用阿司匹林可以有效地预防癌症和延长癌症患者的生命。有相关专家总结阿司匹林的新用途时归结为 18 种之多，超越任何一种已知的化学药品。

何济公阿咖酚散每包含阿司匹林 230 毫克，这一用量接近现代专家推荐的防治心脑血管病等功效的理想剂量，而非过去通常用于成人解热止痛的剂量 0.5～1 克/次。可以说，这使阿咖酚散兼备了多方面的作用，可以进一步拓展应用。

另外两种药物中，对乙酰氨基酚是常用的解热镇痛药，大多数感冒药中，甚至一些中西药成方中都有对乙酰氨基酚成分的添加。该药物如果过量有一定副作用，专家认为每天的最大剂量不应超过 2 克。而每包阿咖酚散含对乙酰氨基酚 126 毫克，是安全又能发挥疗效的剂量。

咖啡因则广泛存在于多种植物之中，例如茶叶和咖啡豆。人类自从开始喝茶和饮咖啡，就一直与它打交道。经过提炼的咖啡因，医学上作为中枢神经兴奋剂应用，能兴奋大脑皮层，提高对外界的感应性，并能收缩脑血管，因此在配方中可以加强阿司匹林及对乙酰氨基酚缓解疼痛方面的效果。咖啡因有一定的成瘾性，但适量应用并不会造成不良后果。国家食品药品监督管理局及美国食品药物管理局都允许在食品中加入少量咖啡因，例如可乐等饮料都普遍使用。何济公阿咖酚散每包中咖啡因含量为 30 毫克，属于安全剂量。一杯普通的绿茶，其咖啡因的含量都有一包阿咖酚散的数倍。其他食品甚至更多。例如每千克巧克力中咖啡因含量为 875 毫克，红牛饮料（中国地区产）含量为 50 毫克/罐，可乐类饮料约 45 毫克/罐。

这三种药物在配合上，又有其合理性。阿司匹林与对乙酰氨基酚组合，既能加强解热镇痛作用，又能减少其中单一成分的药物过度使用而造成的毒副作用，如阿司匹林易于引起胃黏膜损害及凝血功能障碍；乙酰氨基酚过量服用可引起肝功能衰竭等。咖啡因也可增强对乙酰氨基酚的镇痛作用，并减少该复方制剂的不良反应。

2006 年 5 月，《中国医学论坛报》以“治疗偏头痛，对乙酰氨基酚、阿司匹林与咖啡因的 AAC 方案优于布洛芬”为题，引用最近美国与德国偏头痛学会推荐的将对乙酰氨基酚、阿司匹林和咖啡因复方制剂作为轻中度偏头痛和紧张型偏头痛的一线治疗药物，即 AAC 方案，认为该方案较布洛芬更有效，且起效也更快。追溯历史，白云山何济公阿咖酚散复方在药品说明书上确认主治偏头痛，要比最近美国与德国偏头痛学会推荐 AAC 方案作为轻中度偏头痛和紧张型偏头痛的一线治疗药物的时间早了四十多年。这也充分验证了那句广东民谣：“何济公，止痛唔使（不用）五分钟”。

二是品牌营销成功。当年何济公药行创始人何福庆打着美国医学博士发明的旗号，更通过巧妙的营销，使“何济公”解热止痛散这一品牌深入人心，取得了雄踞同类产品市场首位的成绩，像“何济公，止痛唔使五分钟”、“广东飞来何济公”等这些经典的广告案例与广告语，数十年来很好地树立了“何济公”的品牌形象。现在的阿咖酚散、当年的解热止痛散，一直是“何济公”给人们留下最深印象的产品，“何济公”几乎成为止痛散的代名词。这也正是这一品牌独特的魅力所在。这一并不复杂的制剂，使得何济公延续并发展壮大至今，甚至被外界誉为“中国化学合成药工业的活化石”，这不能不说是何济公品牌的成功。

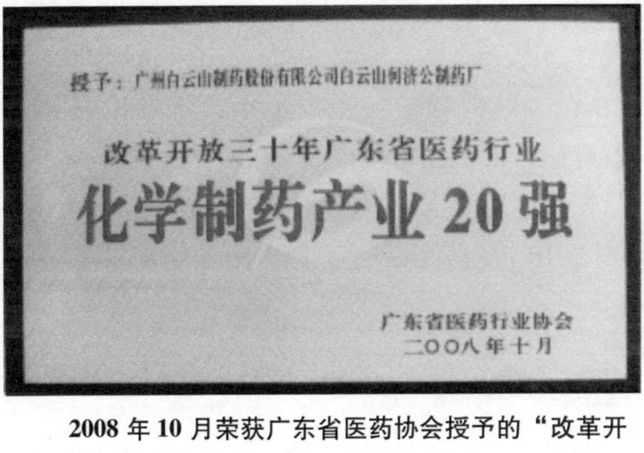

2008 年 10 月荣获广东省医药协会授予的“改革开放三十年广东省医药行业化学制药产业 20 强”称号

此外，阿咖酚散还有价格低廉的优势。目前国内医药市场上解热镇痛药有许多新品种，随着技术的发展，不断有新型的非甾体类镇痛消炎药问世，如一氧化碳供体型药物、选择性环氧化酶-2抑制剂、环氧酶和脂氧酶双重抑制剂等，它们代表了解热镇痛药的现代发展方向。但传统老药由于有它经典合理的地方，而且在价格上则更贴近民众，所以仍然能独领风骚。从某种意义上来说，中国长期受偏头痛困扰的患者，选择使用阿咖酚散治疗和缓解症状，不但是最为经济有效的一种方法，也无疑是目前世界范围内治疗偏头痛的最佳选择。

"何济公"牌阿咖酚散，从它的前身灭痛星、解热止痛散开始统计下来，产销量一直逐年增加：1964 年以前靠手工生产，每年产量大概几千万包；1964 年以后实现机械化生产，产量跃升到每年 1 亿多包；20 世纪 70 年代后期，随着机械化程度的提高，产量每年 3 亿～4 亿包；20 世纪 80 年代，产量每年 5 亿～8 亿包；20 世纪 90 年代，产量平均每年超过 10 亿包；21 世纪的前 10 年，每年产销量从 10 多亿包一直发展到 20 亿包。

"何济公"牌阿咖酚散经数十年销售累计超 400 亿包。从市场占有率来说，新中国成立以来，其阿咖酚散的生产规模、产品产销量、市场占有率一直稳居全国首位。下表是 2003 年至 2010 年白云山何济公阿咖酚散的销售情况

白云山何济公阿咖酚散零售情况

	2003 年	2004 年	2005 年	2006 年	2007 年	2008 年	2009 年	2010 年
零售总量（亿元）	0.35	0.47	1.12	1.25	1.34	1.46	0.49	1.14
增长率（%）	15.4	34	138	9.6	7.2	8.9	-66	132
销量（亿包）	11.9	14.6	16.7	18.8	20.3	21.8	10.3	17.5

二、中药外用药的旗手——“701”跌打镇痛膏

今天的白云山何济公，除了解热镇痛药之外，中药外用药也是重要的主打品种。

在整合前，广州白云山制药股份有限公司白云山外用药厂就是中国首家专业的外用药生产企业，其前身又分别是广州卫生材料制药股份有限公司（原广州卫生材料厂）、白云山中药厂外用药部分以及白云山天心药业股份有限公司滴眼液车间。原广州卫材制药股份有限公司一直是华南地区最大且为国内最专业的橡胶膏和卫生敷料生产企业，拥有载入2005年版和2010年版《中华人民共和国药典》、堪称全国橡胶膏生产最高水平的专利工艺——压延法工艺；并且率先在国内明晰外用药概念，大力开展外用药新剂型、新品种的研究开发。合并成白云山外用药厂后，药厂提出了“外用药，专业造”，“专心、专注、专业，打造中国外用药第一品牌”的发展目标。这些优势，都带动了白云山何济公，与“何济公”原有的外用中成药产品强强联合，向更高的目标迈进。

（一）外用膏剂的代表——“701”跌打镇痛膏

中药外用，是传统中医治疗的重要手段。清代吴师机著有被后世称为外治法理论奠基著作《理瀹骈文》，书中明确提出“外治之理，即内治之理”，指出中医的辨证论治，也可以通过体表用药，渗透皮肤经络而达脏腑，发挥与内治一致的治疗作用。

“701”跌打镇痛膏是原广州卫生材料厂的拳头产品。它的处方，来自中医骨伤专业机构广州越秀区正骨医院的验方。该方从1966年起就应用于临床，原名跌打按摩膏，主要药物有土鳖虫、大黄、田七叶、黄柏、苏木、薄荷脑、樟脑、冰

"701"跌打镇痛膏外包装

片、冬青油等，功能为消炎镇痛、活血祛瘀、理骨强壮、组织再生，临床用于闭合性骨折、扭伤、挫伤、慢性腰腿痛、风湿性关节炎、肌腱痛、神经痛等，有较好的治疗效果。但当时的制剂为油膏剂，效果虽然好，却不利携带，每次外敷前还要加热、搅拌并且结合棉花和绷带才能使用，同时油膏容易弄脏衣服，使用起来不很方便。

广州卫生材料厂是国内首创药用胶布的厂家，1957 年曾根据日本寄来的"脱苦海"镇痛膏样品，研制出了国产"消炎镇痛膏"，对治疗风湿骨痛、镇静神经疗效较为显著。1977 年，西哈努克亲王在广州时还曾派专人到厂购买该产品。广州卫生材料厂这一领先技术，正好可以与越秀区正骨医院的有效验方相结合，解决后者的应用不便问题。经过广州卫生材料厂研究人员的努力，成功地将原来的验方制成药用胶布剂。由于该产品于1970年试制成功并投产，故取名为“701”跌打镇痛膏。

“701”跌打镇痛膏最大的特点，是运用了独创的技术工艺，能够充分保证原有验方的中药疗效。中医外治法通过皮肤给药，但药物通过皮肤屏障的概率远远低于其他给药途径，因此贴膏含药量是直接关系到其治疗作用的关键。含药量高才能够保证药物浓度，发挥疗效。就是在这一点上，“701”跌打镇痛膏的工艺取得重要突破。其在生产中使用的压延法，代表我国医用橡胶膏载药技术的最高水平，使生产出来的产品，含药量高达60%，高于国内一些橡胶贴膏生产企业目前普遍采用的汽油法生产工艺3～4倍。“701”跌打镇痛膏以中药磨粉代替橡皮膏中的氧化锌等填充剂，以药油代替凡士林等增塑剂，既具有含药量大，又有橡皮膏的黏性好的特点。另外，生产工艺使用药用溶媒，无有机溶剂残留污染，环保方面的优势也较为突出。这些独特工艺已经获得国家发明专利，这是与产品质量、疗效等密切相关的专利，与国内其他同类产品的专利多为产品外观等方面专利大为不同。

“701”跌打镇痛膏面世后，经过多次药理学、毒理学及临床应用研究，均被证明具有明显镇痛和消炎作用，在外用敷贴治疗各类急慢性软组织损伤及关节非特异性炎症上均有较好效果，对促进闭合性骨折愈合有明显的治疗作用。2003年7月由广州中医药大学第一附属医院、广州中医药大学附属骨伤科医院、广东省第二中医院、广州红十字会医院等五家医院共同参加了“701”跌打镇痛膏临床对照实验研究。该研究有合格受试者445例，治疗组309例，对照组135例。实验结果，该药治疗急性软组织挫伤总有效率为100%，无效率为零；骨关节炎总有效率96%，无效率4%；治疗类风湿性关节炎总有效率为94.9%，无效率为5.1%。研究报告对“701”跌打镇痛膏有效性、安全性等方面得出结论：跌打镇痛膏治疗急慢性软组织损伤、骨关节炎、类风湿性关节炎的临床运用是安全的、有效的。

先进的技术保证了良好的疗效，“701”跌打镇痛膏投放市场后，1972至1978年每年平均销量达200万包。1980年改进包装后，产销量先后跃升500万包、1 000万包、1 500万包的门槛，1998年突破2 000万包，2003年2 500万包……现在，“701”跌打镇痛膏的年销售量过亿贴，年销售额数千万元。

“701”跌打镇痛膏销售额（万元）

年份	2002年	2003年	2004年	2005年	2006年	2007年	2008年	2009年	2010年
零售总量	2885.27	2766.55	3383.13	5227.88	5166.71	3637.57	4603.70	2531.50	3315.13

“701”跌打镇痛膏还先后获得以下荣誉：分别于1981年、1984年、1989年被广东省经济委员会评为广东省优质产品；1990年获广州市医药总公司工艺改进技术革新一等奖；1997年首次荣获“国家中药独家保护品种”；1998年被中国保护消费者基金会列为国家保护消费者基金会推荐产品；1999年荣获“广州市名牌产品”称号；2001年获广州市工商行政管理局颁发广州市著名商标使用产品；2001年，“701”跌打镇痛膏生产工艺“一种中药贴膏及其制造方法”获《国家发明专利证书》（专利号：ZL96119120.1 国际专利主分类号：A61K 9/70）；2003年荣获广东省质量技术监督局授予“广东省名牌产品”称号；广东省工商行政管理局颁发广东省著名商标使用产品；2003年，“701”跌打镇痛膏的

处方、工艺被广州市知识产权局、广州市科学技术局、广州市发明协会评为“广州十大优秀专利项目”；2006年荣获“广东省名牌产品”称号；2008年荣获广东省质量技术监督局授予“广东省名牌产品”称号；广州市工商行政管理局颁发广东省及广州市著名商标使用产品；2009年，广州市工商行政管理局颁发广州市著名商标使用产品。

“七〇一”获颁广州市著名商标

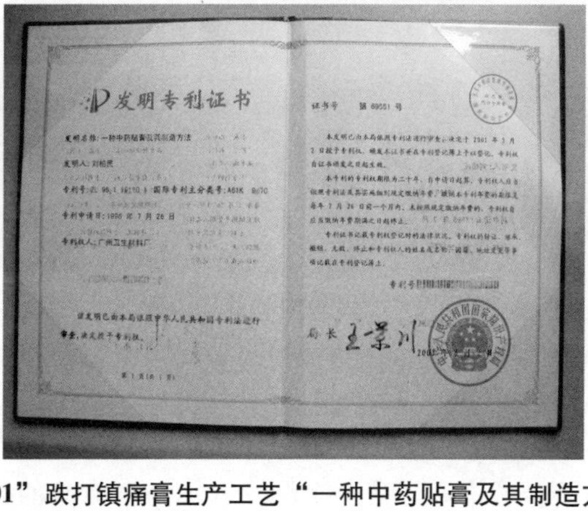

“701”跌打镇痛膏生产工艺“一种中药贴膏及其制造方法”获《国家发明专利证书》

从产品质量及发展潜力而言，“701”跌打镇痛膏还是白云山乃至整个广药集团众多厂家繁多产品中较具二次开发价值产品之一。2010 年 6 月 20 日，由广药集团、中国医学科学院药用植物研究所在北京钓鱼台国宾馆联合举办“中药可持续发展研发平台战略合作签约仪式”，向外界发布中药基因技术的重大突破，白云山何济公的“701”跌打镇痛膏被列为广药集团中药基因技术首批品种。

“打造中医药强省” 广药集团全球率先进入中药基因时代

何济公老字号迈进中药基因新时代

广药旗下首批中药基因技术推广产品

白云山复方丹参片	白云山701跌打镇痛膏	白云山小柴胡颗粒	陈李济壮腰健肾丸	星群夏桑菊	广药灵芝孢子油
敬修堂清热消炎宁	王老吉药业三公仔小儿七星茶	潘高寿蛇胆川贝枇杷膏	中一消渴丸	明兴清开灵	奇星华佗再造丸

●白云山何济公，大品牌老字号

●701跌打镇痛膏被列为广药集团中药基因技术首批品种

●借鉴中药基因技术，筛选天然道地药材

●701跌打镇痛膏获国家多项技术专利，含药量高镇痛好！

2010 年 7 月 19 日《广州日报》刊登了《何济公老字号迈进中药基因新时代》报道

（二）打造外用药的岭南品牌特色

透过现象看本质，第一个贴膏和第一家专业的外用药生产企业诞生在岭南首府——广州，其中大有值得人们深究的文化内涵，循迹探求可以挖掘其深厚的历史文化。

与传统内服及针剂比较，外用药具有卓越的优越性，例如：外用剂型最突出的药代动力学特点就是不经过肝脏的首过效应和胃肠道的破坏，不受胃肠道酶、消化液、酸碱度等诸多因素的影响，可提高生物利用度，提供可预定的和较长的作用时间，降低药物毒性和副作用，维持稳定而持久的血药浓度，提高疗效，使用方便，操作简单，减少给药次数等。而外用药以其简便、廉验、安全而居于非处方药之首。

正因为外用剂型的这些优越性，随着医药科技水平的发展，外用剂型近年来取得许多重大突破，外用药剂型替代传统口服剂和针剂日渐成为一种国际医药市场的新潮流，而且正在国际医药市场以近 10 倍于其他传统剂型的速度迅速增长。外用剂型在众多领域取代传统剂型已成为大势所趋。作为发展战略，突出外用药概念，将外用药技术及资源优势集中起来，积极参与国际及国内市场的开发，对中国医药工业未来的发展具有极其重大和深远的意义。

白云山何济公“701”跌打镇痛膏在岭南饮誉多年，它也是岭南文化的结晶。优秀的岭南文化兼收并蓄，自成一家，岭南人从来就勇于创新、简明务实。吸收来自中原及其他地域文化精粹，因地制宜，兼容并蓄、务实创新正是岭南文化的核心特征之一。外用膏药作为中医传统品种，虽然并非岭南独有，但它因地制宜发扬光大，与岭南的地区特点有密切关系。以外用药的方式来说，膏贴的简便廉验、使用安全的特性就很符合岭南人务实、简明的风格及医疗消费观念。同时该药运用了先进工艺，根据国外引进的技术，首创国内第一个含药橡胶膏。1970年又改进贴膏的生产工艺，将传统汽油法生产彻底革新，发明压延法。这些无不处处体现异乎寻常的创新务实精神，体现了当代岭南文化开风气之先的特色。

另一方面，岭南气候炎热、地卑土湿，癣疥风湿发病者众，独特的地理气候，独特的人文环境是这一简便廉验、安全剂型孕育、发展的沃土。人与自然界是息息相关的，随着四季气候的变化，人体的生理活动和病理变化也随之而改变，所选择的膏贴也适当注意其药性的寒热。“701”跌打镇痛膏含有26种中药成分，起到活血止痛、化瘀消肿、祛风胜湿的功效。从中医组方配伍及药性综合来看，相当一部分药物其药性偏寒凉，与其他地区的外用方剂组方有明显不同。比较方剂疗效的地域性差异，“701”跌打镇痛膏的专利配方有值得发掘的价值。观察发现在较炎热的南方及北方春夏季使用“701”跌打镇痛膏较容易迅速获得满意疗效，外用“701”跌打镇痛膏对中医诊断的热性疾病，如湿热型风湿骨痛，湿热瘀血夹杂的腰腿痛等功效也较寒性疾病更显著。而北方许多贴膏配方多从该地区地理气候、人群体质及病性特点出发，较多使用辛温通散的中药成分，较适用于寒湿性质的关节痛。

白云山何济公除名声显赫的“701”跌打镇痛膏外，还生产多种疗效可靠、特色鲜明的中药外用贴膏。白云山何济公中药外用贴膏主要品种见下表。

白云山何济公中药外用贴膏品种及其特色

品名	特色
 “701”跌打镇痛膏	全国独家中药保护品种 被载入2005年版《中华人民共和国药典》（一部）的唯一含药橡胶膏剂型，2010年版继续收录 处方及生产工艺、设备等均获国家级发明专利 生产所使用的是获得国家专利认证的压延法工艺，压延法代表国内橡胶膏含药技术的最高工艺水平，使得橡胶膏含药量高达60%，高于目前市场其他橡胶贴膏所使用的普通汽油法生产工艺3～4倍，符合中医外治法药量要求 使用药用溶媒，无有机溶剂残留污染，符合国际卫生环保标准的橡胶贴膏，在国际市场受到欢迎 单产品2004年出口突破1 000万，为外用贴膏类药中国出口第一产品，产品远销港澳、东南亚、美国、加拿大等国家和地区 多年获省市荣誉。如“广东名牌产品”、“广州十大专利发明”等 标本兼治、风湿跌打良药，用于急、慢性扭挫伤，慢性腰腿痛，风湿关节痛 “701”跌打镇痛膏历史悠久，驰名省港澳，市场知名度高
 麝香拔湿膏	风湿骨痛外用圣药，“拔湿”被列为国家传统医学专有概念，具有极其鲜明的岭南医学特色 配方以麝香为主药，发挥其双重作用，贴膏药力更强、起效更快 拔湿驱邪有力，慢性风湿痛良药，用于风湿痛、神经痛、肩痛、关节痛等 全国独家生产

（续表）

品名	特色
 骨友灵贴膏	骨质增生外用专科产品。随着人口老龄化，发病年轻化，市场容量大 用于骨质增生引起的骨关节功能性障碍，主治颈椎病、腰椎增生、坐骨神经痛、跟骨刺、大骨节病 用料使用道地中药材，标本兼治
 关节止痛膏	原名强力辣椒膏 起效快，局部作用强 寒湿关节痛经典药 一盒十贴，包装价格经济实惠
 田七跌打风湿软膏	田七跌打风湿软膏是根据中国著名骨伤科专家何竹林先生在数十年精心研制而成的秘方，采用多种名贵中药经科学方法提炼精制而成的软膏，是治疗骨伤及软组织损伤的外用良药。本品能明显增大正常人指尖血管容积，达到舒筋活络的目的，加上其有较强的镇痛和抗炎消肿功效，对消除人体肌肉因劳累（特别是四肢）而出现的酸痛、痹痛有明显效果 主治：软组织扭挫伤，风湿腰痛 ①中药软膏新剂型。弥补传统膏贴剂的不足，不影响美观 ②安全不过敏，受到橡胶膏贴剂过敏患者欢迎 ③无异味，轻松使用 ④采用国内领先生产工艺及道地中药材制成
 散结止痛膏	散结止痛膏是原广州卫生材料厂和广州市肿瘤医院合作研制成的产品，根据“内病外治”原则，外贴治疗乳腺增生病，经中山大学附属肿瘤医院、广东省中医院等权威医疗机构验证具有良好临床疗效，乳房肿块散结率在83%以上，乳房疼痛止痛率达到96%以上；而且具有安全无副作用、使用携带方便等优点；具有明显清热排毒、消肿止痛、软坚散结作用，为乳腺病的治疗开创了一条新的有效途径

三、富有岭南特色的内外中成药

中医中药在我国有着深厚的群众基础。近代的新式药行、药厂许多都兼营中成药。在后来合并到白云山何济公的老药厂中，就有普济药厂生产海狗丸、万灵药厂生产正金油、徐宁远堂生产的百灵油和清凉油等，均属于中成药制剂。新中国成立后“何济公”在不同时期也不断开发中成药产品，一些产品在社会上很有影响，风行一时。

1. 历史悠久正金油

民国时期，万灵药厂的鹿头牌正金油是闻名一时的产品，还曾与著名的万金油大王胡文虎打过一场商标战。

闻名遐迩的万金油大王胡文虎在清末开设永安堂，生产的虎标万金油行销于东南亚、印度、中国等地，成为居家必备、老少皆知的药品。产品主要成分为薄荷脑、薄荷油、丁香油等，气味芳香，对皮肤表面有清凉刺激感，具有清凉散热，醒脑提神，止痒止痛的功效。应用于感冒头痛，中暑，晕车，蚊虫蜇咬等，特别适用于南方热带亚热带地区。

万金油的大获成功使同类产品相继出现。仅以后来合并到“何济公”的厂家品牌产品来计，就有徐宁远的百胜油、钧华中药厂的七星油、普济药厂的普济油和万灵药厂的正金油等多种。

其中，创立于1936年的广州万灵药厂，它生产的正金油品名与万金油接近，商标也有近似之处。万金油的商标是一头老虎，正金油则用一只全鹿做商标。由于正金油销售不错，引起了永安堂的注意，于是向有关部门指控万灵药厂的全鹿商标有模仿永安堂的嫌疑。经过一番交锋，最后万灵药厂不得不将全鹿商标改为鹿头商标。

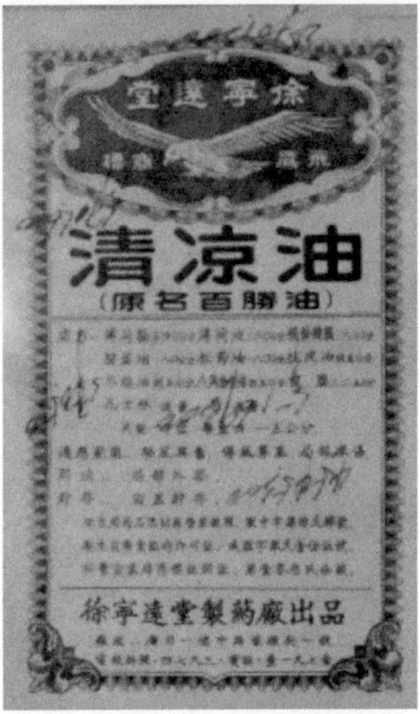

徐宁远堂清凉油（原名百胜油）说明书

钧华中药厂的清凉油说明书

万灵药厂正金油广告

虽然改了商标和图案，但“鹿头牌”正金油在市场上仍占有相当的份额。新中国成立后广州市统一成药处方时，将此类产品定名为清凉油，万灵药厂的产品便也改名为“鹿头牌”清凉油。在万灵药厂合并到何济公制药厂后，“鹿头牌”商标和正金油产品在“何济公”企业中得到了延续。在文化大革命期间传统品牌商标一度被取消。1981 年 6 月 30 日，何济公制药厂重新申请注册使用“鹿头牌”商标，成为何济公制药厂唯一专用于正金油产品的图形商标。

在 20 世纪 80、90 年代，“鹿头牌”红色正金油畅销一时，甚至在非洲和欧美地区也成为受欢迎的中国小礼品。1986 年《小说界》杂志刊登的小说《橄榄》里，主人公记载莫斯科的朋友对他带去的各种小礼物，“特别喜欢的还是鹿头牌正金油，广州何济公药厂出品，四克一小盒，可能是这东西里的薄荷脑、肉桂油、樟脑精和丁香酚之类的成份能为她解除倦乏。”那个年代还不流行植入广告，显然是“鹿头牌”正金油给作者留下了深刻的印象。

今天，“鹿头牌”红色正金油的销量在同类外用油膏中名列前十位。“鹿头牌”红色正金油获得的产品荣誉：1959年，鹿头牌正金油获广州市一等名牌产品奖；1961 年，鹿头牌正金油获广州市二等名牌产品奖；1982 年鹿头牌正金油获广东省优质产品奖；2003 年，鹿头牌商标被认定为广州市著名商标；2005 年 1 月，鹿头牌商标首次成功获得广东省著名商标称号。

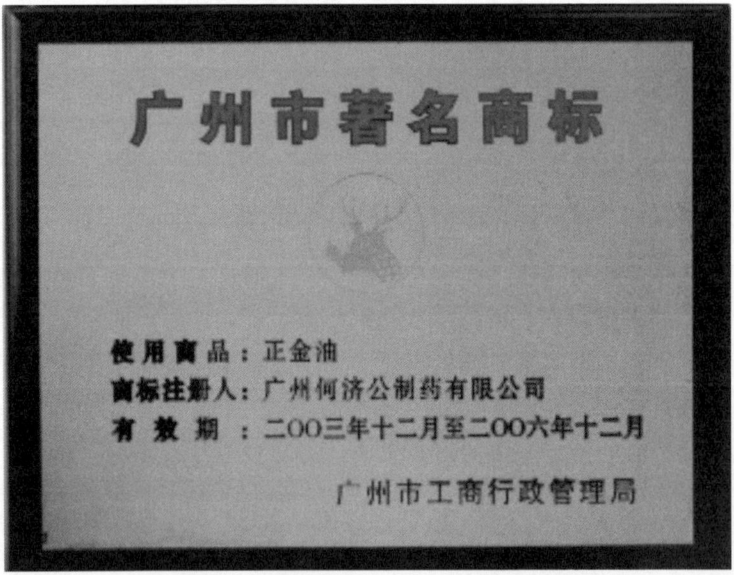

“鹿头牌”商标被认定为广州市著名商标

1982 年正金油获广东省优质产品称号

2. 济公开胃茶

20 世纪 80 年代末至 20 世纪 90 年代初，广州大街小巷曾流行一句广告语：“小孩胃口不好，就饮济公开胃茶”。济公开胃茶研究者是广东省药材公司的蔡炳南先生，1988 年由何济公制药厂开发推向市场。济公开胃茶的主要成分有山楂、麦芽，维生素及微量元素铁等，具有开胃消食、生津止渴的作用，适用于小儿厌食。正值当时“济公热”，这种适合大众的中药保健品风靡一时。1989 年投产一年内就获利 500 多万元，为药厂创造了较好的经济效益。后来由于多方面原因，这一产品的销售量在 20 世纪 90 年代以后逐步滑坡。

近年来，随着功能饮料市场的繁荣，白云山何济公对“济公开胃茶”进行了二次开发，定名为“何济公山楂麦芽植物饮料”，拓展为面向多层次人群的健康功能饮品，重新推向市场。白云山何济公认为，随着现代人生活节奏的加快，精神紧张、食不定时以及食物过于精细等，造成相当一部分人处于食欲不振的亚健康状态，需要从饮食、生活习惯等多方面调整。广东有饮用凉茶的习俗，但传统凉茶偏于苦寒，滥用的话易于苦寒伤胃，脾胃受损。目前业界认为，“凉茶”的定义应当广义化，超越了传统“凉”的限制，把针对人群健康，调节人体机能的植物功能饮料归入其中。“何济公山楂麦芽植物饮料”就属于这种广义的凉茶。它没有清火苦寒败胃等问题，其中的山楂、麦芽成分，又能较好地解决人群中诸多原因导致的胃口不佳、食欲不振等问题。二者既是食品又是药品成分，尤其是山楂有诸如降血压、降血脂、防癌抗菌等功效，是近年来医药研究的热门。

何济公产品——山楂麦芽植物饮料

经过重新定位和开发，何济公山楂麦芽植物饮料在原“济公开胃茶”基础上，更注重质量、效果、口感，已经开发成为针对现代人日常生活的开胃消食、生津止渴天然植物饮料。

“济公开胃茶”获得的产品荣誉有：1989 年被市经委评选为市技术进步及发明新项目奖；1990 年获广东省优秀新产品奖；1991 年获中国优质保健产品银奖。

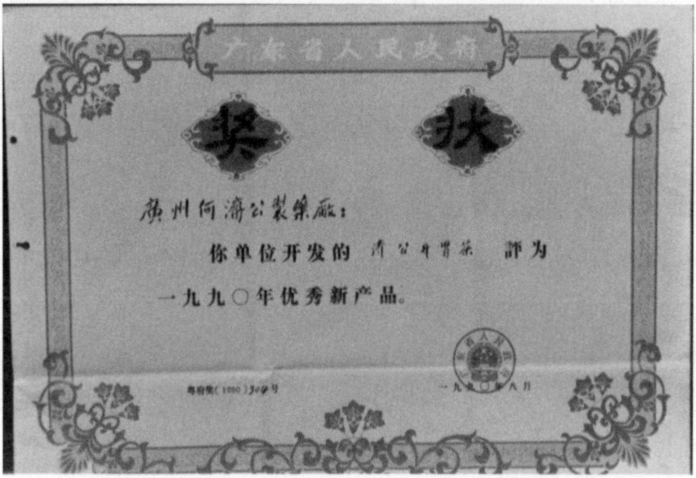

1990 年济公开胃茶荣获广东省优秀新产品奖

3. “白云山牌”风油精

白云山牌风油精

“白云山牌”风油精是原白云山中药厂生产的产品，主要成分有薄荷脑、樟脑、桉油、丁香酚、水杨酸甲酯。功效清凉止痛，驱风止痒，用于蚊虫叮咬及伤风感冒引起的头痛、头晕、晕车不适。在市场上，这一类产品品种众多，但“白云山牌”风油精独领风骚，多年全国销量第一，2007 年 3 毫升规格“白云山牌”风油精销量超 8 000 万瓶之多，可谓独树一帜。

风油精的成功，体现了白云山何济公在产品品质上的精益求精。“白云山牌”风油精的生产，采用了全国独有的全自动机械化包装工艺设备，企业自主研发的高速拧盖机和贴标机，在国内同类企业中率先实现了风油精生产的全程机械自动化，克服生产环节中的污染，大大增强了产品质量安全；并且，企业严把风油精原料选材质量关，在同类产品中不但色泽较同类产品清透，香味更纯正，成为广大消费者公认的好产品。

白云山何济公还有其他中药产品，例如口洁素（口洁喷雾剂），是药厂与中山医科大学第二附属医院共同研制的以中药提取物为主的口腔保健剂，其主要成分为两类：金银花、菊花、板蓝根等抗病毒、消炎中药组方成分；薄荷脑、桉叶油、冬青油等天然植物精油的杀菌、止痛成分，能在口腔局部迅速杀灭各种致病微生物，从而有效收敛消肿，迅速缓解口腔溃疡带来的疼痛，并促进受损的口腔黏膜愈合，对于口腔黏膜溃疡、

白云山牌口洁喷雾剂

牙烂口臭、咽喉不适等症状有良好的疗效。又如滴通鼻炎水，以中药蒲公英、黄芩、麻黄、苍耳子、辛夷、白芷、细辛、石菖蒲等精制而成，功能祛风清热，宣肺通窍，主治伤风鼻塞、鼻窒（慢性鼻炎）、鼻鼽（过敏性鼻炎）、鼻渊（鼻窦炎），为国家中药保护品种。

白云山牌滴通鼻炎水

中西医药结合，内治外用并举，白云山何济公致力于运用先进生产技术，大力发展疗效独特的岭南外用中成药，力图以专业化的水平，成为这一领域的佼佼者。

第二章
企业发展

本章看点

- 对于中医药百年老字号来说，历史是其企业文化的重要内容之一。“何济公”三个字，是白云山何济公最响亮的名片。不过经历了多次合并，它的身世实际上比“何济公”三个字要长。最早可以追溯到1881年成立的徐宁远堂。
- “何济公”的成长，是一干多分支式的成长，它以“何济公”为主干，整合多家品牌与产品。尤其是改革开放以来的几次合并和改制，进一步完善了企业的经营方式与产品结构。可以说，不断充实到“何济公”的多元企业文化和优质产品群，促进了“何济公”的全方位成长。
- 今天的白云山何济公，以双品牌为一大特色。它借势“白云山”大品牌，重点突出“何济公”品牌，在外用药及止痛散剂专业领域的产品研发创新实力成为国内首屈一指的企业，奠定了面向未来的坚实基础。

第一节 百年药企，百流归宗

对于药企百年老字号来说，历史是其企业文化的重要内容之一。在“广州白云山制药股份有限公司白云山何济公制药厂”这个长长的全名中，“何济公”三个字，便是其最核心的品牌与最响亮的名片。单“何济公”三个字的出现，到2012年已经有74年之久了，从悠久发展历史到如今企业独特产品的市场占有率确实无愧于老字号之称。不过，就广州白云山制药股份有限公司白云山何济公制药厂来说，它的身世比“何济公”三个字还要长，它的创始时间还要往前推。因为今天的广州白云山制药股份有限公司白云山何济公制药厂是以过去的“何济公”企业为主干，合并了众多药厂、药社，历经多次重组而形成的。而其中有的被合并的药厂，其创立的时间比何济公药行还要早（参见企业演变示意）。

白云山何济公制药厂荔湾厂区标志

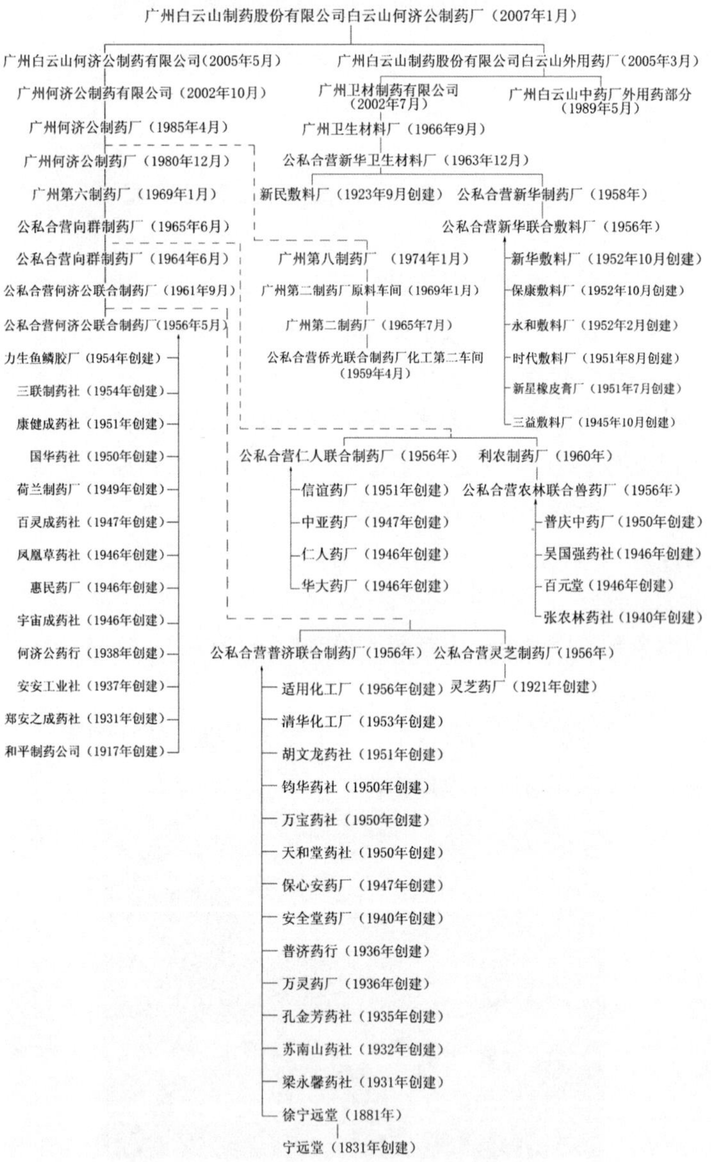

白云山何济公演变过程示意图

由图可知，在改组建立广州白云山制药股份有限公司白云山何济公制药厂之前，原来的广州何济公制药有限公司本身就经历过多次重组。其中数十家药号有百余年的历史，无不见证着“何济公”品牌“半为慈善半营生，利己利人驰盛誉”精神的发扬光大。

今天的白云山何济公，在最近的重组之前，有两条最明显的脉络，一条以广州白云山何济公制药有限公司的前身——广州何济公制药厂为主线，另一条则以白云山外用药厂的前身广州卫生材料厂为主线。两条脉络各有各的辉煌过去，最终双龙会首，共创未来。

第二节　百年风云，医药工业初起步（1938～1949年）

近代中国民族制药工业是在与外商的竞争中发展起来的。民族资本虽然规模不大，但凭借不屈的民族精神和灵活的商业经营，形成了不少在新中国成立前就有影响的品牌。“何济公”就是其中的佼佼者之一。

一、“济公”首创美名扬

“何济公”品牌的正式创立是在1938年。其创立者何福庆生于1909年，祖居广东南海恩洲王圣堂村（今广州市白云区广源路王圣堂）。少时在本村读了8年私塾，20世纪20年代末到汉口华安公司当后生（即年轻职员、伙计）。后来他与人合股在汉口民生路开办广东药行，主要经销广东柠檬精、鹧鸪菜，兼营汉昌牌雪茄烟和广东云纱绸等，以此起家并渐有积蓄。

1938年何福庆回到广州，在河南鹤洲直街积善里开设了一间药行，取名为“何济公”，这便是此老字号品牌的开端。济公是南宋时期一位传奇僧人，善于为人医病济世，在民间享有很高的盛誉。何福庆选择以“济公”为药行之名，显然寄寓着他的实业理想和追求，那就是“半为慈善半营生，利己利人驰盛誉”，既为谋生，亦为济世。

何济公药行开业后，主要生产灭痛星。据称该药配方来自留美博士，为数种药物配合而成，止痛效果良好。当时正值抗战爆发，止痛药适应战时需要，大量生产。但由于广州1938年底沦陷，何济公药行遂迁往上海市，继续生产。至1945年抗战结束后，药行才重回广州。

在这个时期，何福庆以灵活的经营方式，使“何济公”品牌在全国树起了名声。在灭痛星面市时，市面上已有灵芝药厂的十灵丹和普济药厂的柠檬精等同类药物，且这两间药厂的资金和规模都更强大。何福庆另辟蹊径，以广告胜出，他曾说：“我卖田卖地都要卖（做）广告。”他在全国开设五大办事处，广招一、二、三等广告推销员，重金聘用“出江”领班五大员，分区划片包干广告推销业务。其广告形式多样和不断翻新花样，如用报纸宣传、贴街招、写墙壁、放电影、“邮办”广告推销、挂广告布幕、穿“济公”戏服敲锣打鼓扛彩旗随街游行等。为更好地突出产品的功效，何福庆将灭痛星更名为止痛散。他在宣传上很讲究手段，例如1946年在汉口《新湖北日报》的头版显要位置登出一幅“广东飞来何济公”的广告，不作说明，令人摸不着头脑；第二天同样位置又登出“止痛唔使（不用）五分钟”的广告字样，仍然吊人胃口，不知所以然；第三天的连续广告才解释悬念，详细说明止痛散是经留学美国医药博士发明，在国内外行销，由广东何济公药行制造，刚用飞机运到等等。此种方式一举轰动了武汉三镇，取得了极佳的广告效果。

新中国成立前夕，何济公药行尚无机器生产，也无专门厂房，仅靠79名职工，以手工作业包装生产，但产品行销到广东、广西、湖南、湖北、河南、四川、安徽、陕西、云南、台湾等10多个省、市（自治区），并远销至泰国。

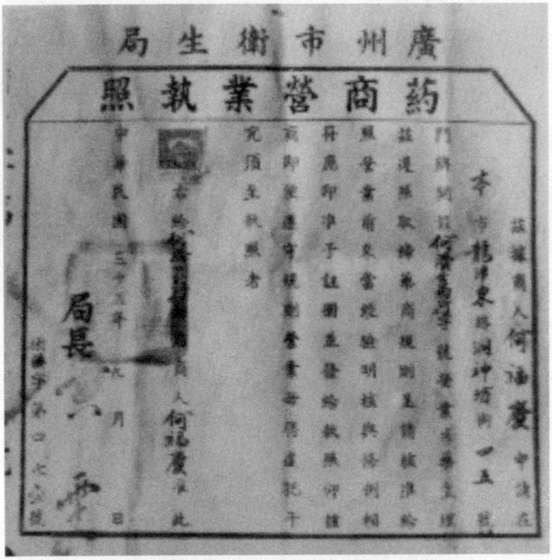
廣州市衛生局
药商營業執照
局長

民国时期何济公药行的营业执照

二、民族药业共济世

白云山何济公，它的历史就像一条河流，老“何济公”是它的干流，在各个时期汇入了许多支流。其全长，则应当从最远的支流，亦即创立时间最早的徐宁远堂算起。

其他后来合并到“何济公”的药厂，大多是小手工业作坊，除何济公药行本身外，在公私合营前人员有50人以上的有灵芝药厂、普济药厂、仁人药厂和张农林药社等几家，均是有一定名气的民族药业品牌。

（一）徐宁远堂

根据资料，在后来并入“何济公”的药号中，创立时间最早的是徐宁远堂。徐宁远堂的正式创立时间，据《广州市志》记载是 1881 年。据其创立人徐铭清（字绍棠，原籍广东番禺）之孙徐镘嘉介绍，徐宁远堂前身叫“宁远堂”，早在 1831 年已经开业，地址在广州油栏门油栏直街（现海珠南路附近），经营者姓麦，主要做药油丸散生意。1881 年姓麦的东主病逝，该店股东发生纠纷，于是徐绍棠便出面承顶该店。1924 年徐绍棠病逝，其子徐汉屏接任经理。1931 年，广州油栏门一带城门被拆除，宁远堂便迁至一德中路紫微街 1 号继续经营，并正式将店名改为“徐宁远堂”。1938 年广州沦陷，徐汉屏赴港，继续经营药油批发业务。香港沦陷后，又于 1941 年返回广州。

徐汉屏像

徐宁远堂除经营药材外，也生产新式中成药，并经政府注册，获得广州市药品器材厂营业执照、售卖许可证和私营企业局商标注册证。该堂最有名的产品是飞鹰商标的百胜油，后来改名为清凉油。百胜油主要成分包括薄荷冰、薄荷油、樟脑、丁香油、樟脑油、玉桂油、白蜡、白树油、花士苓、艾胶等，外用治疗感冒鼻塞、皮肤瘙痒、天寒冻疮。改名清凉油后其配方和说明均有所改变，以薄荷脑、薄荷油、精制樟脑、桉叶油、松节油、桂皮油、冬绿油、八角茴香油、龙脑和凡士林为主，外搽以治疗伤风鼻塞、局部冻伤等。

新中国成立后，1956 年徐宁远堂并入公私合营普济制药厂，1961 年并入公私合营何济公联合制药厂。

（二）灵芝药厂

灵芝药厂于 1921 年开业，也是广州较早的新式成药厂。产品以十灵丹（以氨基比林为主要原料）最有名。1937 年增加十灵油、灵芝补丸、发冷丸、济众水等药品，并在太平南

灵芝药厂十灵丹说明书

路（现人民南路）开设铺面，销售产品，扩大经营。广州沦陷后，停止营业，改在住宅制造产品，委托荣兴药房销售。1946年秋恢复在太平南路旧址销售，增加生产灵芝疳积散等产品。1956年2月在私有企业改造中被批准为公私合营独立基地，进行单独合营，以生产散剂为主，以后发展生产硫酸二甲酯、碳酸镁、次硝酸铋等原料。1961年9月并入公私合营何济公联合制药厂。

（三）普济药厂

该厂1936年在广州一德西路开业，原名普济药行，经营《中华人民共和国药典》所载原料药，生产柠檬精（主要用醋柳酸、非那西丁、咖啡因配成）、柠檬露（止咳露）、腋宝和海狗丸（补身丸）等产品，兼售别家成药。该厂在香港、澳门、湛江均有分行，如湛江广州湾分行由老板陈少泉的夫人亲自任经理，有职工20多人，被称为当地成药行业的寡头。

新中国成立后，1951年该厂改为普济成药社，同时停止销售别家成药。1952年广州卫生局整理成药时，将柠檬精改名为柠檬牌止痛退热散，海狗丸改名为补身丸。1953年该社扩大经营，增加设备，增加生产普济油和片剂产品，重新改名为普济药厂。1956年公私合营时，该厂与万灵药厂（创立于1936年，主产正金油）等共11间（后又有3间）私营成药厂、社合并成为公私合营普济联合制药厂，以生产新药散剂、清凉油类以及药油、小丸、薄荷锭等为主。1957年该厂发展了软膏、杀烈癣膏、杀烈癣霜和消发治脓膏等产品。1958年建立原料车间，生产水杨酸苯胺、水杨酸甲酯、水杨酸乙酯、苯甲酸甲酯、苯甲酸乙酯、水杨酸苯酯以及乌拉坦、尼泊金等原料药。该厂生产的“鹿头牌”正金油在1959年和1961年分别获广州市一等名牌产品和广州市二等名牌产品奖。1961 年 9 月该厂并入公私合营何济公联合制药厂。

藥品器材營業臨時許可証

廣州市人民政府衛生局

新中国成立初期普济成药社的药品器材营业临时许可证

（四）仁人药厂

1946 年在广州市小北路开业，原名仁人药行。主要经营药品零售，并自制少量片剂、膏剂等销售。1951 年接受利华药房（商业）转业投资，迁至第十甫怡庆里，改名为仁人药社。后又接受鸿兴行、鸿华行等商行转业投资，迁往镇安路 9～11 号扩大生产，产品有膏剂、酊水糖浆及成药等。1954 年迁往宝源路，改为仁人药厂。1956 年与以下三家药厂合并组成公私合营仁人联合制药厂。

1. 信谊药厂

原是上海信谊药厂的广州分厂，1951 年在广州设立，是私营股份有限公司性质，广州分厂虽是分支机构，但财务独立核算。该厂专业生产酊水糖浆。厂址设在大新路。

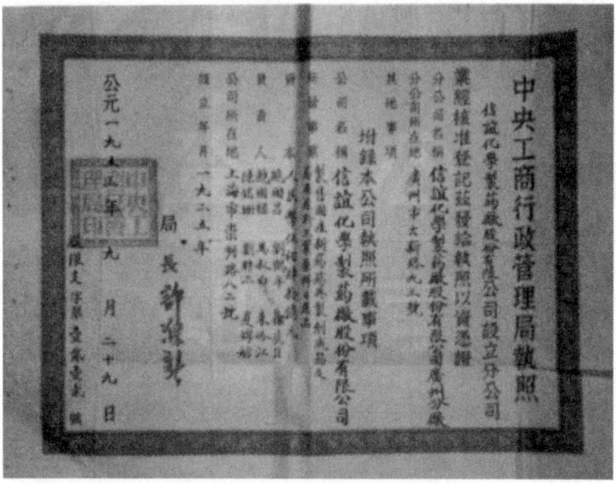

1953 年信谊化学制药厂执照

2. 中亚药厂

1947 年 6 月开设于华贵路大地旧街，为家庭式药社，生产片剂。1953 年增加设备，生产当归浸膏等。

3. 华大药厂

1946 年原由温泰华、陈济堂等人合股经营，营业部设在十八甫路，工场设在德政北路，生产白松糖浆、麦精鱼肝油等。1951 年从德政北路迁至杨巷路。1953 年接受柳州联合药房转业投资，除原来产品外，还制售氢氧化铝及氢氧化铝凝胶。

仁人联合制药厂公私合营后，产品有片剂、酊水糖浆、眼膏、软膏以及原料药氢氧化铝、植酸钙等。1958 年广州试剂厂（广州市化工局属下试剂生产点）并入，该厂原来位于解放北路及西来初地街的两个车间被迁到中山八路，成立仁人联合制药厂南岸车间，专门生产化学试剂。1960 年增设氢氧化铝车间，生产氢氧化铝及家家乐避孕胶冻。1961 年 12 月该厂原料三车间迁至南岸原宇宙化工厂址改为试剂二车间。1963 年该厂生产产品中的酊水糖浆被归口调出给星群制药厂。1964 年经上级决定，仁人药厂接管了向群制药厂设在工业大道的秀丽车间，次年将试剂的生产由原来南岸车间逐步迁往秀丽车间。1965 年经上级批准，该车间改建成为广州化学试剂厂，隶属广州化学工业局。

1965 年 6 月根据上级决定，仁人药厂并入向群制药厂（即原来的何济公制药厂）。

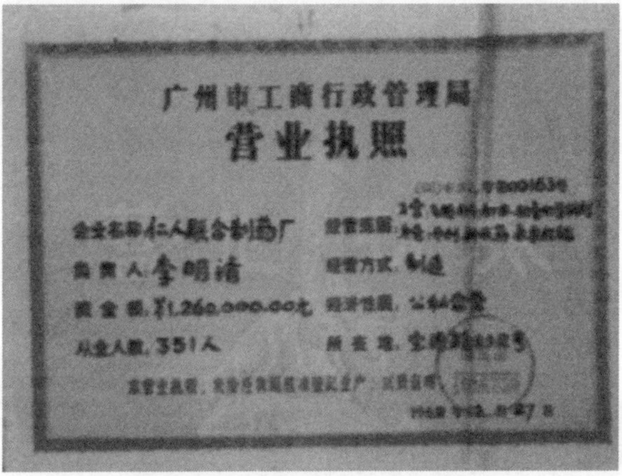

1962 年仁人联合制药厂营业执照

（五）张农林药社

张农林药社原名为中国农林药局，1940 年 2 月由张农林在香港设立，属家庭式生产兽用药厂，主要产品为肥猪菜。1943 年该厂迁至广州太平路吉生里。当时此类禽畜用药厂家很少，故销路很好。1953 年，该厂改名为张农林药社，产品肥猪菜改名为猪胃药。1957 年公私合营时，该社与普庆中药厂、吴国强药社等 3 间兽药生产厂家和百元堂药号共 4 间私营厂、社合并，组成公私合营农林联合兽药厂。1959 年该厂建立了年生产 250 吨的退热冰车间。1960 年，该厂改名为利农制药厂，1963 年建立了磺胺结晶分装车间。1965 年，该厂并入向群制药厂，同时产品按生产性质分别归类：退热冰调给广东制药厂生产；兽药散剂调给敬修堂药厂生产。只有磺胺结晶分装车间连同厂部由向群制药厂接管。

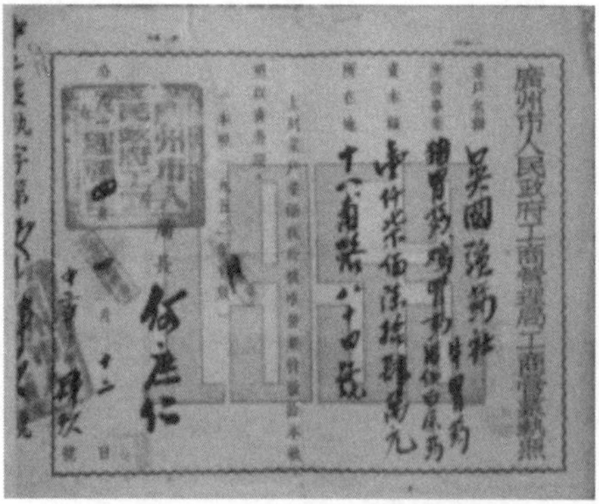

1953 年吴国强药社营业执照

除上述外，其他药厂药社规模都较小，有的是夫妻店，有的是家庭式作坊，有的是个体户，或仅有少量雇工，采用明火炉灶，手工操作，手掐跑足研。合并使各个厂的技术和品牌得以集中，提高了生产效率。

第三节　合营发展，秀丽精神扬美名（1949 ~ 1976 年）

1949 ～ 1965 年，是国家基本完成社会主义改造和开始全面建设社会主义时期。其中经过对资本主义工商利用、限制、改造政策的实施和对企业实行革新、改造、挖潜方针的贯彻落实等阶段；经历“恢复国民经济”、“大跃进”、“三年困难时期”、“调整、巩固、充实、提高”和“四清”等历史时期。在此期间的何济公药厂经历了公私合营和两次大的合并，企业不断发展，对医药行业作出一定贡献，为国家创造了财富，为人民卫生事业提供了物质基础。

一、公私合营与重组合并

1950 年，何济公药行经广州市政府批准，改名为广州何济公药厂。人民政府对私营工商业实行“公私兼顾，劳资两利”的政策，扶持私营药厂合法经营。药厂生产积极性高，添置了电动马达、混合机、筛药机各 1 台，改变了过去完全靠手工作业的历史。在抗美援朝期间，何济公药厂还响应政府号召，积极认购公债。1952 年，何福庆又购置了广州市下九路 53 号之一作为厂房，继续扩大生产，止痛散年产达 1 406 万包。1954 年，工商部门组织医药学者研究修订了成药统一处方，经广州市卫生局批准，广州何济公药厂生产的止痛散改名为止痛退热散。1965 年，止痛退热散又由卫生部确定处方、质量标准、包装规格、文字图案和零售价格，并改名为解热止痛散。

新中国注意保护私营企业中劳动者的利益。在国家颁发的《私营企业暂行条例》的指导管理下，在中国店员工会广州市化学药业筹委会的支持下，广州何济公药厂发展了一批工会会员，建立了劳资协商会议制度。从 1951 年开始，工人工资、工作时间、用工制度、膳食问题、医疗制度和女工生育待遇等问题都通过劳资协商会议得到较好的解决。1952 年 3 月全国开展“五反”运动，厂工会与资方既团结又斗争，由于企业职工注意团结资方，开展正当的生产经营，广州何济公药厂被广州市政府认可为生产经营守法户。

资方由于受到新中国成立初期各种运动的影响，逐渐产生消极情绪，对生产放任自流，导致产量低落。这时广州何济公药厂工会成为抓生产的主导力量，他们接受上级工会的意见，认为生产低落关键是缺乏计划，提出“六军齐出法，攻破生产无计划”（六军指六个生产小组）的口号，及时扭转了生产的被动局面。他们的工作也得到资方的肯定，主动提出对高产女工给予奖励。

新中国成立初期何济公止痛散等产品广告

由于对国家“利用、限制、改造”私营工商业的政策持怀疑观望态度，何福庆在“五反”运动前就已移居香港，并在香港设厂生产止痛散。广州何济公药厂的生产经营由其内弟侯秉刚任经理主持。1953 年，私营药厂、社的产品开始由国营商业部门广州医药站进行计划订货，委托加工，统购统销。国家对私营企业的利润实行“四马分肥”，即按国家所得税、企业公积金、职工福利奖金和股东的股息红利四个方面分配，资方的获利逐渐减少。同时企业的生产、财务、劳动、基本建设和安全卫生等情况也在劳资协商会议制度下置于工人的监督之下。1953 年，经理侯秉刚以去香港说服何福庆回国为由离开，至次年称患心脏病辞去经理职务。广州何济公药厂资方代理人于是由原来的协理施柏担任。

1954 年，国家在全国范围内加紧了对资本主义工商业进行全行业公私合营的社会主义改造。1955年上级派出公私合营工作组到何济公药厂，对企业清产核资，核实了私股。1956年2月，广州何济公药厂实现公私合营。同年5月，宇宙成药社、惠民药厂等12间厂、社并入，正式成立公私合营何济公联合制药厂，是广州第一批批准公私合营的企业。通过公私合营，公私合营何济公联合制药厂职工人数增到228人。

20世纪50年代的何济公药厂车间

1958年，何济公联合制药厂新创办化工车间，生产硫尿、双氰胺、硫酸肼、甲基硫氧嘧啶等药用原料和中间体。1958年12月13日，化工车间失火，工厂女工向秀丽为抢救工厂财产，奋不顾身同烈火搏斗，身体被严重烧伤，经抢救无效死亡。其英勇事迹传及全国，生前所在的化工车间也被命名为秀丽车间。1959年，广州何济公联合制药厂被评为全国先进单位。

1961年9月，公私合营灵芝制药厂和公私合营普济联合制药厂又并入公私合营何济公联合制药厂，职工增至400多人。1964年，公私合营何济公联合制药厂改为中国医药工业公司公私合营向群制药厂。1965年6月公私合营仁人联合制药厂和公私合营利农制药厂也并入该厂。四个厂的私方代表刘立群、陈敏、黎汉、张农林都在合营厂任副厂长。在合并过程中，秀丽车间调整给新建的广州化学试剂厂，该车间的原料和中间体生产任务，调给当时的黄宝善联合制药厂小港车间生产。

向群制药厂产品包装袋

经过公私合营和合并，共有36间厂、社合并联合到了广州何济公制药厂中，不仅厂房扩大，设备和员工增多，而且膏丹丸散和化工原料等生产品种齐全，特别是发展了小原料生产（如甲基硫氧嘧啶、碳酸镁、水杨酸苯胺、水杨酸甲酯、水杨酸乙酯、水杨酸苯酯、尼泊金和氢氧化铝等）。更为化工医药原料生产提供了中间体（如退热冰、硫酸二甲酯、硫尿、双氰胺、硫酸肼等)。1965 年起向群制药厂成为以下乡成药为重点的综合性制药厂，按中央原三部一社共同订定的下乡成药检查品种，该厂产品解热止痛散、金霉素软膏、鱼石脂软膏、消发治脓膏和疮药软膏等均列入国家计划。1965 年全厂工业总产值达 767.72 万元，为 1949 年 172.72 万元的 4.44 倍；1965 年利润为 280 万元，为 1949 年 70 万元的 4 倍。

由于解热止痛散需求不断增加，实施机械化生产成为企业的迫切需求。1963 年，机械技师黄甜堃创制出第一台能完成散剂小包装过程全部工序的“64 型散剂小包装机”，并向全国推广。

二、十年动乱时期

1966 年“文化大革命”开始。1969 年，向群制药厂改名为广州第六制药厂。在 1966 ~ 1976 年的十年动乱期间，企业的厂房布局与产品结构等都发生了较大变化。

在厂房布局方面，首先是厂部曾先后两次搬家，先由下九路搬到人民南路；再由人民南路搬到十八甫路。原来 3 个制剂车间也发生了变化——晏公街的眼膏、软膏车间改为赤霉素（核黄素）车间；下九路的散剂车间调出由上级安排，杉木栏的油膏车间改做仓库。上述 3 个制剂车间集中一起搬到由上级调来的十八甫路 96 号，改并成为膏剂和散剂两个车间。

1975 年底经上级批准，采取以厂带社形式，成立广州第六制药厂医药生产合作社，属集体所有制，经济独立核算，自负盈亏，生产管理在厂内视同车间。成立初期（1975 ~ 1976 年）以进厂加工办法维持。考虑生产所需的供汽问题，场地也设在十八甫路96号。

广州第六制药厂获奖奖状

在产品方面，药厂除一直生产解热止痛散等主要品种外，也曾发展和调整其他品种。1965年后该厂发展了长效抗生素和增效磺胺等颗粒剂共9个品种。1966年曾由广东制药厂调入磺胺二甲基嘧啶等6个品种的混悬剂，后于1970年连同杨流仙胃散等散剂8个产品又调去佛山制药厂。

1972年该厂采用液体发酵法，在华南地区首先提取出赤霉素结晶，进行小批量试产，在医疗应用和支援农业都起了一定的作用。之后，按照上级要求，于1974年转产核黄素，在发酵单位和抽提收率等技术方面，批量生产都接近国内先进水平，特别是产品质量在全国评比中名列前茅，受到好评。后来因晏公街车间生产场地狭小，设备配备受到限制，生产规模难以扩大，生产成本难以降低，1978年下半年停产，1979年转给广州第一制药厂（即广东制药厂）生产。

在此期间，药厂的生产工艺也进行了改进。当时以机修师傅蔡伟为主力，结合该厂眼膏、软膏生产实际，试制成功了膏剂自动灌封机，经过不断改革和完善，连续自行制造了4台（其中一台为双头的）投入生产，将软膏生产工艺，由冷配改为热配，对提高功效，扩大产量，起了一定的促进作用。同时由于铅锡供应紧张，当时眼膏、软膏部分产品改用塑料管代替铅锡管，克服扩大生产的困难。1973年，以机修工人林少山为主力，学习厂外兄弟单位经验，又研制成功了眼膏、软膏入盒机，形成灌封入盒联动线。经过这几次革新，广州第六制药厂的眼膏和软膏生产能力从原来年产1 200万支，提高到9 000万支；品种增加到经常生产的54个。其中属该厂首创或对企业有较大经济效益的有：杀烈癣膏、杀烈癣霜、消发治脓膏、黑豆溜油膏、复方鼻炎膏、癣敌软膏、克霉唑软膏、肤轻松软膏、金霉素眼膏等。

1966～1976年共11年间，企业累计实现税金711万元，利润2 988.44万元。平均每年实现税金64.68万元，利润271.67万元。

第四节　合并重组，改革开放逆活力（1977～2006年）

粉碎“四人帮”后，特别是党的十一届三中全会以来，国民经济得到健康发展。经过1976年恢复性整顿和1983年企业五项工作的建设性整顿，国有企业认真贯彻“调整、改革、整顿、提高”的方针，执行以计划经济为主，市场调节为辅的原则，结合市场变化，从原来的生产型逐步转变为生产经营型，致力于产品销售业务，逐步走上以提高经济效益为中心的轨道上来。

一、企业经营上正轨（1977～1984年）

1980年，广州第六制药厂复名广州何济公制药厂，“何济公”这一老字号重新映入百姓眼帘。1982年5月，该厂成立厂（行政、企管、全质）办公室，开展了企业五项工作的建设性整顿。精神文明建设方面，分期分批把20多名中层以上干部输送到市委党校、工交干校、省、市技经管理研究班子等参加学习，提高干部的素质和业务管理水平。物质文明建设方面，推行经济责任制，建立健全了15项主要的规章制度，制订了22个单位（部门）的职责范围和岗位责任制。打破了奖金分配上的“大锅饭”，初步体现了职工责、权、利的统一。1983年8月，经上级组织验收，该厂以914分的成绩（满分1 000分）验收合格，领取了企业整顿验收合格证。1984年企业在整顿验收合格的基础上，朝着创办“六好企业”的方向努力，两个文明建设取得较好的成绩，提前60天完成广州市医药总公司下达的计划指标，被评为广东省先进单位。

1982年，广州何济公制药厂成立研究所，它是在1968年成立研究组和1980年扩充为中心实验室的基础上建立起来的。1967年至1984年共研制新产品41个、其中软膏类22个、盒装膏类3个、喷雾剂7个、散剂2个、流浸膏剂1个、颗粒剂2个、胶囊剂2个、原料药2个。

为支持厂办合作社的发展，1977年开始把企业产品中的清凉油类、盒装膏类以及去痛散、胃疡宁等转给社生产。1981年改名为广州何济公美肤保健制品社，新产品有暗疮特效霜、玉颜霜和爆拆灵等。

生产方面，1979 年开始对两个生产车间和合作社实行全面规划，调整生产场地，进行技术改造。散剂车间由十八甫路迁到晏公街，在巩固提高散剂包装自动化的同时，实现了散剂前工序筛、磨、混密封式连续生产线；膏剂车间和合作社在原地进行场地调整，膏剂生产进行技术改造，眼膏、软膏分别配套为生产线，并采用管道输送。1984 年广州何济公药厂又将生产场地改造，以适应防菌避菌的生产环境要求；合作社将清凉油类配制、分装、机械配套为生产线。这些改进使散剂、膏剂、清凉油类等在工艺设备上，从手工操作向工具化、半机械化生产的方向发展，各配制工序实现了机械化或半机械化，发展了生产力。

原料方面，过去生产清凉油类所用的丁香油一向靠进口，后来广州何济公制药厂利用华南热带植物丁香提取丁香油，解决了该厂生产的原料问题，而且该提取方法还纳入了 1977 年版《中华人民共和国药典》。另外，解热止痛散产品所需原料非那西丁由于长期供应紧缺，1984 年广州何济公制药厂

丁香

决定与黑龙江佳木斯化学药厂合作，由广州何济公制药厂向银行贷款300万元，投资给佳木斯化学药厂扩大原料生产能力，再由佳木斯化学药厂每年固定向广州何济公制药厂提供非那西丁，作为投资的补偿。由于扩大了紧缺原料的供应来源，广州何济公制药厂散剂年产量达到6.5亿包，1984年散剂利润169.97万元，比1983年散剂利润116.18万元增长46.21%。

销售方面，1980年成立产品销售组，设置产品展销部，开办邮购业务，建立信息工作。1984年有销售业务交往的单位共384个，其中广东173个、广西57个、其他地区154个。1984年产品自销总金额为1 164万元，达到全年销售收入总金额2 852.6万元的40%以上。

1976年至1984年，企业累计实现税利总额5 130.3万元，年平均税利与十年动乱期间相比，每年增长229.3万元（还未含厂带社数字）。重新开展了外贸业务，1979～1984年外贸总值204.97万元。

二、合并改革促发展（1985～1990年）

（一）与广州第八制药厂合并

在新时期社会主义现代化建设的改革、开放潮流中，1984年广州市医药总公司决定：为充分利用广州第八制药厂的生产场地，逐步解决该厂“三废”污染问题并发挥广州何济公制药厂制剂产品的优势和解决该厂生产场地不足的问题，决定在原广州第八制药厂厂址进行改造建设，办成一间以生产制剂为主，兼具有配套自用小原料的综合性现代化药厂。据此，广州何济公制药厂与广州第八制药厂合并，定名为广州何济公制药厂，从1985年1月1日起执行。

1985 年广州何济公制药厂与第八制药厂与合并挂牌仪式

这里，需要回顾一下广州第八制药厂的历史。

广州第八制药厂的前身，是广州公私合营侨光联合制药厂化工第二车间，于 1959 年建成投产。车间主要生产安乃近、氨基比林、安替比林等解热类医药原料（简称“三安”）。1965 年，当时隶属于中国医药工业公司广州分公司的该车间从广州公私合营侨光联合制药厂分出，成立中国医药工业公司广州第二制药厂。1969 年，中国医药工业公司广州第二制药厂合并了卫民制药厂、永红制药厂，原来的车间成为合并后的新广州第二制药厂的原料车间。1973 年，该原料车间又从厂分出，组建成以生产医药原料为主的广州第八制药厂。

1974 年 1 月 1 日，广州第八制药厂正式定名成立。1975 年，根据广州市医药工业局的指示，以厂带社的形式成立了广州第八制药厂医药生产合作社，从下乡知青中吸收职工，把小原料车间划归社编制，1976 年起改为独立经济核算。1980 年，广州第八制药厂开始打破专业生产医药原料的局限，成立了制剂车间，生产剂型以栓剂为主。1982 年，原广州第九制药厂原料药阿司匹林移交第八制药厂生产，生产设备、生产工作随该品种调入，3 月正式投入生产。1982 年到 1984 年企业全面整顿，1984 年 9 月经由上级机关和主管部门的全面检查验收，以总分 917.2 分（满分 1 000 分）取得验收合格证。

广州第八制药厂的拳头产品是医药原料“三安”，始于 1958 年开始生产，多年来生产条件不断改进，各项规章制度和管理工作完善，质量不断提高。其中的安乃近从 1971 年到 1983 年优级品率连续 12 年超过 97%，稳定在较高水平。1974 年起该厂成为“三部”指定的全国生产供注射用安乃近原料药的两间厂之一。1977 年，氨基比林在全国同品种质量评比中获第一名；安乃近 1977 ~ 1979 年在由国家医药总局主持的全国同类产品质量评比中连续三年获得第一名。1978

广州第八制药厂生产的安乃近药获奖奖状

年，安乃近被命名为广州市名牌产品，1982 年又被命名为广东省优质产品、国家医药总局优质产品。该产品的质量控制指标关键值项目色泽、澄明度、含量、甲醇不溶物、4 - N - 去甲基安乃近等项实际水平大大优于当时的检测标准，有的项目如色泽、含量、重金属、氯仿溶解物等还超过最高标准。

广州第八制药厂其他各项工作都颇有成绩。1978 年，番麻皂素合成强的松荣获全国科学大会奖；抗真菌药克霉唑获广州市科委授予新工艺研究奖；该厂二车间在完成各项工作中成绩突出，被评为出席广州市工业学大庆先进集体；同年 6 月，车间主任林艳珠代表车间出席石油化学工业部第二次工业学大庆会议，石化部授予二车间为“红旗车间”光荣称号。1980 年国内首创药物萘普生通过鉴定，1981 年获广东省医药管理局优秀医药科技成果一等奖，1984 年获国家医药管理局优秀科技成果三等奖。1984 年该厂新产品“的确当”眼药水投入生产。

并厂前的广州第八制药厂，是以医药原料生产为主，兼具一定制剂生产能力的综合性制药厂。与何济公制药厂合并后，新的何济公制药厂的目标是将建设成为一间具有一定规模、既生产医药原料又生产医药制剂兼美肤保健制品的综合性中型企业。随着两厂合并，1985 年 4 月，原两厂附属合作社（即厂带社）的广州何济公美肤保健制品社与广州第八制药厂医药生产合作社也随厂合并，定名为广州何济公美肤保健制品社，以生产、加工的方式生产经营医药制剂、美肤制品和保健制品，并实行独立核算。

合并后，何济公制药厂全部职工人数达 1 560 人；固定资产原值 905. 47 万元，固定资产净值 573. 41 万元。全厂占地面积 32 736. 8 米^2，其中厂房建筑面积（含生产场地、仓库、办事与科研机构、生活福利设施等）32 093.71 米^2。设有原料药车间2个、制剂车间5个（含社2个）、动力车间1个、机修车间1个、合计车间9个。设备合计260台。产品品种包括原料药类23个、散剂7个、颗粒剂8个、胶囊剂14个、喷雾剂3个、气雾剂6个、水剂2个、栓剂6个、软膏剂54个、眼膏剂16个、盒装膏剂6个、保健类1个、滴眼剂1个、注射液1个、食品类2个，合计产品类型剂型共16个。

（二）目标责任激活力

广州何济公制药厂建厂的初期，企业内部的体制未能及时进行有效的调整和改革，致使企业存在着“一厂两制”，管理一度陷入混乱。1987年，经广州市医药总公司批准，何济公制药厂被列为广州市医药总公司第二批实行厂长负责制的单位。厂长易方与总公司签订了《厂长任期目标责任合同书》，期限为4年（1987～1990年）。当时，尽管企业内部生产经营、各项管理、设备与人员等方面都有较多问题，外部医药市场竞争也很激烈，新的领导班子仍然迎难而上，采取了积极的措施。在生产经营方面，首届厂长负责制的经营者易方厂长把1987～1990年的厂长任期十大目标分解成具体指标下到各科室、各车间，在车间和部分科室试行考核计奖办法。由于将职工所得的利益与生产（工作）成果挂钩，打破长期以来干好干坏一个样的大锅饭思想，从而较好地调动了职工生产（工作）的积极性，促进了生产（工作）的发展，在职工们共同努力下，克服了困难，使何济公制药厂从经济低谷中走出来，最终较完满地实现了十大任期目标任务。

并厂后，如何扩大原来广州第八制药厂的“三安”医药原料生产成为一个重要问题。“三安”年产量最大仅为380多吨，远远未能满足国内外市场需求。但受厂方的设备和场地制约，产量难以扩大。更为严重的是“三安”医药原料生产的前工序“FAA和粗氨”造成了环境污染问题。厂区位于市区，周围的环保要求越来越严格了。对此，厂方研究分析认为必须在厂外寻找合适单位进行协作生产，这样既可以腾出设备、厂房扩大“三安”后工序生产以增加产量，又可解决污染问题。经过努力，1986年10月，厂方与增城氮肥厂签署了“三安”医药原料中间体“FAA和粗氨”生产转移协议书。1988年增城氮肥厂正式开始生产，保证了“三安”原料药的正常生产。与此同时何济公制药厂对“三安”后工序生产和扩产创造条件，1988～1990年三次就地挖潜改造，使产量大为增加。1986年该厂生产医药原料产值为939.56万元，占全厂工业总产值的20.24%。1990年该厂生产医药原料产值达1827.97万元，占全厂工业总产值的30.93%。

这一时期，企业还进行了各种技术改造。“三安”医药原料在生产技术改造后，年产量增加一倍多；滴眼液、胶囊剂、栓剂和清凉油的生产设备改造后，质量和生产效率也得到提高。厂方还在国内首次从德国引进塑料软管生产线，促进了膏剂、化妆品产品的发展。

这段时期，职工们团结一心，同舟共济的精神也得到充分体现。1987年，广州何济公制药厂党委发动职工征集“企业精神”格言和评选企业“十佳最佳人物”活动，激发起员工的强烈反响。通过评审，该厂的企业精神是“团结、奉献、重贤、创新”，企业的格言是“厂兴我荣、厂衰我耻，厂强我富，厂弱我贫”。这些活动增强了企业的凝聚力。

1989 年由于外单位拖欠货款巨大，企业周转资金紧缺，在银行贷款困难的情况下，经申报上级批准，该厂发动职工进行集资，在很短时间内，集资了 275.05 万元，大大超出原计划 200 万元的集资额，有效地缓解了企业资金周转的困难，促进了生产发展。

1987 年，何济公制药厂散剂车间的磨、筛、混生产线获广州市政府科技进步奖，并于 12 月 7 日送北京展览。1989 年，何济公制药厂通过由广东省医药总公司、广州市经济委员会、广州市医药总公司及部分药厂派员组成的省级节能企业审评小组审定，顺利通过了验收；同年广州市经济委员会、广州市质量协会委托广州市医药总公司对该厂进行 TQC 达标验收，经过两天的听、查、阅、审议，何济公制药厂获 823 分并顺利通过了验收（按国家医药管理局要求，总分达 700 分以上为合格）。1990 年 9 月 13 日，广东省加强企业管理领导小组审批广州何济公制药厂为省级先进企业。

三、跨世纪发展壮大（1991 ~ 2006 年）

（一）适应市场良性发展

进入 20 世纪 90 年代，企业进入更加良性发展的轨道。

1991 ~ 2000 年，为彻底改变厂房残旧、厂房破烂和生产设备落后的状况，何济公制药厂每年有计划地对厂房和设备进行更新改造。10 年间新建大楼 5 栋，建筑面积约 16 421 米^2，土建投资总金额达 1 229.4 万元。对主要的设备更新和环境改造方面，共投资金额约 2 744 万元，使各生产车间的面貌及设备基本上得到改观，满足了生产需要。

1990 年荔湾路何济公制药厂厂区照片

现荔湾路何济公制药厂荔湾厂区照片

较重要的厂房和设备改造包括：

1991 年新膏剂大楼竣工，1994 年又进行了两次改造工程，膏剂车间各工序由原十八甫路搬入并安装，使膏剂的生产环境比原来有了很大改观，劳动条件大大改善，生产及产品质量比原来有很大提高。

1992 新“三安”大楼竣工，1993 年完成 1 500 吨/年的搬迁技改工程，拆迁安装“三安”新旧设备及管线、公共系统，1994 年投入试产，使“三安”生产告别了落后的工作环境，进入按药品生产质量管理规范要求设计的新“三安”大楼开展工作。

1993 年从香港交联公司引进意大利公司制造的全自动栓剂生产线并投入试产。

1997 年引进北京大松厂生产的 86 台全自动包散机，淘汰使用了 30 多年的 64 型包散机。使用新包散机生产的解热止痛散外形美观，装量稳定，噪音少，粉尘得到有效控制，解热止痛散包装袋从批号 971101 后起采用新包装。此举是企业 30 多年来该项技改最大一次动作。1999 年根据市场需求，企业又以李绍光工程师为主要骨干成立全自动包散机技改攻关组，经过艰苦努力，当年 3 月解决了解热止痛散的“内包纸”问题，为促进解热止痛散销售立下一功。

在产品方面，1992 年和 1998 年“何济公”商标分别被评为省、市著名商标。“何济公牌”解热止痛散一直畅销全国及东南亚等地，产销量始终居全国同类产品之首，1996 年该品种占全厂产品销售额的 65% 以上，1997 年该产品被评为广州市名牌产品。2000 年解热止痛散药品包装盒获外观设计专利。

曾经是药厂支柱产品之一的“三安”医药原料，却在

1995 年 6 月停止了生产，这是企业经营中的壮士断臂之举。医药原料“三安”从 1958 年由广州侨光联合制药厂开始生产，后转为广州第八制药厂、广州何济公制药厂生产，已有几十年的生产历史。多年来，企业对“三安”生产进行过多次扩建改造，产量不断提高。但是到了 20 世纪 90 年代中期，由于生产“三安”医药原料的主要原辅物料及中间体要靠外地供应，但本地的水、电、汽等费用都比外地高，而当时生产所需的原辅料在市场上价格升幅较大，产品销售价格则受国际市场价格影响而低迷，故“三安”的制造成本远远高于市场的销售价格，造成企业严重亏损。厂方经慎重研究并请示上级主管领导同意，决定暂停“三安”生产，当年第三季度药厂就实现了扭亏为盈。

新产品方面，1991 年济公开胃茶获中国优质保健产品银奖。1996 年联苯苄唑溶液被评为 1996 年广东省医药科技进步二等奖。复方萘甲唑啉喷雾剂（乎泰）被评为 1996 年广

1993 年由国家统计局颁发的中国 100 家最大医药工业企业牌匾

东省医药科技进步三等奖。

1992 年，何济公制药厂在全国百家大中型制药企业中排名第 62 位。1996 年，在第三次全国工业普查中，按销售收入，何济公制药厂在全国化学药品制剂制造行业中排序为第 48 名，是全国 100 家最大医药工业企业之一。2000 年被评为广州市第一批“老字号”企业。

总结 10 多年来企业责任制实施成效后，1999 年企业重新修订原有制度，形成了新的《广州何济公制药厂岗位责任制度》和《广州何济公制药厂规章制度》，进一步规范企业管理，为新世纪发展打下基础。

（二）体制改革，认证发展

进入 21 世纪，何济公制药厂又进行了重要改制，2001 年 12 月通过资产置换进入广州白云山制药股份有限公司，2002 年 10 月改制成广州何济公制药有限公司，隶属广州医药集团公司。2005 年，根据广州医药集团公司的指示，更名为广州白云山何济公制药有限公司。

在此期间，企业全面推进 GMP 认证。早在 2001 年 6 月，企业就成立了 GMP 专责小组，全面负责研究 GMP 工作，设定目标，制订方案，并负责实施检查、监督。2003 年 4 月 3 日，企业散剂车间、滴眼剂车间通过 GMP 认证，广州白云山何济公制药有限公司成为全国首家散剂通过 GMP 认证的生产企业。随即膏剂车间、综合制剂车间全面投入 GMP 场地改造。2004 年 4 月 14 日，公司全面通过 GMP 认证检查。认证剂型包括散剂、滴眼剂、胶囊剂、颗粒剂、溶液剂（外用）、软膏剂、乳膏剂（含激素类）、眼膏剂（含激素类）、栓剂和散剂（口服）。

根据国家药品监督管理局有关规定，从 2002 年 12 月起，

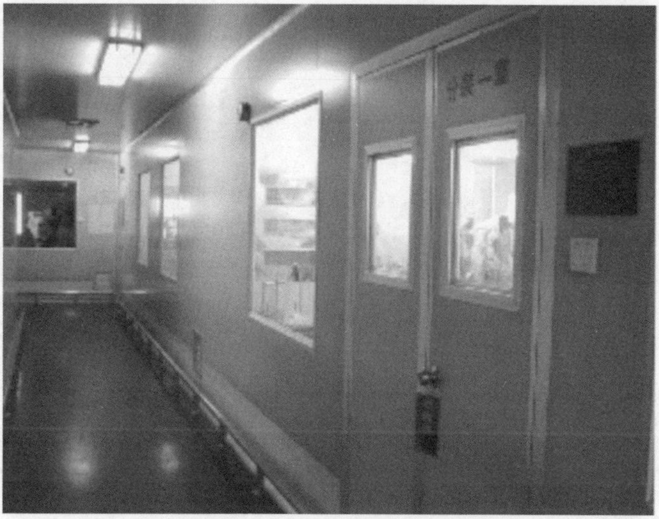

通过 GMP 认证的散剂车间

企业生产的解热止痛散处方中的非那西丁要用扑热息痛代替，产品名称变更为阿咖酚散。该产品仍然是企业的拳头产品，企业提出以培育阿咖酚散销售上亿元为主线，带动二、三梯队品种的销售增长。按照阿咖酚散销售上亿元的规模，从设备、场地到人员进行合理统筹安排，保证该产品产量不断增长。2003 年阿咖酚散销售 14.2 亿包，2004 年为 14.6 亿包。

2003 年 7 月，何济公牌阿咖酚散经广东省医药行业名牌产品审定程序核准为广东省医药行业名牌产品。2004 年，广州白云山何济公制药有限公司被广东省食品药品放心工程评价委员会认定为“广东省食品药品放心工程示范基地”。2006 年 1 月，鹿头牌商标首次成功获得广东省著名商标称号，并获广州市人民政府 5 万元奖励。2006 年 12 月，广州白云山何济公制药有限公司成为获商务部认定的首批“中华老字号”企业。

2004 年广州何济公制药有限公司被广东省食品行业协会与广东省医药行业协会授予“广东省食品药品放心工程示范基地”

第五节 双龙聚首，科学发展奏强音（2007～2010 年）

2006 年 7 月 3 日，广药集团正式对外宣布一项重大战略整合决定，将拥有止痛散剂和外用专业剂型生产优势的广州白云山何济公制药有限公司与专业外用药生产企业广州白云山外用药厂进行整合，这是广药集团“外用药”战略由布局正式转向实施的关键举措。2007 年 1 月 1 日，白云山制药股份有限公司白云山何济公制药厂正式挂牌成立。

一、从卫材先驱到外用药领军——白云山外用药厂历史

这里，不能不先介绍一下白云山外用药厂的渊源。

白云山外用药厂，前身是广州卫生材料厂，它也是由近代多个药厂整合发展而来的。最早的是1923年陆顺天在广州光塔路仙邻巷开设的新民敷料厂，当时是广州第一家生产卫生材料的企业。

在近代，由于生产规模小，企业靠手工操作，产量不大，民族卫生敷料厂家一直在国外产品的冲击和排挤下挣扎求存，尤其受居市场垄断地位的日商的压制。“九·一八”事变以后，各地抵制日货情绪高涨，日货销量受到一定限制，新民敷料厂等民族企业获得了一定的发展。但抗战开始后，生产又陷入困境。新中国成立后，广州敷料工业得到党和政府的扶持，开始走上逐步发展的轨道。新民敷料厂在新中国成立初期生产“光塔牌”医用棉花，供应市场。1956年进行了公私合营，成为公私合营新民敷料厂。

1950～1952年，广州又有多间新的卫生材料厂开业。其中包括后来广州卫生材料厂的另一前身新华敷料厂。新华敷料厂是1951年由南京药房，福华西药批发商转业组织起来的，全部职工共23人，于1952年10月4日正式投产。开始投产是准备以生产医用胶布为主，兼生产医用棉花、纱布、绷带。由于设备技术问题，医用胶布迟迟未能顺利投产，工厂陷于半停工状态，资金极度困难，连工人工资也成问题。后来经过努力，到上海找来技术人员和整套胶布涂膏、包装设备，并解决资金问题，终于在1953年顺利地生产出医用胶布，成为华南第一间生产医用胶布的敷料厂。

第一个五年计划时期，国家加强产品质量管理和市场管理，从1954年起，广州市医药公司对敷料行业产品实行全部包销订购，产品质量规格执行卫生部颁发的精制棉、纱布暂行标准，整个行业的生产技术有所改进和提高。此期间新华敷料厂研究设计出螺旋推进滤浆机，解决了胶浆杂质影响胶布质量及废品多、成本高的问题，提高产品质量及成品率，降低了成本，在全国胶布生产还是首创。敷料、绷带产品的生产亦仿制成功兄弟厂的卷绷带机，代替过去用手工搓卷，改变了耗费人力、产量低、质量不好的落后状况。1955 年新华敷料厂医用橡皮膏（26cm×500cm）生产成本每大筒 4.16 元，比 1952 年 5.07 元降低 17.95%。

1956 年公私合营，新华敷料厂陆续并入保康敷料厂、新星胶布工业社、永和联合敷料厂、享记无水酒精厂、先兆记杀虫药水厂和陈耀记车制水厂等私企，成立公私合营新华联合敷料厂。该厂 1957 年生产“永和牌”绷带供应出口，为全国开创了敷料行业的国际市场。随着生产的发展，全厂产值和利润有较大幅度增加，1957 年工业总产值 165.67 万元。

由于盲目追求产量，新华联合敷料厂在 1958 年改为公私合营新华制药厂，扩大生产范围，试制大批化工产品及医药原料。生产硫酸及过镁磷肥、磷酸钙、硫酸亚铁、醋酸酐、草酸及异烟肼、硫酸二甲酯、无水酒精、丁钠橡胶等产品，但由于工人技术操作和劳动条件较差，产品大多质量低劣，消耗成本高、浪费大。1961 年新华制药厂陷入亏损。

1963 年 12 月，企业重新调整，新民敷料厂与新华制药厂进行合并，并重新定位，定名为新华卫生材料厂，成为全市唯一的综合性卫生材料厂。在 1963 ~ 1965 年，新华卫生材料厂贯彻执行“调整、巩固、充实、提高”八字方针，重新确定产品结构和生产方向，实事求是地将全部化工产品下马停产，专注于发展本厂传统产品卫生材料。

这时，在 1958 年研制成功，为全国首创的药用胶布，得到很大发展。药用胶布最初以“消炎镇痛膏”闻名。该产品是 1957 年期间由时任厂长薛兆华取得亲友支持从日本寄来的“脱苦海”为样品，交由厂部技术人员研制而成的。1958 年正式投产，质量可与日本的“脱苦海”媲美。经过几年来全国市场试用，对治疗风湿骨痛、镇静神经疗效较为显著，特别是矿井工人使用后反映良好，市场要货量剧增，当年出口就达 22 万盒。为了满足市场需要，新华卫生材料厂在 1963 年增加炼胶、涂膏、开切等包装设备。“消炎镇痛膏”的产量从 1958 年的 76.08 万包至 1965 年增加到 203.47 万包，增加了 1.67 倍。

早期的消炎镇痛膏产品

1966 年，新华卫生材料厂更名为广州卫生材料厂。在“文化大革命”时期，企业管理遭受严重干扰和破坏，但广大职工仍坚持生产，工业总产值 1970 年比 1965 年增长 1.25 倍。但 1975 年比 1970 年却下降 23.95%。这一时期为适应生产发展要求，对消炎镇痛膏进行工艺、设备的改革，使产量从 1968 年的 424.88 万包提高到 1969 年的 849.17 万包。1970 年又改革棉花煮炼设备，先后自行制造卷棉机、开切绷带机、切棉机、卷纱布机，逐步以半机械操作代替繁重的手工操作，提高了劳动生产率。

1970 年，在越秀区正骨医院的大力协助下，广州卫生材料厂成功研究试制跌打镇痛膏，于当年 12 月投产，故取名“701”跌打镇痛膏。1971 年在“701”跌打镇痛膏的基础上，进一步改进处方又研制成供出口用的“713”跌打止痛膏，由广州市土畜产出口公司出口。两种膏布采用粘贴法产生。1973 年又研制成功鸡眼膏并投入生产，企业还先后生产救急救伤包、三角巾、驳骨膏、药包纱布等品种。

广州卫生材料厂的药用膏布技术领先，质量不断提高。1977 年西哈努克亲王在广州时曾派专人到厂购买消炎镇痛膏治疗，成为佳话。“701”跌打镇痛膏更是很快打响了知名度。1980 年代开始，企业走向市场营销，进一步组织宣传推销队伍，分别到各专区县进行产品介绍，在电台、报刊等大力宣传广告，并将“701”跌打镇痛膏样品邮寄 100 多个县和参加省内外医药产品展销会，市场不断扩大并获得好评，产品供不应求。1981 年同比 1975 年，消炎镇痛膏销量增长 68. 68%，“701”跌打镇痛膏销量增长 2. 73 倍，“713”跌打镇痛膏销量增长 2 倍。1981 年经过全省优质产品评比，消炎镇痛膏及“713”跌打镇痛膏被评为广东省优质产品。

1979 年开始，广州卫生材料厂不断开拓出口市场，接受“三来一补”任务，先后与汎亚、太和行、威威公司、富华行、万通行、南北行等签订来料加工，生产痛立止、功夫膏、“633”风湿膏，熊胆止痛膏、鼻香辣椒膏、追风透骨膏、虎骨膏、如意膏、药棉、纱布、口罩、胶布等产品，并引进说明书折叠机，大大解决耗费劳动力手工折叠产量低影响出口任务完成问题。在生产迅速发展形势下，出现劳动力不足的状况，1980 年 12 月取得经广州市经济委员会同意成立广州卫生材料厂生产合作社，一方面既促进止痛胶布部分加工业务，另一方面又解决安置职工家属就业问题，扩大止痛胶布内销及外销生产。

20 世纪 80 年代，由于产品深受用户欢迎，市场范围不断扩大，但企业在材料、动力供应、设备、劳动力、场地等亦存在不少困难，生产遇到瓶颈。后来通过全厂职工及各方面的共同努力，采取有效措施挖潜，千方百计发挥各方面积极因素，组织力量，平衡生产。投入技术改造资金 54 万元，进行设备更新，填平补齐。重点调整改造厂房，抓工艺改进，设备更新，提高机械化程度。改建煮漂工场 240 $米^2$、改造棉花干燥房及包装场地。针对当时动力不足的情况，购置了一台 150 千瓦柴油发电机。保证生产正常进行。还先后进行药棉干燥房改造，更新纱布烘干机、实验炼胶机、梳棉机、吸尘机、离心脱水机、配电设备及 2 吨、4 吨锅炉各一台，充实设备改造工作母机、万能铁床、车床、还有加强防火防雷等设施，安装自动灭火设备，汽油加油计量，防尘设备，全厂避雷网，空调机等。在劳动力不足的情况下，大力组织和扩大厂外加工，包装口罩、药棉、鸡眼膏、“701”跌打镇痛膏的加工点四个。

围绕以提高经济效益为中心，企业加强生产经营管理和技术开发工作，不断充实科研技术力量，积极开发新产品，改进老产品。新研制的聚丙烯酸酯医用透气胶布在 1982 年 12 月 25 日通过了鉴定，填补华南地区此类产品的空白。同时针对口罩、绷带、药棉及纱布小规格产品原来用纸作外包装用草席打大包，既不美观又容易破裂而造成产品污染影响质量的情况，改用塑料和纸箱包装，升级产品包装，深受用户欢迎。

1984 年以后，广州卫生材料厂先后从日本、意大利、奥地利引进胶布机、棉签机、湿水纸巾包装机、气动灌装机、多功能涂布机、止血贴生产包装机等 12 台先进设备。1989 年，投资 33 万元购置的 8 台多功能调膏桶和投资 30 万元购进的 2 台翻斗式蜜炼机分别投入使用。1994 年又更新黑膏涂布设备，购进橡胶压延机。

这一时期，利用引进的奥地利500型多功能涂布机及配套的台湾自动分条机、自动包装机以及日本自动包装机等，开始生产止血贴，形成年生产能力5 000万片的生产车间。该厂采用国产PVC薄膜涂丙烯酸酯胶粘剂，经反复试验，成功攻克了冷封胶包装纸的技术和用国产改性薄膜代替棉布作背材料的难关，降低了生产成本，成为国内第一家利用先进设备，全部采用国产材料生产"止血贴"类产品的企业。1986年"止血贴"投产，仅一年产值就由10.04万元增加至94.44万元，销售量由10.66万盒增加为120.62万盒。1987年完成MCT－500机安装并试投产，进一步提高了止血贴生产水平。当时"广卫牌"止血贴以其使用方便，疗效迅速，享誉全国，成为企业的支柱产品。1988年，广州科学技术委员会授予"止血贴"1987年度科技进步奖（三等奖）；"广卫牌"止血贴获1988年广东省优秀新产品奖，被广东省经济贸易委员会和广东省质量奖审定委员会评为"1988年广东省最佳工业产品"。广州卫生材料厂与香港威信公司合作，组建成立合作形式的广州便利妥有限公司，广州卫生材料厂提供技术、厂房、现有设备；威信公司提供生产经营资金、负责生产经营、产品出口等。广州卫生材料厂以租金形式定额分期收回投资成本和享受利润分成。后因国内材料难以配套，进口原料提价，港方经营困难，退出合作，公司结业，1994年2月后止血贴产品停止生产。

经营管理方面，1983年开始在原来1979年试行的利润留成，扩大企业自主权基础上，进一步实行以税代利，把企业经营的好坏同企业职工的经济利益挂上钩，在企业内部把经济责任制落实到个人，把各项经济指标分解下达，使包、

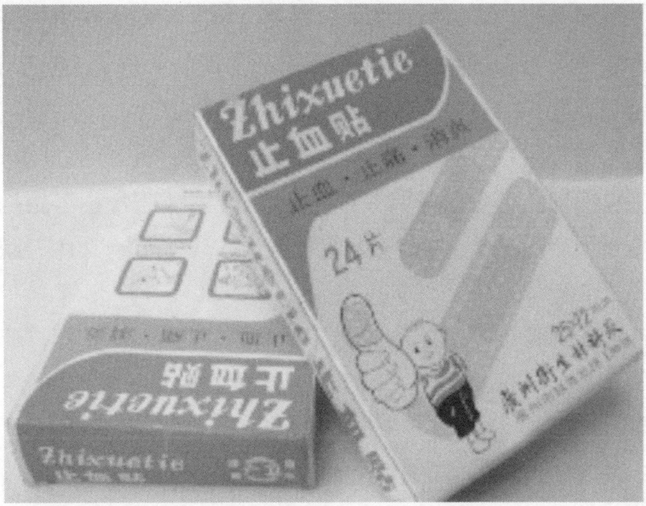

广州卫生材料厂生产的止血贴

保、协、权、责、利紧密结合起来，纳入计分评奖，促使职工关心计划安排，关心任务完成，关心指标实现，讲求精打细算，讲究经济效益，大大调动广大职工积极性，1983 年实现利润 318.8 万元，开创建厂以来最高水平，上交利税 222.2 万元，企业留利 58.4 万元。1986 年，企业实行厂长负责制，由刘柏民同志任厂长。广州卫生材料厂分步推行科室、车间向厂长经济责任承包，增强企业活力。

1992 年，广州卫生材料厂被列为广州第二批放开经营综合改革试点单位。1993 年通过了《实施综合改革总体方案》，进行干部调整，公布《岗位技能结构工资实施方案细则》，鼓励多劳多得。经营上强调“市场为导向，销售为龙头”，实行销售责任承包制，责任与收入挂钩，提高销售人员的工作积极性。1995 年起又实行全员劳动合同制改革。

1994 年，广州卫生材料厂投资 20 多万元购进三辊压延机，增加黑膏生产并于1995年投入使用；投资100多万元对公用基础设备和辅助消防、避雷、环保设施等进行改造工程。先后研制投产的新产品有滴通鼻炎水、辣椒膏、医用透气胶布、无纺布敷料等等，这些产品均形成了一定的批量生产。保持脱脂棉、消炎镇痛膏、“701”跌打镇痛药膏、医用橡皮膏等五个产品获省、市优质产品称号，1998年“701”跌打镇痛药膏获国家中药保护品种证书。1997年，广州牌“701”跌打镇痛药膏被列为国家二级中药保护品种。2000年，广州牌“701”跌打镇痛药膏被认定推荐为1999年广州名牌产品。

进入21世纪，广州卫生材料厂迎来新的机遇。2000年6月1日，广药集团穗药集字［2000］84号文批复同意广州卫生材料厂改制为股份有限公司，重组为白云山股份有限公司成员之一。2001年公司完成了重组上市必备的各项财务审计、资产评估、确值等工作，2002年采取“有限责任公司”方式进行改制，改制后卫材制药有限公司参股10%，白云山股份占90%，改制后名称为广州卫材制药有限公司。

在此期间，企业着手进行围绕GMP认证进行改造，2002年滴鼻剂、喷雾剂、溶液剂（外用）通过GMP认证，2003年通过橡胶膏剂、贴膏剂GMP认证。2001年该厂“广卫牌”滴通鼻炎水获得了国家中药品种保护。同年“701”申办商标注册获得国家商标总局核准，广州牌注册商标（跌打镇痛膏）被广州市工商行政管理局认定为广州市著名商标。2003年，广州牌“701”跌打镇痛膏又被广东省质量技术监督局授予“广东省名牌产品”称号。

2004年广药集团批复同意将广州白云山中药厂外用药部分资产和业务剥离后全部并入该公司统一经营管理，同时将公司更名为广州白云山外用药有限公司，将原广州白云山中药厂外用药剂型、品种整体移入新成立公司。但该公司的新名称因其他原因未能采用，最后采用的改制名称为 2005 年 3 月确定的“广州白云山制药股份有限公司白云山外用药厂”。

整合后的白云山外用药厂，按照白云山集团“倾力打造专业外用药品牌工程”的目标，实施“外用药专业化”和“白云山”品牌战略，引入科学系统实施设计，提升产品档次；加快产品二次开发力度，从设计、流程、质量方面进行改进，完成对主打产品（跌打镇痛膏、麝香拔湿膏、骨友灵贴膏、关节止痛膏、消炎镇痛膏）5 个贴膏的外观重新设计、升级换代和价格调整，提升了产品的附加值。加大对市场的投入，积极拓展全国市场。

白云山牌跌打镇痛膏、麝香拔湿膏、骨友灵贴膏、关节止痛膏、消炎镇痛膏

二、优势合力的发展之路

2007 年 1 月 1 日，由白云山何济公制药厂和白云山外用药厂整合而成的白云山制药股份有限公司白云山何济公制药厂正式挂牌成立。

新白云山何济公的成立是广药集团优良资产资源整合的倾力之作，是贯彻落实广药集团“十一五外用药品牌重点工程”而整合成立的新企业。新企业里，有从单一的生产剂型

白云山何济公制药厂揭幕仪式

发展为专业化突出的多剂型综合现代化医药工业企业的何济公的系列产品，有国内最专业的橡胶膏和卫生敷料生产企业广州卫生材料厂的拳头产品，还有中药现代化的先锋白云山中药厂的外用药部分以及华南地区最早的粉针、滴眼液专业企业白云山天心滴眼液部分。自此，整个白云山股份有限公司的外用药资源汇合成为一个整体，尽数归入白云山的何济公品牌之下。

在国内的同类型制药生产企业中，新成立的白云山何济公制药厂拥有诸多优势：

首先拥有品牌优势。企业实施双品牌战略，白云山何济公冠名使用“白云山”以及“何济公”品牌。“白云山”被评为中国驰名商标，2005 年经权威媒体评估，品牌价值为 63.16 亿元；“何济公”在权威媒体公布的全国 100 家中华老字号企业的品牌价值评估中，何济公品牌位列诸多中华老字号品牌的中前列。企业提出要完成外用药品牌向何济公品牌的置换，借势白云山大品牌，重点突出何济公大品牌，同时确定两个子品牌目标：①中国解热镇痛类驰名品牌；②中国外用药专业化第一品牌。突出何济公在外用药及止痛散剂方面的优势，为“十一五”规划目标按计划实施打好基础。

其次拥有企业技术优势。合并后企业囊括 15 个 GMP 专业剂型国家级认证，其中尤其以外用剂型门类齐全而著称。拥有 260 个国药准字品种。共有 13 个注册商标，其中广东省著名商标 2 个，广州市著名商标 3 个。企业产品获广东省名牌产品 9 个，广州市名牌产品 6 个。企业拥有 9 项国家专利，尤其是入选 2005 年版和 2010 年版《中华人民共和国药典》的“701”跌打镇痛膏的生产工艺专利获得 2003 年度广州十大优秀发明专利。拳头产品何济公牌阿咖酚散年销售达 20 亿包，白云山何济公也是国内唯一采用远远高于国家止痛散剂

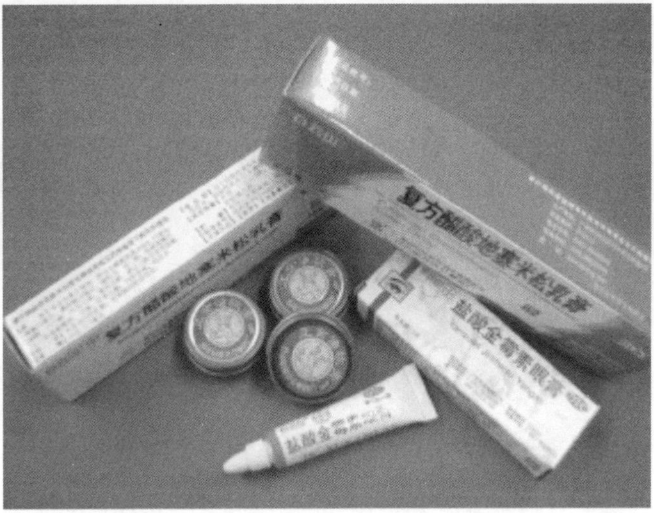

正金油软膏、复方醋酸地塞米松乳膏、盐酸金霉素眼膏

标准的内控标准生产的企业，止痛散剂的生产技术水平居国内领先。同时白云山何济公是目前国内最专业的膏剂生产企业。红色正金油软膏的生产历史业已超过整整70年，膏剂诸多品种生产条件、技术水平及生产规模等在国内均名列前茅。以红色正金油软膏、复方醋酸地塞米松乳膏、盐酸金霉素眼膏等为代表的膏剂产品在国内同类生产企业中均可称得上佼佼者。尤其是专业的外用药各企业整合并入以后，更扩展了外用药各领域的专业优势，如橡胶膏“701”跌打镇痛膏的压延法专利工艺、滴眼液的新材料、新工艺等国内领先专业外用剂型优势，为构筑新白云山何济公的专业外用药优势奠定坚实的基础。

整合后的白云山何济公，在外用药及止痛散剂专业领域的产品研发创新实力已成为国内首屈一指的企业。企业加大技术革新及研发投入力量，全力推进企业专业化的进一步深

科研人员在工作

化。组建了较大规模的专业研究机构——技术中心，并配备了优秀的研发人员和先进的科研设施。一方面充分借助广药集团对“十一五外用药重点工程”实施主体企业的科技投入和技术支持，利用集团科技整合后形成的科研大平台；另一方面，在新落成的广东省重点医药实验室——广州白云山化学药创新中心也设立了专门的外用药研发机构。在企业未来产品研发方向上，一方面是开发引进国际、国内外用药新剂型、新品种，加快外用药主流产品的研制和独家产品的创新研制，进一步完善外用药产品线；另一方面就是利用现代制药新技术、新材料及新工艺，如透皮技术和纳米技术对现有产品进行二次开发。

广州白云山化学药创新中心大楼

2007 年，白云山何济公在普宁市绿洲胶囊公司及佛山市南海南康保健有限公司分别设立散剂厂外车间，增大了生产能力。其中普宁厂外车间占地 5 万多$米^2$，建筑面积 2 万多$米^2$，总投资为 740 万元；南海厂外车间总投资为 520 万元。

白云山何济公普宁厂外车间

白云山何济公南海厂外车间

白云山何济公在整合后还重新进行了GMP认证。2008年2月23日至25日，完成普宁厂外车间散剂（分装、包装）GMP认证。3月21日至23日，完成荔湾厂区散剂、滴眼剂（含激素类）GMP认证。9月6日至11日，完成新市厂区和同和厂区橡胶膏剂（含激素类）、贴剂、搽剂、软膏剂、乳膏剂（含激素类）、溶液剂（外用）、栓剂GMP认证。2009年4月，荔湾厂区散剂、乳膏剂、眼膏剂、软膏剂、栓剂等7个剂型取得了新的GMP证书。至此，历经18个月时间，全厂15个剂型全部通过了GMP再认证，包括两个新的厂外车间也通过首次认证。这是自1998年实施GMP认证制度以来，通过开展第二轮GMP再认证，标志着白云山何济公的生产技术质量体系建设和管理水平已经跃上了一个新的台阶，产品质量得到了进一步提高。

2009年4月，“701”商标注册成功。该商标由数字组成，自1996年申请以来，首次通过了国家商标局的核准注册，实现了自建厂以来几代人的愿望。2009年，企业又荣获新中国成立60周年广东成就企业100强、新中国成立60周年广东最具影响力行业标杆品牌、2008年推动广东经济发展创新企业100强称号。“701”跌打镇痛膏产品被广东省科学技术厅认定为“广东省高新技术产品”。

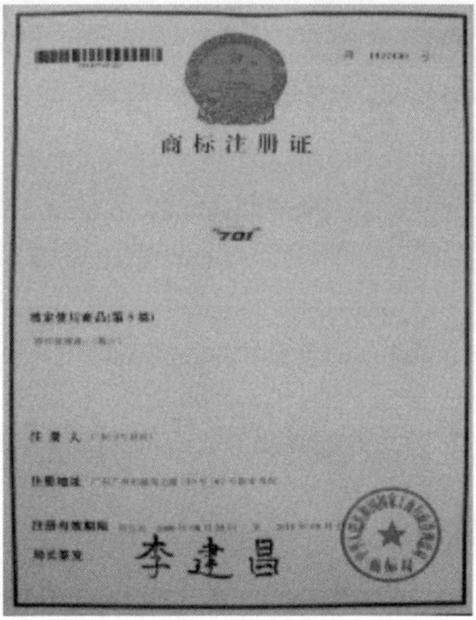

“701”商标注册证

白云山何济公荣获改革开放 **30** 年广东成就企业 **100** 强

白云山何济公荣 **2008** 年推动广东经济发展创新企业 **100** 强

整合后的白云山何济公，向着更高的目标出发。以 2009 年全国皮肤外用药零售市场的 36 亿元市场规模计以及年均 20% 以上的增长预计，白云山何济公的市场目标将占全国近 15% 的份额。这也要求企业以高于 10% 的平均增长速度发展。2010 年，白云山何济公完成工业总产值 27 600 万元，同比增长 35.91%；销售收入 27 506 万元，同比增长 48%；实现利润总额 1 986 万元。

目前，白云山何济公已经部署“十二五”发展大计，正在以稳健的步伐，为实现企业跨越式发展而继续努力。

第三章 企业管理

本章看点

- 白云山何济公在历史上一向坚持品牌优先，带动营销的策略。创始人何福庆的营销手段至今仍是经典案例。今日白云山何济公全面继承和发扬品牌文化的优势，进一步实施聚集战略，创新营销模式。同时，紧紧抓好生产和质量管理，它的一步步轨迹，都是这一品牌长盛不衰的保证。
- 创新，对企业发展极其重要。但是知易行难，我国药业企业拥有独家技术的并不多。而白云山何济公多年来正是靠技术和设备方面的不断创新，取得今天的成功。“止痛散”就是当年外来的新式成药，此后的白云山何济公不断地探索、改革，尤其是合并进来的原广州卫生材料厂的产品“701”跌打镇痛膏，拥有国家专利技术，更成为企业在这一领域的独门利器。白云山何济公各个时期的设备创新，都位于同领域的前列。

第一节 营销管理

营销是企业生存发展的命脉，白云山何济公有着光荣的营销创新传统。作为老字号，它长期坚持“济世为公”的经营理念，通过提高劳动生产率、提升产品品质，来扩大品牌差异，从而扩大产品销售量，从巨大的销售数量上来“摊薄”企业成本。心怀济世之心，生产受老百姓欢迎的有效、安全、实惠的好药是白云山何济公几代人的光荣传统。

在医药市场发展新阶段，竞争越来越充分的情况下，单纯的传统营销面临越来越大的压力。白云山何济公主要产品属于大众化品种，经常受到市场价格混乱的冲击，社会库存及在途货款问题严重影响企业经营运作。阿咖酚散年销售超过30亿包，占据全国同类产品七成的市场，产品销售量虽逐年提升，但随着原材料成本的连年上升，企业利润空间压缩。创新营销观念，聚焦战略先导，成为白云山何济公腾飞的关键。

一、传统营销，建设品牌

（一）重广告，树品牌

中华老字号“何济公”在企业创立之初，就非常重视品牌和市场营销。当年品牌创始人何福庆就深深懂得广告对企业的重要性，一些事例充分体现了其品牌宣传的决心和力度。例如，他曾说：“我卖田卖地都要卖（做）广告。”何福庆不但将过去能买几十亩地的积蓄拿出来做广告，甚至连仅有的二亩祖田都卖掉用来做推广宣传。为做广告，他开设五大办事处，广招一、二、三等广告推销员，重金聘用“出江”领班五大员，分区划片包干广告推销业务。何福庆本人除了亲自做广告外，有时还跟踪追击，明察暗访做广告的效果，同时大摆筵席慰劳推销员。

善于运用报纸广告，也体现了何福庆的营销技巧。全国抗战胜利后，何福庆为了开拓华中市场，1946 年采用先声夺人的手法，运用悬念广告轰动了武汉三镇。第一天，在汉口《新湖北日报》的头版登出一幅广告，上面只有大大的几个字：“广东飞来何济公。”搞得武汉市民丈二和尚摸不着头脑。正疑惑间，第二天同一报纸同一位置又有一则广告——“止痛唔使五分钟”。当地人不明就里，更是议论纷纷。第三天，在同一版面登出了一则何济公经营的药品广告：“灭痛星——止痛散是经留美医学博士发明，在国内外行销，由广东何济公药行制造，刚用飞机运到”。至此，谜底总算解开，大家明白是来了个卖药的！同时也记住了“何济公”的名字。

再比如，对于今天业内人士认为的医药竞争的终端主战场，何福庆在当年就已经充分重视。墙体广告属于最普通的终端，但小处能见大，何福庆经过具体调研，指定写墙体广告最好的地方是正对厕所的窗口，使如厕者都能看到。此外，相当于今天的非处方药队伍建设，何福庆曾发动贫困学生勤工俭学，传唱“何济公，何济公，止痛唔使五分钟”的儿歌，广传岭南历七十载不衰。

何济公药行靠宣传立足。新中国成立后公私合营时，核算何济公药行的成本，发觉何济公药行产品毛利达 500%，但其中用在宣传的费用就占了毛利的 400%。可见其重视宣传的程度。公私合营后，由于计划生产、统销统购，企业致力于提高产品质量和生产效率，在营销方面投入不大。改革开放后，企业的内外环境发生了巨大变化，从过去传统的高度集中的经济体制转向统一性和灵活性相结合的体制，从单纯生产型企业转向经营开拓型企业，从计划经济指令性生产转向有计划的商品经济指导性生产，从以产定销转向以销定产。在市场竞争中，营销的重要性再度凸显。

作为老字号，品牌的价值最为重要。尤其是“何济公”主打产品同类生产者众，竞争激烈，实行“品牌战略”才能制胜。“何济公”厂名在“文化大革命”前后曾一度取消，但它积淀下的群众基础非常深厚，恢复厂名后，“何济公”回到百姓生活中，唤回了老一辈人的记忆。但对于年轻人来说，“何济公”还显得陌生。当时该厂做了一些广告，但收效不大。如何在资金有限的情况下，利用广告重新打响品牌，让更多的人认识何济公？

1985 年，杭州电视台和上海电视台联合摄制的经典电视剧《济公》热播，享誉海内外。何济公药厂本来就是以“济公”命名的，而广州何济公制药厂的宗旨与济公慈善济世的形象也十分吻合。社会上兴起“济公热”，对宣传企业形象可谓天赐良机。广州何济公制药厂得知广东电视台正准备引进该剧时，立即与电视台联系，进行独家特约赞助播出。在《济公》热播羊城之后，广州何济公制药厂又与广播电台联系，特约连播长篇评书《济公传》，还用《济公》主题歌配放本厂的药品广告，继续为“济公热”加温。这些措施收到显著成效，广州何济公制药厂的知名度迅速提高，拳头产品“解热止痛散”销量猛增，有的厂家干脆停止了同类产品的生产。连广州何济公制药厂的眼药软膏也破天荒地第一次突破月销售140万支的记录。这次广告被同行赞誉为何济公制药厂最成功的一次广告攻势，甚至被许多商业著作列为广告的经典案例。

时代不断发展，企业整合后，白云山何济公的发展也不断跟上潮流。老字号虽然存在时间长远，靠口碑相传，在年纪偏大的人群中拥有高知名度，但对于年轻的消费者，必须对品牌传播进行新的投入，以进一步提高知名度。白云山何济公挂牌成立以后，在品牌推广方面，进行了一系列的运作活动，企业借力白云山大品牌的同时，突出白云山何济公产品在白云山大家庭中的差异化。对现有产品进行筛选，进行产品升级换代，统一白云山何济公视觉识别系统设计，统一品牌形象。

在白云山何济公，名牌战略被放在营销重要位置。名牌战略是将高质量的产品与高强度的广告宣传相结合，致力于树立企业名牌产品的形象，从而使企业的无形资产迅速增值，带来巨大的名牌效益。企业提出要快速实现企业合并后的品种、市场、客户资源、销售渠道的整合，在主销区域用品牌品种（阿咖酚散、“701”跌打镇痛膏）带动何济公品牌，同时用何济公品牌带动其他增长品种和小品种的销售；在增长区域和开拓区域则以普药核心品种带动区域性品种的销售。

企业创名牌，首先必须以高质量的产品作保证；其次要满足消费者的偏好，只有最大限度地满足消费者对产品的需求，甚至领导消费潮流，不断推陈出新，才能使名牌永葆青春；此外，要加大广告宣传的力度，对产品进行全方位的宣传。

为加强“何济公”品牌的拓展和建设，白云山何济公再度以“济公”活佛原型人物为主题人物，邀请著名表演艺术家——济公的扮演者游本昌先生为形象代言人，以阿咖酚散、“701”跌打镇痛膏为主题品种，拍摄济公系列短片，宣传“何济公”品牌及“悬壶济世、扶危济贫、造福于民”等以济世为公为主题的企业理念。

游本昌为何济公阿咖酚散广告代言

白云山何济公成立后，还通过密切关注和支持中国体育事业发展以促进人民群众健康事业来树立新形象。挂牌成立不到一个月时间，企业独家冠名赞助了足球“广药白云山何济公——中国之队国际足球对抗赛”，取得巨大的成功。2009年，广药集团倡导“中药足球，振兴中国足球”，4月18日09赛季中超联赛第5轮比赛广药白云山足球队在越秀山主场迎战重庆队，由白云山何济公制药厂主办赞助。广州市副市长许瑞生、广州市体育局局长刘江南、原广州市副市长刘锦湘等上级领导到场观战。广药集团董事长兼总经理杨荣明、广药集团党委书记兼副董事长林继红、广药集团副总经理兼广州白云山和记黄埔中药有限公司总经理李楚源、广药集团副总经理兼广州白云山制药股份有限公司董事长谢彬等广药高层到场助阵。白云山何济公制药厂全体班子成员也都到场助阵。坐镇越秀山的广药白云山足球队成功上演逆转好戏，以 3：1 的战绩取得胜利。足球精神的魅力让员工热血沸腾，球场上顽强拼搏、团结协作、不断进取和胜不骄败不馁的体育精神也促进了企业的精神文明建设，并扩大了企业的影响。

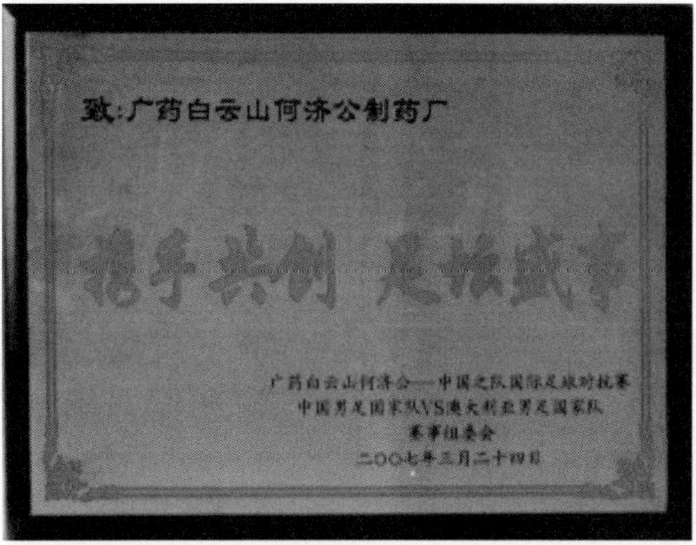

白云山何济公独家冠名赞助了足球“广药白云山何济公——中国之队国际足球对抗赛”

企业还利用文化下乡的背景，进行事件营销。例如 2007 年举办“首届广药白云山何济公制药厂广东乡镇文化广场数字电影节”。在主销区域举行 1 万场以上送电影到农村及社区的活动，在电影放映前加映济公系列短片并进行产品推广及宣传，教育消费者 100 万人次，从而拓展消费群。做好在重点区域主销区送电影下农村活动工作，加快、加深消费者对何济公品牌的认同，实现品牌宣传下移和品种扩散。

2010 年春节联欢晚会上，台湾组合“小虎队”重聚，引起广泛关注。其中吴奇隆人气急升，片约不断。白云山何济公立即做出决定，聘请吴奇隆为白云山何济公拍广告。因为白云山大品牌及何济公中华老字号的历史底蕴，吴奇隆同意作为何济公阿咖酚散的代言人，这也是他首次为药品广告代言。在广告片中，吴奇隆一改以往帅气的形象，化身成为时下被头痛困扰的现代职场人员，表情生动搞怪。在服用何济公阿咖酚散后，头痛症状立即消失，马上恢复了精力并击碎代表头痛症状的大石头。

吴奇隆为何济公阿咖酚散广告代言

白云山何济公将企业产品及品牌推广作为营销工作的重点之一。近年来在电视广告投入、公益慈善投入、大众媒体软文投放、网站建设 、专业学术推广、员工教育培训、积极申报名牌等方面做了大量的工作，单2010年电视广告投入就高达近3 000万元，为企业未来市场及品牌拓展打下了坚实的基础。

（二）入基层，抓渠道

现代营销有“渠道为王”的说法，这一点早在民国时期的何济公药行中就已被认识到。当时位处广州的何济公药行，广泛与全国各地药店联系，通过药店寄售来拓展在各个城市的销售渠道。在城市以外的广大农村地区，药行则通过聘请出江人员来销售。所谓出江人员就是以走江湖的形式到各地流动宣传和卖药。有的是长期雇用，有的是只给一定差旅费，另外在销售药品中给予提成，多销多得。据记载，当时广东各江轮渡特别是省港渡和梧州渡，还有铁路沿线的广九列车和广三列车，出江员都相当活跃。几乎每条船、每节车厢，都有人宣讲卖药。他们辞令娴熟，动作敏捷，口中滔滔不绝，自夸自赞。他们还在各地摆摊设档，推销药品，将销售渠道铺到了乡镇农村。

公私合营后，在计划经济时代，生产销售一切按照计划统配调拨，使得产品非常容易形成较高的市场占有率，而且“何济公”产品质量稳定，也赢得一大批忠实的消费者。1965年，广州何济公药厂就被定点为下乡成药生产企业，一直在基层中有很好的群众基础。

20世纪80年代，“何济公”从生产型逐步转变为生产经营型。在计划经济向市场经济转型之后，如何利用良好基础扩张市场重新成为关键问题。“何济公”主要产品均为生产量较大、价格较低、利润菲薄的常用药、大众药品种，市场规模对企业发展相当重要。为了拓展市场，不断加强市场调查预测，了解供需情况，广州何济公制药厂制订了“站稳两广，打入云贵川”的经营方向，同时采取了“广开联销，大造声势，通过走出去，请出来，适当让利”的策略，推行产品销售工作，大力开拓市场。在广东省内，广州何济公制药厂先后在普宁、湛江、新塘、黄沙等地设立“联营站”，使产品及时扩散到四乡。在广东省外，对营销人员按东北线，华东线，云川线，广西、贵州、湖南线，河北、山东、天津线，河南、山西线等进行推销产品。如1990年首次独家在昆明市召开“工商业务”洽谈会，到会代表200多人，会议期间订货成交活跃。

20世纪90年代，何济公制药厂针对产品结构特点和消费对象，对产品进行定位销售，将产品销售营销策略定位为：普药面向市场，新药面对医院。在普药市场中充分发挥企业产品名牌效应的优势，建立和完善地区性的代理制，与资质好、信誉高、网络广、实力强的地区代理销售点结为产品销售合作伙伴。在分配上对营销部门实施倾斜政策。实行按销售实绩计提奖金，上不封顶，下不保底，打破平均主义，按实绩分配的做法，引入优胜劣汰的竞争机制，较好地调动和发挥销售人员的积极性，企业销售收入稳步增长。

踏入21世纪，企业营销工作继续坚持实施品牌带动战略，抓好重点产品的市场策划和主销区的广告宣传。由于解热止痛散改名阿咖酚散，为了让顾客了解，公司在主销区加大宣传，包括黄金时段播放产品新包装广告片和在产品包装箱中放宣传单，并到药店派发《告顾客书》，将产品信息传递到终端客户，使广大消费者及时接受了产品变化的信息，市场需求不减反增。此外，由于抓好了重点市场的销售渠道构建疏通工作，使商业批发、医院和非处方药三个不同销售渠道形成互动平台，短短数年使省外市场大大拓展，云南、贵州稳步增长，湖南、湖北几乎翻了一番，江西等省份也发展迅速。

当年的广州卫生材料厂也同样在走市场发展之路。其产品主要依赖社会零售市场，特别是城镇乡村市场。广州卫生材料厂20世纪90年代以“三勤”为宗旨，即勤走访、勤送货、勤追款，实施新客户“款到开票”和逐步推行协议销售、代理销售的做法，加强销售责任承包制的考核工作，强化销售业务技能的锻炼和销售科内部的管理，使销售工作适应市场的变化。广州卫生材料厂与兄弟厂家合作“七厂联销”，积极召开工贸座谈会、产品介绍会，1991年厂领导亲自带队前往四川重庆市开辟西南市场，建立销售网络，1991年6月先后在四川内江地区召开医疗器材批发与广州卫生材料厂产品介绍订货会及在重庆市举办“广州卫生材料厂名优新产品介绍会”，引来当地媒体关注。

进入新世纪，由于敷料市场日益萎缩，广州卫生材料厂着力促进外用药的营销，抓紧营销代理在省内外的布点，围绕主要营销产品打广告，策划各种适合当地风土人情的传播活动。销售部门依据地区代理商的地域、条件、市场地理特性，辐射影响能力等因素进行组列，对某些具备联动发展的经销商，委托其通过原有商业资源拓宽网络，进一步拓展了市场。

二、整合创新，实行聚焦战略

今天，白云山何济公面对新时期的形势，在经营管理和客户服务方面，不断引进先进的营销管理模式并加强与以医药商业批发及药品零售终端为主体的客户的战略伙伴合作关系，积极调整销售政策，全力以赴，为营造厂商双赢的局面而不懈地努力。

（一）透析现状，调整战略

经历整合百务待兴的新企业，在激烈的市场竞争中如何扬长避短，这个问题摆在了白云山何济公营销人员面前。

合并后，白云山何济公还是以普药品种流通为主，因此销售工作重心仍然是放在加强渠道建设方面，同时拓展市场铺货率，并在主销区域以两大产品（阿咖酚散、“701”跌打镇痛膏）带动其他产品销售。对于白云山何济公企业产品和市场结构状况，从营销角度，概括起来就是：特点鲜明、矛盾突出这 8 个字。

特点鲜明，“何济公”作为中华老字号企业，已经拥有一些较成熟的区域品牌和市场基础，如广东、西南地区，外用药及解热镇痛类药品生产规模及专业技术水平处于行业领先。医药界专业人士均认为，白云山何济公的产品，如阿咖酚散、“701”跌打镇痛膏等之所以得以生存，而同期成名的产品却几乎全部淡出市场，究其根本原因不外乎：一是这几个产品虽然牌子老，但不“倚老卖老”，能不断改进质量，使疗效确切，安全快速；二是坚持平价，在顺境中也能坚持微利多销和“半为慈善半营生”的宗旨，阿咖酚散、“701”跌打镇痛膏等产品，价廉物美，积淀了一大批忠实的消费群体；三是这些利润微薄而量大的产品生产摆脱了手工劳动，实现了机械化、自动化生产线，不断提高了劳动生产率。

矛盾突出，主要体现在企业产品结构及市场结构不合理。白云山何济公人清楚意识到，70 年的品牌积累，企业固然拥有一定的知名度和一批忠实的老年消费人群，但这远远不够。

由于产品数十年来定位在低端普药，经常受到市场价格的冲击，社会库存及在途货款问题严重影响企业经营运作。阿咖酚散年销售超过 20 亿包，占据全国同类产品 70% 的市场，虽然产品销售量逐年提升，但随着原材料成本的连年上升，企业利润却增长不多，甚至有所下降；企业其他 3 个全国销售名列前茅的主打产品：风油精、醋酸地塞米松乳膏及曲咪新乳膏也面临相同问题。市场结构方面，品牌的区域性太强，主体仍然是两广（广东、广西）及西南（云南、贵州）广大农村地区。阿咖酚散等品种是白云山何济公的老名牌，50 多年前就获得过广州优质产品荣誉，目前主要集中在华南地区市场。原广州卫生材料厂的“701”跌打镇痛膏目前的年销售量过亿，产值 6 000 万，这在广东的膏贴药品市场是绝对的强势品牌。但也主要集中在华南地区销售，广东省的销售量占“701”跌打镇痛膏市场总销售量的 90% 以上。企业当务之急就是将白云山何济公品牌推向全国市场。

在企业整合之初，品牌置换、产品调整、营销人员磨合也历经了一个过程。如产品方面，由于历史原因，企业产品定位低端，过去在产品的市场推广和后续研发方面投入不够，产品及品种的可持续发展受到制约；同时，企业整合消耗了大量的品牌转换成本，市场的有效投入严重不足，企业整合加上人员磨合调整等等。这些都是客观存在的营销不利因素。

医药市场的发展已经进入新的阶段，竞争越充分，企业利润就变得越低，通路成本的控制就更显得举足轻重；而企业规模越大，通路的辐射力和控制力的要求就越高。企业要想把握住机遇，实现更大的发展和超越，就必须彻底改变企业自身产品和市场结构，就必须在进一步巩固企业原有市场的前提下，对城市高端市场强力推出自己的创新品种，通过产品的价格优势和相对的差异化，扩大市场份额。

（二）聚焦战略，阶段发展

针对企业所处激烈市场竞争环境，白云山何济公及时进行全面战略调整，大胆打破过去束缚企业发展的条条框框，充分调动、激发员工的创造性和积极性，在企业文化创新和营销创新等方面进行了内部系统改造工程，为形成强大的外部竞争力奠定了内在的基础。企业决策层针对目前市场激烈竞争，重新市场定位，重新调整营销思路。限于企业目前的市场状况和自身状况，白云山何济公在营销策略上采取聚焦战略，就是将企业有限的资源用在优势区域市场和优势品种的销售上。将企业优势品种根据市场实际和企业未来发展战略重新定位，根据外用药不同品种季节性销售特征非常显著的特点制定差异化营销思路，全面赢得了主打品种的销售突破。目前，白云山何济公正不断创新和完善市场营销战略，全面出击解热镇痛类和外用药专业市场。

白云山何济公对接整合，实现一体化运作后，企业积极调整经营思路，优化营销资源，理顺销售渠道，整合销售区域。首先实施大经营部策略，将市场部纳入经营部。其次实现商务与非处方药一体化运作，对非处方药营销人员大力精简，将非处方药全部转为商务营销。三是对营销队伍进行"扁平化管理"，重新整合销售人员，在重点销售区域配置强力人员为核心，取消大区，销售部直辖各办事处，将全国分为19个办事处，实行三级客户管理体制，办事处主任管理一级商业客户，商务代表分块管理二级分销客户，实行以区域划分，定点定向定量管理。为确保实现销售下移，确保销售人员主要精力放在市场拓展，将局部市场做深做透。营销部门提出"压迫性营销"新概念，即：占领渠道前厢、后厢，确保渠道通畅的同时，全方位地占领渠道，抢占竞争对手的生存空间。提出“四个平衡”和“三个聚焦”等概念。“四个平衡”即重点销售区域与非重点销售区域的平衡，一线品种与非一线品种的平衡，一级商业客户布局的平衡，主要品种市场投放量与市场需求拉动工作量的平衡；“三个聚焦”即销售区域聚焦、销售品种聚集、销售费用聚集。通过努力，迅速使合并后的白云山何济公销售大幅增高，实现了良好开局。

2009 年，新的营销团队经过调研再度认识到企业营销环节中存在资源过度分散以及急功近利等企业营销战略失误。营销渠道和终端存在以下问题：过多的“滥为”造成产品价格混乱，代理商失去信心；过头的渠道挤压造成社会库存过大、批号太旧，消费者不愿接受；盲目地“赊销”造成应收货款严重偏高、企业风险极大；商业客户对企业失去信任等。

对此，企业立即进行营销策略的大调整。一方面，进一步开展厂商合作，与有实力、信誉良好的商业公司结成伙伴关系，这样做的有利点是可以消除厂商为追求各自利益时造成的各种冲突，利于优势互补，可以减少重复服务而增加企业经营利润，同时开展多通路并进，更好地实现终端通路的直达顺畅。另一方面就是根据自身企业产品特性和市场结构，重新市场定位，加大终端和广告投入。为了转变的营销思路，企业在对营销人员的培训中，制订了《白云山何济公的营销工作 18 条指导纲要》，就企业未来市场发展阶段及战略，明确提出了白云山何济公营销三阶段：

第一阶段，到 2009 年底。目标：第一，理顺内部组织结构；第二，理顺外部渠道结构；第三，维持企业现金流的良好运作；第四，大规模清理历史遗留问题，让企业初步出现好转的迹象；第五，调整好内、外库存结构。

第二阶段，从2010年1月至12月。目标：处理掉大部分遗留问题；初步实现企业当期良性化运转。

第三阶段，从2010年7月起确立企业未来的发展方向，开始筹建支撑企业良性、快速、持久发展的经营机制，恢复企业的创利能力。

随着战略思想的明确，企业在销售策略的制定、销售渠道的维护以及销售队伍的建设等方面，进行了一些营销系统工程改造。

首先，在产品策略上，确定了阿咖酚散、“701”跌打镇痛膏等7大重点品种，其中阿咖酚散等4个为主打品种，使营销团队有了一个明确的努力方向。2009年1～8月7大重点品种与去年同比实际销售件数增长92%，其中4大主打品种与上年同比实际销售件数增长104%，远远高于平均增长率54.8%。

其二，在销售手段上，根据白云山何济公的产品特点，除了维护好现有的商业渠道，强化了非处方药战略，改变原有非处方药的销售模式和销售产品。把终端兑费改为象征性的赠药，把主要做高毛利低销量的特A类产品改为主销七大重点产品，使非处方药的销售拉动与主流销售品种接轨，促进了七大重点产品的销售。

其三，在销售渠道的维护方面，首先重视客户利益，迅速处理历史遗留与客户各种矛盾，树立了客户对“何济公”的信心。接着统一市场价格、统一促销政策，控制市场库存，使市场价格平稳，各个层次的客户都有合理的利润，确保了销售渠道层层畅通；确保了企业的资金回笼和利润。

例如，2010年初阿咖酚散销量上升，供不应求，看准这个市场时机，企业实施了控制营销，控制阿咖酚散发货。由于主销区（广东、云南、贵州）产品市场覆盖面广、产品销售链长而且复杂，一时的货源紧缺不会影响到消费者的购买，所以采用紧主销区发货数，宽非主销区发货数的策略。主销区的货源紧缺必然带来周边非主销区市场的价格上升以及销量的上升，利于树立客户的信心和理顺销售渠道；紧货后主销区的市场价格得到迅速的提升，商业公司的利润成倍地增长，求购、求销的意向非常强烈，又促进了主销区的销售和渠道的归拢。经过 8 个月的控货，2010 年白云山何济公第一大产品阿咖酚散 1～8 月销售 12 8910 件，同比增长 199%。

白云山何济公市场分布示意图

白云山何济公的产品大部分是低值成熟产品，渠道疏通即可大大提升销量，达到提升市场占有率的目标。之前企业一直在稳妥地做一些低水平的促销，主抓一级和二级客户的销售，对终端小客户没有太多作为，商业渠道面没有充分地挖潜。2010 年 7 月份，在白云山何济公形成一个营销团队内部竞赛，各地营销办事处针对其销售区域主推品提出了“挑战自我”的促销方案，要求办事处的商务经理、非处方药代表全部参与此项活动，并以办事处为单位引进激励机制，定期公布排名，最终公布笑脸奖和苦脸奖，在物质上和精神上给予褒奖。通过“挑战自我”，取得了如下几方面成果：主推品的销量提升了一倍多；扩大了渠道铺货面；检验了企业营销的方案和管理水平；树立了产品的销售信心；检验和强化了团队的执行力。

白云山何济公的创新营销取得了良好效果，使企业经营状况大为改观，各项经营指标迅速好转。2009 年 6～9 月应收货款累计下降接近 6 200 万，社会库存累计下降约 4 400 万，市场走货量明显上升，产品批号老化问题迅速扭转，历史遗留问题快速且大幅度得以清理，客户对企业明显恢复信心，产品的市场价格大幅回升到正常水平。2010 年完成开票 32 181.83 万元，累计同比增长 48%；完成回款 32 893.8 万元，累计同比增长 15%，在途货款 624 万元，历史折让基本处理完毕，社会库存（一级客户）2 505 万元，约为 28 天的销售库存，市场价格稳定。目前，企业整体销售出现了良性循环的大好局面。

第二节　生产和质量管理

合并后的白云山何济公，在生产质量管理方面逐渐整合成形。继首次药品 GMP 认证之后至 2009 年 3 月，企业的 GMP 工作再次取得了可喜的成绩，全部剂型通过了 5 年一次的 GMP 再认证工作，为企业进一步发展打下坚实的基础。

一、生产管理

生产是企业发展的引擎。在计划经济时期，企业由于统销统购，主要是生产型企业，每年完成国家计划生产任务。进入市场经济时期，需要适应市场需求，以销定产。

由于阿咖酚散、“701”跌打止痛膏等都是质量可靠，深受欢迎的产品，在生产上不断面临产能提升的压力。在保证质量的前提下，企业经过多次技术改造，保证了拳头产品的供应不断增长。

（一）生产排产及生产流程管理规范化

企业的生产过程中，生产部门的排产调度逐步规范化管理。生产部门通过排产下达生产任务。生产部门中排产调度是需要规范化的管理作保障。白云山何济公实现了企业排产调度的规范化管理，实施步骤如下：在规范自身管理的过程中，首先对管理层进行培训，对生产部门的管理层，介绍了一些先进的管理体系，增强管理人员管理意识，并参观管理先进企业，学习如何将先进的管理体系在实际管理中应用。其次加强了设备的管理，生产设备是企业的生产工具，它的运作好坏直接影响企业的生产，对于设备的管理，企业不仅只停留在固定时间的检修，同时也加强了日常生产过程中员工的正常操作和爱护意识。由此加强了企业的生产管理规范化进程。

目前，企业从原来的计划管理模式已转化为计划指令管理模式，压缩管理层级，实行扁平化管理，确保计划执行的及时性。解决生产计划流程的同时，理顺物料需求计划管理流程、生产进度管理流程、跨部门协作流程、物料运转流程等，大大地提高了生产效率、根据销售订单量安排生产是企业一直以来坚持的最高原则。以销售为龙头，建立产销信息互动机制，畅通信息渠道，解决产销信息的及时对称性问题，实现生产计划动态管理，充分利用企业内部现代信息网络，利用每周协调会、生产计划会、专题会、碰头会等渠道及时有效地沟通信息，力求使各部门、各生产环节能及时准确地了解各自的任务。计划、指令、执行、反馈的循环体系，以及时性、有效性、合理性为原则，以高效率优质服务为目标，搭建科学的管理平台。

白云山何济公会议室

企业生产部针对生产情况，对各部门的产品情况也有一定深入了解。若缺乏生产所需的物料，生产运作系统就成了空中楼阁，无所作为。企业每日每时需要的原材料和包装材料是多种大量的，如有一种供应不了，整条线就要停止，企业高度重视生产物料的适时全面供应，在正确的地点准确的时间得到正确的物料来源，使库存投资最小化及生产效率最大化。为了克服企业产量大库容不足的矛盾，也为了节省库存物料占用资金，企业做了细致的物料计划管理工作。一是根据各种物料厂家生产周期，制定出物料采购周期，二是根据各种物料的标准，制定出检验周期，三是根据各品种的工艺制定出生产周期。从而根据经营所需货物的时间来推算出生产投料的时间，一步一步计算物料进库的时间，并且根据各品种所需的物料，进行同步采购，避免物料不能同时使用的现象，减少物料的库存积压，缩短物料在库的时间，提高仓库的周转利用率。

（二）推行GMP管理、“5S”系列标准，建立完善的生产管理体系

企业的生产部和制造部作为企业的生产龙头，本着向管理要效益的原则，在原来各项管理制度的基础上注入了先进的GMP管理和“5S”管理理念和方法“5S”是（Seiri）整理，（Seiton）整顿，（Seiso）清扫，（Seiketsu）清洁和（Shitsuke）素养5个英文单词的缩写。

在企业的生产流程管理方面，白云山何济公有新市、荔湾、同和3个厂房以及2个外包车间（里水、普宁）。近年，全厂生产药品有15个剂型都通过了GMP再认证，告别了传统落后的生产模式，实现了生产管理从传统的经验管理到系统化、科学化管理的转变，并在实际运作中不断优化；加强生产管理，追求生产计划精确化；生产过程中不断地进行信息反馈，适时作出调整，使整个生产作业处于动态优化状态，形成面向整个企业经营一体化的生产系统，迅速、准确、高效地进行生产计划管理，使企业的供产销各环节紧密结合。

白云山何济公 GMP 认证情况

认证范围	GMP 认证证书编号
散剂，滴眼剂（含激素类）	粤 J0592
软膏剂，乳膏剂（含激素类），栓剂，搽剂，溶液剂（外用），贴剂，橡胶膏剂（含激素类）	粤 J0658
胶囊剂，颗粒剂，溶液剂（外用），栓剂，软膏剂，乳膏剂（含激素类）眼膏剂（含激素类）	粤 K0752
喷雾剂，滴鼻剂，溶液剂	粤 I0482

自认证以来，管理上逐渐由传统管理的思维方式——“生产管理的重点是把好最后一道关”转变为“生产管理重点是从原辅料入库到成品销售的过程的控制”。确保企业生产过程规范化运作，使一切过程有章可循、责任明确、有案可查，已达到有序、有效管理的终极目标。为了实现全过程控制，企业狠抓三点：一是起点控制，对原辅物料、装备设施、生产文件、生产人员等，在进入生产现场前按 GMP 的相关要求进行控制，对不符合的应及时纠正或不允许进入；二是过程控制，按生产文件规定生产、清场、清洗、消毒、灭菌；三是标准控制，对操作过程制定书面标准并严格按标准执行。

白云山何济公各个制造部有剂型多、品种多、生产流程长、过程的不确定因素多等特点，尤其是荔湾厂区的生产情况。只有严格按照 GMP 条件和药品质量标准来组织药品生产，才能使所生产出来的药品质量可控、安全、有效。因此企业需要提高 GMP 管理水平，加强员工的教育培训，使员工加深对 GMP 内涵的理解。

实施 GMP 的目的是规范化生产操作，以保证生产出符合质量规定的产品。企业对员工强化各种概念，如空气、工艺水的净化及设备设计选型、使用、维护保养要能防止污染；清洁卫生管理是防止污染；物料的检查、生产的监督符合与清场、物料平衡要求及定置管理、各种明确的标志是为了防止混乱和交错。GMP是一项系统的工程，各组成部分是有机地联系在一起的，需要系统地学习才能更好地理解。因此，企业对每位员工定期进行系统全年地培训，是其了解生产的全过程，从而对自己所出岗位的角色定位有更深的认识，理解到自己工作岗位的重要性，进而能够主动配合相关工序的工作，并懂得如何检查上一工序中间品的质量。

目前，白云山何济公的品牌效益与日俱增，为加强品牌建设，进一步提升员工素质，塑造良好工作环境，2006年制造部开始引进新的“5S”管理，营造一目了然的工作环境，培养员工良好的工作习惯。

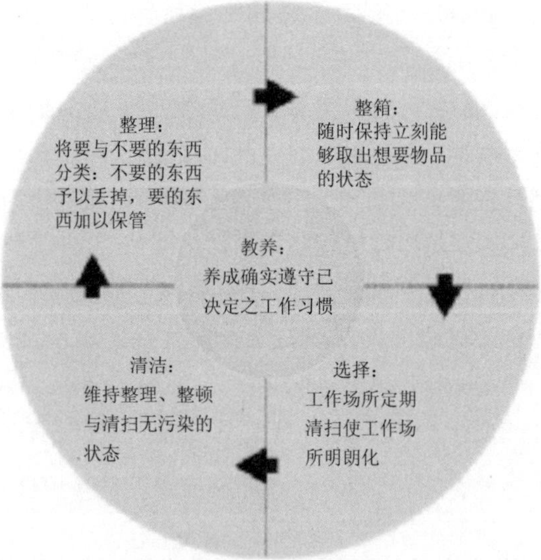

5S现场管理法图

2007年企业开展“GMP知识及法律法规知识竞赛”，制造部员工全体以积极的热情为竞赛作准备，竞赛中表现出了极大的热情，展现了很强的岗位操作能力，为保证GMP活动能迅速深入且全面地铺开，各个制造部全面推行“5S”标准，采用了各种方法，如明确职责分工、教育培训全员参加、分层实施、到示范单位参观、板报宣传、机制考核等。

2008年白云山何济公GMP知识及法律法规知识竞赛现场

通过GMP管理和5S管理的结合使用，制造部门脚踏实地，一步一个脚印地把本职工作做好，提升了现场管理水平和作业环境，提高了员工的素质，促进了企业的可持续发展。

（三）实现成本控制，提高效益

企业要发展，要降低成本，针对这一点，企业抓好生产管理，以提高劳动效率，考虑到员工支出是目前企业最大的支出费用，因此企业采取了相关措施来提高劳动生产效率，同时提高职工收入，节约可变费用，提高产品毛利，提升企业盈利能力，使企业持续健康地发展。

建设成本管理文化，重点是构建科学的成本管理机制、制度。企业以市场为导向，模拟市场核算，即在市场调查的基础上，充分考虑能源、原材料、运费及供应商的砍价能力，从原材料开始按成本进行逐步结转、分步计算，对与市场差距较大的进行调整，在确保目标利润的前提下，充分考虑企业内部挖潜能力，确定目标成本。另外，加强日常成本控制对企业来说也相当重要，企业的成本行为和成本构成非常复杂，影响成本的因素繁多，日常成本控制是一个非常复杂的过程。白云山何济公围绕勤俭持家，围绕节约资源的主题，帮助职工掌握节约资源的新技术、新工艺，积极开展职工教育培训，大力弘扬艰苦奋斗的精神，营造节约的企业文化。加强对生产耗件费用、销售费用、管理费用、财务费用的监控管理，确保企业利润目标的完成。企业推行全面成本管理，开源节流成果显著。主要产品的销售价升量增，取得质量、规模、效益三丰收，生产毛利率有了很大提升，为白云山何济公和广药集团的经济增长做出了贡献。

白云山何济公最为核心的产品阿咖酚散，由于经营的优化，产品每年增长很快，原有的生产场地不能满足经营的需求。白云山何济公采取了如下方法：①扩大厂外车间的生产能力，将用工多、产量大、技术含量低的产品移到厂外，就阿咖酚散来说，每一件厂外车间生产比厂内生产人工费用要少110元。②利用劳务工节约人工费用，由于药厂的产品季节性比较强，在人工方面比较难控制，旺季时用人多，淡季时用人少，为了解决这个问题，药厂与中介公司合作，在需要人时由中介提供，这样每年能节省人力费用近200万元。③利用与供应商合作，在原料使用的淡季进行采购。④利用倒推算法对车间进行考核，成本劳动效率与生产系统工资挂钩。

按照广州市政府《关于推进市区产业“退二进三”工作的意见》及广药集团《生物医药产业园项目规划方案》，白云山何济公荔湾厂区被列入第二批影响环保类“退二”搬迁企业名单。在广州市政府《关于扩大市区北部“退二进三”区域范围的意见》中，企业萧岗厂区、同和厂区拟纳入市区北部“退二”扩大鼓励区范围。根据广州市市委要求，原阿咖酚散的生产场地也在“退二进三”中，为了解决瓶颈及广州市用工紧张等问题，2007 年企业开始着手将阿咖酚散的包装工序逐步外移，经过一年多的努力，分别在普宁和里水建立了两个产能达 36 亿包的阿咖酚散生产基地。

根据广药集团《生物医药产业园项目规划方案》，白云山何济公被列入第一期入园企业。这有利于解决目前企业存在的生产分散、产能不足、重复投入等发展中的难题，实现转变管理模式，调整产品结构和整合生产资源的目标。

为实现“十二五”规划的目标利润，企业控制生产成本，抓好采购环节，力求购入材料优质低价的同时，加大厂外车间的生产比重，加大劳务工的使用比例。在费用预算方面，本着合理、节约的原则，工作做得更细致、更科学，避免了出现恶性的费用上涨问题，增强了企业的盈利能力。

二、质量管理

制药企业是靠“两只脚”走路，即营销和质量。营销业绩这座金字塔是建立在优良产品这块地基上的，地基不稳，再壮观的金字塔也会坍塌。在企业与时俱进，不断挑战自我的过程中，白云山何济公质量队伍也在不断地成长壮大，完善的质量架构，敬业的质量保证及质量控制精英，铸造了企业产品坚固的质量钢铁长城。

质量是企业的生命线，是企业不断发展壮大的前提和基础。传统老字号一向有“修合无人见，存心有天知”道德戒条，把产品质量放在重要位置。白云山何济公虽先后与多家企业合并，但始终保持了何济公“济世为公”的经营理念，凭借技术为前导，用质量监控为手段，全力确保产品质量，满足人们不断增长的用药需求，为人类的健康事业做出积极贡献。

（一）高标准、重质量的传统

质量是企业的生命线。老字号、老品牌数十年的口碑，就是建立在以质量立足的基础上的。白云山何济公一直对产品质量有着不懈的要求。以传统拳头产品阿咖酚散（曾用名解热止痛散）为例，该品种在新中国成立前仅有简略的厂订标准，1954 年后按广州市地方药品标准生产，1978 年严格执行广东省药品检验标准。1980 年，广州何济公制药厂制订了高于广东省药品标准的内控标准，并在生产过程中对产品进行系统质量管理，以确保产品质量。以前阿咖酚散只测含量和重量差异，1980 年后增加了黑点异物、包装规格检查、细度检查并全面开展菌检工作，建立产品质量档案并进行留样观察。1990 年后中成药多个品种引入国家标准。

对质量的要求，不仅体现了产品本身，而且细化到包装袋这样的细节。有一个事例，1983 年，在质量月活动中，抓住解热止痛散纸袋质量较差，影响生产的情况，会同有关部门，举办了一个纸袋质量展览会，组织有关贴纸袋人员参观，并对贴纸袋质量信得过的集体和个人予以奖励，这对贴纸袋人员触动很大。

2001 年，国家提出废除地方标准，执行地方标准的品种必须将质量标准提高，纳入国家标准后方可继续生产流通。白云山何济公积极配合国家标准提高工作，阿咖酚散、复方醋酸地塞米松乳膏、复方硫酸新霉素滴眼液、口洁喷雾剂等顺利地被收载到国家标准。跌打镇痛膏成功收载于《中华人民共和国药典》（2005 年版和 2010 年版），正金油软膏、关节止痛膏成功收载于《中华人民共和国药典》（2010 年版）。

（二）以 GMP 促进质量管理

除了不断地积极提高产品质量标准外，企业也逐步提高和完善企业的内控质量标准。在企业实施 GMP 以前，企业质量监控的手段还比较原始，监控全凭生产管理人员的经验，没有形成质量管理体系。

1992 年 GMP 出台，企业根据要求建立了质量管理模式，即质量监控由质量部门统管，车间有质检员及班组兼职质检员，形成初步的三级质量监控模式。由于质检员归属于车间，其工作对车间负责，因而这种模式属于典型的“运动员兼裁判员”模式。随着 GMP 在国内的推行和发展，1998 年国家药品监督管理局在总结 GMP 的实施情况的基础上，对 1992 年版的 GMP 进行修订，于 1999 年 6 月 18 日颁布了《药品生产质量管理规范》（1998 年修订），1999 年 8 月 1 日起施行，同时推行 GMP 强制认证制度，要求企业限期通过 GMP 认证，否则必须停产。企业立足于新的 GMP 规范要求，打破以往的质量管理模式，建立了全新的质量管理体系，其中包括新的质量监控机制。新的质量监控机制改变了“运动员兼裁判员”模式，同时引入了全面质量管理的理念，把企业的质量管理工作带入了崭新的领域。

通过 GMP 认证前，企业并没有一套完整的内控质量标准，多数质量标准直接参照《中华人民共和国药典》、中华人民共和国卫生部部颁标准等法定标准。通过 GMP 认证后，企业根据 GMP 要求建立了一套高标准的内控质量标准，从原料、辅料到中间产品直至成品，每个环节都制定了高于法定标准的企业内控标准，考虑到直接接触药品的包装材料对药品的质量有着至关重要的影响，企业从 GMP 要求出发，制定了详细的内包装材料质量标准，从外观、材质、理化性质、微生物等各方面对包装材料的质量进行全面检验，从而保证包装材料不对药品有任何不良影响。

现阶段，白云山何济公已经建立起了行业先进的质量监控网络，这一质量监控网络不仅实现了对从物料购进到产品销售的每一个环节的全程监控，而且实现了对软件程序和标准建立、执行、修订，以及硬件系统建设、改造、运行、维护保养效果等各方面的监控，同时，这一监控网络还是一个全员参与的网络，因而是一个对制药过程的全方位、全过程、全员参与的质量监控网络。

目前，企业建立了“药品五级质量保证体系”的管理网络，即“企业决策层、原材料供应、质量方针执行部门、生产操作一线、药品售后服务”等五级质控体系，严格按照 GMP 要求，建立各项管理规定和标准操作规程，并严格执行。企业设立质量管理部，直属厂长领导，负责药品生产全过程的质量管理及组织 GMP 实施。质管部是质量管理的核心部分，其承担着从原辅料包装材料采购到成品最终合格放行出厂全过程质量监控的责任。从对每一个物料供应厂商的审计到每一批产品最终合格投放市场，期间每个环节都需要质量管理部的人员严格把关。

质量管理部分为质量保证和质量控制两部分，质量保证负责药品生产全过程的质量监督和检查；质量控制负责原辅料、包装材料、工艺用水、半成品（中间体）及成品的质量检验及产品留样观察和稳定性考察，设有原料检测、半成品检测和成品检测实验室，这为保证产品质量提供组织保障。

在源头把关上，抓好供应商审计。质量管理部根据 GMP 制订相关供应商质量体系评估规程，对原料、辅料及包装材料供应商的管理情况进行审计，从供应商的人员、厂房设施、设备、物料、生产管理、质量管理等各方面评估供应商的资质，从源头把关，全面保证合格供应商提供质量稳定、合格的物料进入生产。

在生产过程中，进行严密监控，避免人为差错以及药品的污染和交叉污染是主要目的。企业实施 GMP 后，新的质量管理模式将原属于各制造部管理的过程监督职能直接划给了质量管理部，质量保证直属于质管部，由质管部再派驻质量保证到各制造部，承担对生产全过程的监控职责。质量保证管理实现了药品生产和质量监督的垂直管理，真正体现了“药品质量是生产出来的” GMP 精髓。

对物料及成品，进行严格的检查、检验及评价。按照 GMP 的要求，药品生产必须严格执行“批”管理，生产的每一环节都必须可追溯。“批”管理就是以批为单位生产，每批产品的生产过程都是严格控制的，不得出现混批现象。围绕“批”管理，白云山何济公建立了覆盖物料“批”管理和产品“批”管理两个重要环节的有效的计划、指令与信息反馈系统。通过该系统，实现产品以批为生产单位的集中生产调度，和物料与生产信息的在线反馈，避免了调度的模糊性和不确定性。质量管理部决定物料的使用及发放，对不合格品制订处理程序，保证合格物料投入生产、合格的中间产品进入下一工序。对每一个物料、中间产品及成品，质量管理部都制订有高于法定标准的企业内控标准，检测中心根据内控标准对物料、中间产品及成品进行检测，先进的检测设备、周密的检测程序确保了不合格物料不投入生产、不合格中间产品不流入下工序、不合格产品不放行出厂。在 GMP 的质量管理模式下，每批产品检验合格后还需要经过质量保证对批生产记录进行审核评价，确认整个生产过程产品质量都达到要求并经质量授权人签字放行方可出厂。质量管理部还设立了留样观察室，建立产品留样观察制度，对主要原辅料、包装材料、每批成品及中间产品都进行留样，根据相关文件规定对产品进行留样观察记录。

企业建立了厂、制造部、班组三级质量分析制度，定期召开各级质量分析会，研讨分析本企业各品种在生产、销售过程中存在的质量缺陷，找出影响质量的因素，提出改进和提高产品质量的措施。对产品质量信息进行统计分析，确定产品质量中存在的缺陷或需要改进的项目，确定具体的改进目标、完成进度和质量改进总计划。对生产的每个品种都建立了产品质量档案，并指定专人负责，质量档案内容详细，包括产品质量标准沿革，物料、中间产品及成品的质量标准、工艺路线和检验方法变更情况、留样观察情况、与国内外同类产品对照情况等多项内容，能够清晰、详尽地反映每个品种生产质量等整体情况。

此外，按照 GMP 规定，对生产环境的洁净要求也非常严格。白云山何济公目前有三个生产厂区，两个厂外车间，所有生产厂房均是严格按照 GMP 的要求建立起来的标准厂房，既有一般生产区，也有洁净生产区。一般生产区主要包括外包装等生产，洁净生产区则主要用于各种制剂的成形和内包装的生产。根据 GMP 的要求，药品生产过程中，必须严格防

通过 GMP 认证的橡胶膏剂生产车间

止污染和交叉污染的发生。在这方面，国内大部分药品生产企业的厂房条件均可以满足，因此，关键在于软件方面，即生产过程的控制和管理。要防止污染和交叉污染的发生，生产过程的控制需要从环境卫生、人员卫生、工艺卫生、作业程序、物料定置等几个方面入手。在这个方面，白云山何济公不仅有完善的规程制度，而且建立了规范有效的监控措施。比如，对洁净区的环境定期进行监测，保障生产现场的井然有序和整洁卫生；建立详细的生产作业标准及作业程序，规范生产作业程序，使得工人的生产行为尽可能的规范和一致；设立专职的质控岗位，对包括人员卫生、工艺卫生、环境卫生、生产操作、产品质量等等进行全面监控等。质管部负责实施环境监测计划并报告结果，负责环境监测的人员按照规定周期对洁净室（区）空气的微生物数和尘埃粒子数定期监测，做到及时发现问题、处理问题，确保生产环境达到GMP要求。由于建立和执行了严密的防止污染和交叉污染措施，生产现场随时保持着整齐、干净、井然、受控的良好状态。

白云山何济公的质量管理人员不断增加，素质不断提高。目前质量管理部共有77人，其中质量保证管理人员25人，质量控制检测人员52人。企业及部门对质量人员的培训工作一直非常重视，每年都采用“送出去，请进来”的方式安排人员进行培训学习，使全体人员从质量管理理论、专业操作知识等各方面都能得到学习提高。科学的培训不断提高质量保证人员的管理水平和质量控制人员的个人技能，促进了他们适应技术和经济环境的飞速变革，提高处理更新、更具挑战性任务的能力。公司同时建立起了完备的质量考核体系，主要包括建立起了比较成熟和完善的质量考核体系，让质量责任得以层层分解，层层落实；建立了产品质量考核体系，形成了完备的产品质量考核指标；建立起了成熟的质量考核运行机制，明确了质量考核的责任主客体、考核办法等，建立了事故和差错责任追究制度体系，对质量差错和事故的责任人进行相应的追究。

第三节　技术管理

不同时期的“何济公”企业，一直高度重视产品质量，不断更新技术，促进企业发展。20世纪80年代企业就建立了产品技术档案，并制定了上级批复一个新产品，就建立一个新产品档案的制度，以此记载了许多产品的研发记录。

企业经历了从手工作坊到工业化大生产的彻底转型，现在具有生产规模化、设备现代化和工艺技术现代化的特点。

企业药物的生产工艺在吸取国外先进经验的基础上，尽量采用国产原料，应用新技术、新工艺，研究开发适合国情、适合本企业的生长路线。经过多年的大胆创新和积极探索，企业药品的生产技术、药品的产量和质量不断提高，生产成本不断下降，某些药品的生产技术和质量达到了国内领先水平。取得了具有核心竞争力的先进工艺技术成果。

白云山何济公整合后，作为国内外用药产业及散剂产业的大型企业，不断致力于技术改革工作，在传承传统优良工艺的同时，提升自动化生产水平，改造良好的生产环境。结合 GMP 认证，企业进行了全厂性的 GMP 改造，使得企业生产布局更加合理。“工欲善其事，必先利其器”，生产硬件的技术改造及质量水平的提高对企业的产品质量保证起到重要的保障作用。多年来，企业在接受国家食品药品监督管理局的质量抽检中，均达到 100% 合格率。

一、支柱产品的技术革新

以支柱产品的技术革新改进为例，可以看出白云山何济公不断追求进步的执着。

（一）成药散剂包装工艺的自主创新

在白云山何济公企业百年来的发展中，生产工具的改进大大提高了生产效率。白云山何济公的主打产品阿咖酚散属于成药散剂，这是一种古老的剂型，过去产品都靠手工包装。公私合营后，当时企业自主研制发明，用简单工具首先试制出一台简易木制“拨粉机”，代替人力解决散剂包装过程中“定量拨粉”的首道工序，使手工包装每人每天 2 000 包提高到 2 800 包；1963 年 12 月 17 日，工厂创造出第一台能完成散剂包装过程 7 道工序的包装机，经鉴定，该机性能符合使用要求，产品质量稳定，经济效益显著，每台机开3班可节约6个劳动力，按当时车间需要24台机计算，除需增加的机修、保工外，仍然可节约120人，全车间推广使用后，每年可增收57.6万元，扣除设备制造费15万元，每年可净为国家创造财富42.6万元。

1965年3月，以中国医药工业公司规划处、上海医药制剂机械设计研究室、辽阳医药机械厂等单位和北京、上海、天津、广州、沈阳等地区的工程技术人员及代表共18人组成中国医药工业制剂机械选型定型组，到何济公药厂举行定型鉴定会，对国内当时已制成的3种散剂包装机进行比较后，指定此包装机为定型设备。并经中央主管部门组织鉴定为定型设备，定名为“64型散剂小包装机”，向全国推广。

64型散剂小包装机

之后，在64型散剂小包装机的基础上，研究人员又设计出“自动取纸，折叠成包”两项机械操作的部件，于1969年参照其他包装机械的原理，试制出“插包入袋”、“封口袋”和“烘干”等机械操作部件，改进了定量拨粉、封口、烘干等工序，创制出“CSB－1型散剂自动包装机”。该机型结构更紧凑，体积缩小，噪音降低，而且实行密闭生产，能减少粉尘，防止异物，有利于保证产品质量。1978年6月经中央化工部委托广州市医药工业局组织鉴定，认为该机技术较先进，机械化、自动化程度较高，运行稳定，是当时国内较理想的散剂包装机，一致通过定型鉴定，并建议成批制造推广应用。

CSB－1型散剂自动包装机

自主研发的 CSB－1 型散剂自动包装机获 1978～1980 年广东省医药系统科技成果三等奖

散剂包装经过 40 多年的不断改进，从完全手工操作已逐步走上了机械化、自动化，生产面貌大为改观，经济效益显著。

在产品质量上，由于采用了机械操作，装量稳定，并逐步完善了产品质量标准和采取了一系列保证提高产品质量的措施，使该机所包装的“何济公”牌解热止痛散，几十年来没有发生过重大的质量退货事故，并被列为广州市的名牌产品。

产量方面，1952 年期间靠手工操作包装年产量 6 140 万包，使用了简易“拨粉机”后，1964 年年产量达 15 020 万包，使用 64 型散剂小包装机后，1978 年年产量达 35 203 万包，1979 年 CSB—1 型自动包装机鉴定并部分投产，当年产量达 41 476 万包，1985 年年产量为 94 959 万包，比 1952 年增长 15.6 倍，比 1964 年增长 6.3 倍。

1997 年，广州何济公制药厂决定对生产了 30 多年的“64 型”散剂小包装机进行更新换代，淘汰全部 66 台旧的“64 型”散剂小包装机，并将原来两层纸改为单层新型材料包装，改善包装品的印刷效果，增强产品防伪能力。当年 2 月，广州何济公制药厂经考察，分两批共引进了 86 台北京大松厂的 SB60 – F 新型散剂包装机。不过，这种没有内包纸的一层袋包装产品上市后，消费者很不习惯，反映强烈，普遍认为应用不方便，并认为新包装的解热止痛散疗效比以前差（经分析，可能新包装由于静电作用，药粉有少许残留在包装袋中，造成服用分量减少而降低效果）。结果，解热止痛散在市场上销售急剧下降，经济效益滑坡。

使用 SB60 – F 新型散剂包装机的生产现场

消费者就是上帝。这一情况引起厂方高度重视，要求迅速成立技改组，在最短时间内完成新包散机增加“内包纸”的技改任务。当时散剂车间设备主任李绍光主动担任技改组长，带领技改组人员，自行设计，反复试验，经过3个多月的忘我工作，终于实现了技改目标。使解热止痛散恢复两层纸包装，继续成为广大消费者乐于使用的产品。

长期以来，厂方始终与相关设备厂家进行沟通、研究，目前所使用的设备解决了原来旧的设备粉尘大、机械故障多、效率慢、不符合GMP要求等问题。企业目前使用的设备每分钟可达80包，是国内自动化程度最高全数码控制的散剂包装设备。随着散剂包装工序机械化、自动化、产品质量稳定，产量提高，2010年散剂阿咖酚散产量达23亿包。

散剂包装生产线

（二）跌打镇痛膏剂生产工艺的机械化

原广州卫生材料厂1970年在越秀区正骨医院协助下，试制成功“701”跌打镇痛膏；1971年改进“701”处方，研制成供出口的“713”跌打止痛膏。

“701”跌打镇痛膏是根据医院骨伤科常用治疗跌打损伤的传统油膏剂进行改革而成的。新剂型在保留原油膏剂的主要成分外，增加了挥发性和穿透性较强的药用油分量，既适应工艺加工技术要求又增强了膏药的疗效，这种贴膏剂对比油膏剂，其特点是疗效更强，使用方法简单，便于携带。

“701”跌打镇痛膏是采用获得国家发明专利的压延法生产的。生产中，中药粉、挥发油浸泡的胶料、熔融的软化剂等原料，投入翻斗式密炼机中进行混炼，再用炼胶机进行精炼成具有可塑性的胶体，最后采用独特的三辊压延机进行压延贴膏涂布、分切、铺上隔粘材料，卷成胶卷（半成品），再按产品规格要求在包装机上切片，数片入袋，封口而成产品。这个过程中，中药原料不经液相或气相提取，全部磨成幼细粉末而投料，直接入药，保持了原汁原味的中药有效成分，发挥其疗效，同时作为橡胶膏贴的辅料填充料，代替了无机化合物填充料，一物两效。而且，该工艺方法无需橡胶溶剂汽油，所以涂布时不需采用蒸汽加热挥发汽油，免除加热时药物有效成分的挥发损失，节约能源，无三废排放，突破传统的橡胶膏使用有机溶剂而带来的危险性和废气排放等污染问题。产品使用透气性更好的布材，并采用先进的打孔技术，减少皮肤过敏等不良反应。此工艺生产的产品药物含膏量达到3.0克/100厘米^{2}以上，是传统橡胶膏剂含膏量的2倍，产品的挥发性药物有效成分保留高，达0.4毫升/100厘米^2。药物疗效更持久，充分满足了传统中医外治骨科疾病所需药量最大的特点，处于国内领先水平。

为进一步提升质量，“701”跌打镇痛膏已列为广药集团中药基因技术首批品种。基因技术应用对药材的质量检定、控制具有重大意义，在实现中药质量的量化可控、对中药材有效成分的量化控制、提高中药材抗病虫害能力、中药材增产以及提升中药在国际市场的话语权等意义非凡。中药基因组研究，让中药重新在现代科技领域中抢占了一大制高点，不但有助于世界更加科学地认识中医药，加速中药国际化。作为我国最大中成药生产企业的广药集团，目前已开始全面进入中药基因时代，“701”跌打镇痛膏可望在基因时代得到更大的提高。

广药集团与中国医学科学院药用植物研究所在北京钓鱼台国宾馆签订了“中药资源可持续发展研发平台”战略合作协议

（三）“风油精”旋盖贴标环节的先进生产模式

原广州白云山中药厂的风油精，年产量达 6 000 万瓶，为同类产品国内销量第一。该产品通过 GMP 认证后，2006 年风油精贴标工艺采用国产的 HB－TBJ－200 型贴标设备，由落后的手工贴标工艺改变为机械贴标的先进生产模式。

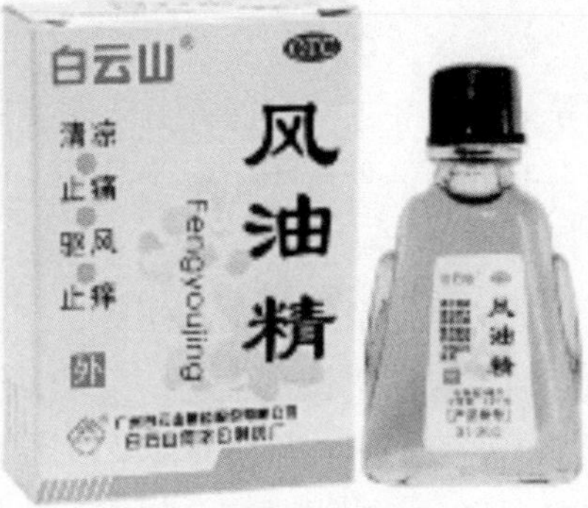

白云山牌风油精

为了进一步提高质量，企业一直致力于该产品的二次开发，对生产设备、技术进行改革，获得了优秀的成果。2009年3～5月，企业根据贴标机实际运行情况对贴标机标盘制动电机、标签卷锁紧装置进行了改造。标签卷锁紧装置的改造设计，改善原设备存在的缺陷，改换成装拆及使用均非常方便的形式，在即将磨损的临界状态下也不易发生出标的不稳定故障，而且不存在易损元件，结构稳固及性能均很稳定，这一结构设计比原贴标机更为完善、更为稳定。同时对生产现场的标铲进行全面更新，新的标铲铲径之间的误差均符合要求，适合生产。并制定了标铲使用台账，整个使用过程能及时对标铲等工具进行监控，保证了设备的正常运行，大大提升了产品贴标的质量。

风油精旋盖工序是整个生产流通环节中的重要一环，如果没有使用高效率的机械化生产将会造成生产流程的严重堵塞，它在生产过程中起到承前启后的作用。前面工序产能经改造后增大了，后面工序的生产能力跟不上，必将制约大规模生产中量的突破，手工旋盖就算连续上三班也不能解决根本性的问题。技术人员经过多次的研究讨论决定通过对旋盖设备进行技术改造，很快拿出方案进行改造并布置落实工作。目前，通过多年的试制和近一年时间的生产实践，改造后的风油精旋盖设备非常圆满地解决了这个问题，而且还为将来风油精产品在产量上的突破预留了一定的空间。

通过技术改造，风油精的配制、灌封、拧盖、贴标设备实现了全国独有的全自动机械化生产，突破了传统搽剂生产手工操作，减少了手工操作对药品的污染，提高了生产效率，节约了经营成本，并大大增强了产品的质量安全。企业制订了高于法定标准的内控标准，是同类产品中唯一全部有效成分均有含量测定的制剂标准，在质量可控性方面与国际先进标准接轨，确保了产品有效成分的含量。

（四）乳膏剂工艺的优化提升

乳膏是外用药的传统剂型之一，由于它制备简便、适用范围广，不但适用于大规模生产，也可小量制备，在众多新剂型不断涌现和发展的今天，仍然是广为使用的外用药剂型之一。

企业采用真空乳化技术制备外用药乳膏、软膏剂，乳化法技术是将油溶性组分混合加热熔融；另将水溶性组分加热至与油溶性组分相应温度时，两相混合，不断搅拌，直至冷凝。大生产时，水、油锅中的物料通过输送管道可在真空状态下直接进入乳化锅，通过在锅夹层内导入蒸汽来实现对物料的加热，加热温度任意设定，自动控制。在夹层内接入冷却液即可对物料进行冷却，操作简单、方便，夹层外设有保温层。均质系统和搅拌系统可分开使用，也可同时使用。物料的微粒化、乳化、混合、调匀、分散等可于短时间内完成，符合 GMP 规范标准要求。

“白云山”牌复方醋酸地塞米松乳膏及曲咪新乳膏等全国销量领先，原广州白云山中药厂也被外界誉为“膏剂大王”。

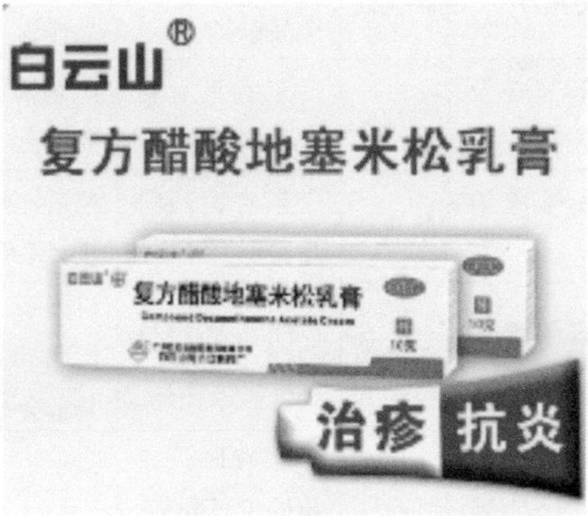

“白云山”牌复方醋酸地塞米松乳膏

二、研究开发

白云山何济公及其前身的各个厂家，都十分注重新产品的研究开发。早在 1968 年，当时的何济公制药厂就成立了科研组，1980 年在此科研组基础上扩充为中心实验室。1982 年正式成立研究所。1976 ～ 1984 年共研究新产品 41 个，其中软膏 22 个，盒装膏类 3 个，喷雾剂 7 个，散剂 2 个，流浸膏剂 1 个，颗粒剂 2 个，胶囊剂 2 个，原料药 2 个。

1988 年，原何济公制药厂研究所与原广州第八制药厂研究所合并到新建的科研大楼办公，进一步加强了研究力量。1991 ～ 2000 年企业开发新产品 17 个，不少获得奖励。

1991～2000 年新产品获奖统计表

年份（年）	产品名称	剂型	获奖情况	评审单位
1991	济公开胃茶	颗粒剂	中国优质保健产品银奖	中国优质保健产品评选 委员会
1996	联苯苄唑及其制剂		广东省重点新产品奖	广东省科学技术委员会
1996	联苯苄唑溶液	溶液剂	广东省医药科技进步二等奖	广东省科学技术进步奖评审委员会
1996	联苯苄唑溶液	溶液剂	广州市医药科技进步二等奖	广州市人民政府、广州市科技进步基金会
1996	复方萘甲唑啉喷雾（乎泰喷雾剂）	喷剂	广东省医药科技进步三等奖、省优秀新产品奖	广东省科学技术委员会、广东省经济委员会
1997	复方萘甲唑啉喷雾（乎泰喷雾剂）	喷剂	广州市科学技术进步三等奖	广州市人民政府、广州市科技进步基金会

原广州卫生材料厂设有中心研究室，和车间相互配合，锐意开发新产品，引进先进技术，促进卫生材料产品的更新换代，不断形成新产品投产。20 世纪 80 年代先后推出能止血、止痛、消炎的“止血贴”，用于预防、治疗心绞痛的透气缓释贴剂“护心乐”。“护心乐”被列为当时广州市科学技术委员会和广州市医药总公司重点项目之一。20 世纪 90 年代，中心研究室接受北京某部属研究所技术转让试制医用纸胶布，投产辣椒膏、口洁素含漱剂和滴通鼻炎水等，滴通鼻

炎水后来开发出滴鼻型和喷雾型两种剂型，并成为国家中药保护品种。

合并以来，白云山何济公在研发方面也投入了更大力量。一方面对已有批文的产品进行二次开发，如以广药“701”跌打镇痛膏为主的5个贴膏产品进行改进，采用新材料、新包装，与市场一线产品接轨；同时与广药集团科研平台及社会科研力量合作，仿创结合，逐步形成梯队产品。白云山何济公研究出牛磺酸滴眼液，并已取得生产批文；与中山大学合作研究糖尿病足溃疡系列敷料，项目获得广东省科技厅科技资助；与广州固志医药科技有限公司合作研究“701”跌打镇痛膏巴布剂，项目获得广州市科技局科研项目专项奖励。

2010年是五年一次的药品再注册申报工作，企业技术中心抓紧落实工作，全年完成已通过GMP认证范围的183个品种药品再注册申报工作，已取得183个新的药品注册证。与此同时，2010年3月，阿咖酚散胶囊成功取得生产批文；“701”跌打镇痛膏取得出口韩国的药品许可。

三、专利及商标工作

创立于1938年的中华老字号“何济公”，因为卓越的产品质量、高水平的技术含量以及向秀丽“忠于职守、甘于奉献”的企业精神，赢得了广大消费者的认可。作为国内最专业的解热镇痛药和外用药生产企业，白云山何济公一直非常重视产权品牌的建设。

早在20世纪90年代，为了打击社会上的劣药、假冒药，何济公制药厂就加强了专利申请，1991～2000年，厂方共办理药品申请发明专利1项，药品外观设计申请专利29项。其中1998年复方必消痰胶囊外观设计荣获广州市专利管理局、广州市科技进步基金会优秀奖。1995 年疖得治乳膏的外观设计获国家医药管理局优秀医药专利三等奖。

“701”跌打镇痛膏，目前年产量近 2 亿片，是“广东省名牌产品”、“广州市名牌产品”、“中国外用贴膏类出口第一产品”，入选了 2010 年版《中华人民共和国药典》。该药生产工艺“一种中药贴膏及其制造方法”获国家发明专利，专利号：ZL96119120. 1，证书号：第 69511 号，国际专利主分类号：A61K 9/70，专利期限为 20 年，自 1996 年 7 月 26 日专利申请日起算。按专利法规定，专利权归原单位广州卫生材料厂拥有。该发明专利于 2002 年 5 月被评为广州医药集团公司科技进步奖，并被评为“2003 年广州十大发明专利”。

白云山何济公知识产权一览表

序号	专利名称	备注	专利号
1	包装盒（跌打镇痛膏）	外观	200630063322. 7
2	氯霉素滴眼液包装盒	外观	200630054471. 7
3	包装盒（散结止痛膏）	外观	200630063323. 1
4	包装盒（复方硫酸新霉素滴眼液）	外观	03322501. X
5	法可林滴眼液包装盒	外观	ZL200630054472. 1
6	包装盒（水杨酸苯酚贴膏）	外观	ZL2006300606643
7	一种中药贴膏及其制造方法	发明	ZL96119120. 1
8	药品包装袋（跌打镇痛膏）	外观	ZL03320939. 1
9	跌打镇痛膏包装罐	外观	ZL200530064516. 4
10	包装盒（阿咖酚散）	外观	ZL033502781

(续表)

序号	专利名称	备注	专利号
11	药品包装盒（新肤松软膏）	外观	ZL02322626.9
12	包装盒（关节止痛膏）	外观	ZL200630060665.8
13	包装盒（滴通鼻炎水）	外观	ZL200630060666.2
14	包装盒（聚维酮碘栓）	外观	ZL200630060667.7

外观设计、发明专利证书

商标方面，企业使用商标历史较长，历来重视企业商标管理，同时重视商标的品牌宣传。到目前为止经该厂注册的商标共33个。2005年，广州白云山何济公制药有限公司还专门成立了技术中心（信息产权部），主要负责商标的日常管理、维护和省市著名商标的申报工作。目前公司共有33个注册商标，有3个广东省著名商标，分别为：“何济公”牌、“鹿头”牌、“广州”牌；共有4个广州市著名商标：分别为：

“何济公”牌、“鹿头”牌、“广州”牌、“七〇一”牌。

“何济公”牌、“鹿头”牌、“广州”牌、“七〇一”牌均为广州市著名商标

2009 年，“701”商标也通过国家商标局审核，获准注册。该商标与以汉字形式的“七〇一”不同，以数字形式申报曾存在一定异议，经多次复审，终于注册成功。专用权期限从 2010 年 8 月至 2020 年 8 月。

第四节　设 备 管 理

一、原“何济公”企业设备发展

原“何济公”企业生产场地比较分散，主要分布在旧居民区，解热止痛散（现名阿咖酚散）在越秀区人民路晏公街，膏剂和正金油在荔湾区十八甫路，滴眼剂和癣药水在荔湾区宝源路，生产场地不通风，光线黑暗，生产条件较差，设备残旧，主要以手工作业为主。荔湾路49号是原广州第八制药厂，主要生产原料药，当时设施也比较差，危险事故经常发生。

1985年广州何济公制药厂与广州第八制药厂合并，命名为广州何济公制药厂。两厂合并后，逐步将头痛散、膏剂、滴眼剂等剂型搬到荔湾路。并对原料药生产场地进行改造，保证安全生产。

1986年对胶囊、栓剂生产场地进行改造，购进胶囊机，并配置空调系统，采用了一台60千瓦日立冷水机组，作为中央空调制冷。

20世纪90年代初，为了响应广州市政府的要求，荔湾厂区采用发电厂热力公司提供的蒸汽，尽量降低生产污染。

1991年何济公制药厂膏剂车间门口

1992年广州何济公制药厂主要对“三安”场地进行了改造，改造危房9 460米²，配置500千瓦发电机组，解决了生产用电紧张的问题，使“三安”生产规模和效益规模得到了保障。同时将膏剂和合作社从十八甫路搬迁至荔湾路。经过设备科和机修车间工作人员110天的大奋战，完成了“三安”设备的安装并投入生产，是依靠本厂的力量，自力更生取得的丰硕成果，新“三安”设备安装工程之大，难度之高是历史之最，在何济公人的密切配合下，经过艰苦拼搏，终于安全按期完成安装任务，继“三安”搬迁之后，膏剂车间在下半年利用10天时间全部搬迁完毕，合作社和正金油等品种场地在短时间内完成搬迁合并投入生产。

1993年完成散剂车间1～3楼包装间空调系统改造，引进了意大利栓剂生产线，生产速度达到11 000粒/小时，达到当时的国际先进水平。

1995年在荔湾路49号建设日处理量为60吨的污水处理站，使全厂排出的污水都经过处理后再排入市政管道，减少了污染排放。引进了瑞典软膏灌装机，这些设备在当时达到国际先进水平。

1996年与上海卫星研究所合作，研制购买了4克正金油全自动灌装机，提高了正金油的生产效率。

广州何济公制药厂的主要产品解热止痛散原来在荔湾区旧城区晏公街生产，生产场地不通风，光线黑暗，设备是老式的分装机，噪音大、产尘大，生产环境比较恶劣。1998年，企业将该产品迁至荔湾路49号散剂大楼，更新75台包散机，生产场地安装了空调系统，减少了粉尘，改善了生产环境，提高了生产产量。

进入2000年，广州何济公制药厂进行GMP改造。眼药水生产线原在荔湾区宝源路旧厂房，通风设备差，达不到GMP要求，2002年企业将眼药水生产基地搬到荔湾路49号的22号、23号楼，对该生产场地按要求进行装修，配置相应的空调设施，使该生产场地达到一万级洁净要求，同时引进一条德国眼药水灌装、封口生产线，采用正压灌装，生产速度达到200瓶/分钟，在同行业达到国际先进水平。散剂于1998年搬进荔湾路49号时已第一次进行场地装修，但空调系统没能达到GMP要求，所以在2002年按要求再进行第二次改造，配置相应的空调系统，对送风进行过滤，使生产场地达到30万级的洁净要求。2003年底，这两个剂型通过国家GMP药品监督管理局GMP认证。何济公人在2002年至2004年不停地努力，进行了溶液剂、栓剂、软膏剂、颗粒剂、胶囊剂、油膏剂及原辅料仓、成品仓的GMP改造，总投资6 000多万元。溶液剂原来也在宝源路旧厂房生产，配制加料都是敞开式工作，酒精、二甲醇等挥发性原料药造成很难闻的气味。改造后将溶液剂搬到荔湾路，配制系统采用全密闭生产，利用真空将原料从仓库抽至配制锅，在配制系统搅拌、循环，然后再灌装，减少污染，保证安全生产。其他剂型也在原来的基础上进行合理的改造，2004年底全厂各剂型都通过GMP认证，为白云山何济公持续发展打下坚实基础。

二、原广州卫生材料厂设备发展

广州卫生材料厂，是以新华敷料厂为主，先后与永和联合敷料厂、保康辅料厂、新民辅料厂、新星胶布社合并而成的一间综合性的卫生材料厂。

新华敷料厂于1951年由南京药房，福华行西药批发商转业组织起来并在1952年10月4日正式投产。开始投产时以生产救急包为主，兼生产医用胶布、医用棉花。由于设备技术问题，医用胶布迟迟未能顺利投产，陷于半停工状态。这种情况下，在北区工会大力支持下，工厂千方百计解决胶布技术力量，到上海寻求胶布生产技术及设备管理人员，在上海鸣凤铁工厂以 9 000 元订制整套胶布涂膏、包装设备，经过职工的艰苦奋斗，医用胶布终于在 1953 年顺利地进行生产，但其质量及成本与上海卫生材料厂比较，差距很大，产品竞争力较差。1955 年，针对医用胶布在生产过程中胶浆里杂质较多影响产品质量及成品率的问题，新华敷料厂职工研究设计出螺旋推进滤浆机，以提高产品质量和成品率，降低成本，该设备在全国胶布生产方面还是首创。时代敷料厂的敷料、绷带产品的生产亦仿制兄弟厂卷绷带机，代替过去用手工搓卷，改变了耗费人力、产量低，质量不好的落后状况，生产逐步发展起来。

1957 年全国首创的消炎镇痛药用膏布研制成功，初期投产时用人力拉布涂膏，用剪刀切片。从 1958 年后该产品的销量不断增加，出口 18 ～ 22 万小盒。为满足当时市场需要，1963 年增加了炼胶、涂膏、开切等包装设备。产量从 1958 年的 76. 08 万包增至 1965 年的 203. 46 万包，增加 1. 67 倍。1977 年西哈努克亲王来到广州，使用消炎镇痛膏神奇地解决了他多年的腿痛，更使消炎镇痛膏名声远扬。

医用胶布产品在 1958 年前华南地区只有新华敷料厂独家生产，过去连炼胶机也没有，需要到橡胶厂加工，大大影响生产的发展。由于市场需求量越来越大，1958 年新华敷料厂从橡胶厂调入一台闲置的炼胶机以解决生产平衡问题。但调膏设备及手工包装操作极不适应，成为生产的“绊脚石”。1959 年用土办法自行动手研制全国未采用的涂膏机尾自动量度打印盖布，解决涂膏前预先人工按规格长度画布的落后现状；自行研制卷小规格包装机，彻底解决了过去用手工划制1厘米×100厘米、2厘米×200厘米小规格胶布的状况。调膏设备过去用汽油桶改造的土筒办法改为用生铁成运水夹层，可以加温及冷却的调膏设备，大大提高了产品质量。

早期生产敷料药棉、纱布脱脂是用明火做锅煮炼，起锅时一件一件约25千克重棉布用铁钳从锅里钳起，十分吃力，又不安全。棉花的干燥靠太阳晒，后来改用火力烘干，存在很大的火灾隐患。1962～1964年，工厂设备首先由0.5吨锅炉增大到2吨锅炉并改用蒸汽加盖煮炼脱脂。对劳动条件和安全生产、提高医用棉花质量有了保证。产品在1964年间大量出口古巴及其他地区，脱脂绷带以永和牌开拓国际市场。1965年，新华敷料厂开始使用烘房干棉，改变以前靠阳光干燥棉花的落后、被动的生产方式，产品产量大幅度增长，蒸汽管道加热干燥及改用梳棉机后，改善了劳动条件，保证安全生产，大大提高医用棉花质量。

1966～1975年，为了适应生产发展要求，新华敷料厂不断扩大设备维修队伍，经过小改小革逐步以半机械操作代替落后手工操作。1969年间消炎镇痛膏生产由于设备跟不上市场需要。经机修人员研究，把既影响产量又增加了两边废料的原来涂膏时先将原匹布开切30多厘米后才能上机涂膏的生产流程改为整匹布涂膏后再开切。此举大大提高了产量，又节约用布和提高质量。新华敷料厂先后自行制造开玻璃纸机，改进压玻璃纸花纹机，双刀消炎切片机等，从而使消炎镇痛膏1969年的年产量比1968年增加一倍。同时还自行制造切胶机，解决过去三人用长刀拉切的落后操作。1970年，改革棉花煮炼设备，改用密闭加压锅，既缩短时间及减轻劳动强度，又提高了安全生产系数。新华敷料厂还先后自行制造卷棉机、切棉机、开切绷带机、卷纱布机代替人力卷棉等繁重的手工操作。

1978 年，为配合东风路扩建，敷料车间进行了拆迁改造工程。取得技革贷款 22 万元及市拨给 19 万元，增建厂房 1 769 $米^2$，改变了破烂陈旧的厂房。

改革开放后，广州卫生材料厂从 1980 年开始进行了大量的产品宣传介绍工作，产品的市场范围越来越大，生产任务较重，为此又不断进行设备更新，先后进行了药棉干燥房改造，更新纱布烘干机、炼胶机，梳棉机、吸尘机、离心脱水机、配电设备、锅炉设备，万能铣床、车床，还安装了自动灭火设备、汽油加油机、防尘设备等，大大改进了劳动条件，促进产品质量、产量的提高。

1983 年，企业为机修人员举办电工基础和材料工艺学习班，促进质量控制活动开展，同时系统地进行各项管理，促使包括设备管理在内的各项管理工作得到提高。投入 54 万元技术改造资金，先后改造棉花干燥房，更新纱布烘干机、炼胶机、梳棉机、吸尘机、配电设备和防火防雷设施等。

1984～1987 年，为改变企业设备技术落后的面貌，尽快增强实力，广州卫生材料厂结合实际引进易于操作、易于消化吸引的国外先进设备，先后从日本、奥地利等地引进湿水纸巾机、喷雾灌装机、多功能涂布机、止血贴包装机等生产设备。

1985 年广州市规划局发出国家建设征用通知书，广州市环保办亦以穗府环管控（84）523 号文批准在新市萧岗选址征用土地 16 380 $米^2$ 土地作为广州卫生材料厂迁厂用地。广州卫生材料厂对生产场地进行调整，原胶布车间两条生产线于当年4月迁往新市，租赁萧岗大礼堂作为厂房，1985年9月复产。原胶布车间修建为综合车间，生产新产品。

广州卫生材料厂新市萧岗新址奠基仪式

1988年5月，为改善劳动环境，提高效率，实现“701”跌打镇痛膏、“713”跌打止痛膏及消炎镇痛膏密闭入粉并安装密炼机，广州卫生材料厂成立项目领导小组，成功制订并实施了密炼机安装、试运行、投产方案。

1989年，广州卫生材料厂投资33万元购置的8台多功能调膏桶和投资30万元购进的2台翻斗式密炼机分别投入使用，使产能大大提高。

1990年1月，在新市厂房召开胶布综合大楼基建工程单项验收会议，经有关部门鉴定工程质量合格。3月，在新市厂房召开迁建改造首期工程验收会议，经广州市经济贸易委员会、广州市工商业联合会、广州市财政局第二分局、广州市医药总公司等部门检查，同意首期工程全面验收。锅炉废气治理项目也通过环保部门验收。医用橡皮膏生产线、黑膏生产线搬迁完毕，正式恢复生产。

1990 年，在 32 天时间内将 MCT—500 型涂布机、4 台止血贴包装机和开切机一次安装调试成功，立即投产，形成年产 200 万元的生产能力。

1991 年 8 月广州市计量局、广州市医药总公司组成的计量二级审核组到广州卫生材料厂进行计量升级国家二级预审；9 月厂务会议决定设立质量计量科；同年 11 月经广州市计量升级评审团正审检查，通过国家二级计量管理验收。

1992 年 6 月广州卫生材料厂新市厂区二期配料车间竣工、安装工程完毕交付使用。7 月，广州市建设委员会、广州市市政管理局、广州市道路扩建办等部门领导到厂通传了关于东风路越秀北路东濠涌立交桥建改方案，要求 9 月 30 日前迁出以便立交桥施工。为此召开了厂务会议，表示支持配合市政建设，研究迁建临时性生产方案。11 月，新市厂区二期土建工程全面竣工验收，建筑面积 8 495 米^2，其中敷料车间 4 515 米^2、生活综合楼 3 570 米^2、托婴所 410 米^2。经广州市财政局、广州市质监站、广州市医药总公司、广州市设计所等部门验收合格。广州卫生材料厂召开了三车间搬迁工作会议，成立搬迁工作小组，制订搬迁工作方案。新市厂区二车间、仓库进行场地调整。同时召开 MC—T500 型涂布机搬迁会议，制订搬迁安装工作方案。

1992 年 11 月收到市道路扩建办转交的广州市城市规划局 9 月 6 日颁发的《建设用地规划许可证》穗城规东片地字［1993］第 494 号文复印件，征拆广州卫生材料厂越秀北 162 号全部厂房。敷料车间正式停产迁往新市厂区。

1996 年，新市厂区污水处理站竣工验收，5 月 18 日污水处理站经一年的试运行，通过广州市环境保护局的环保验收。

2001 年 2 月，为配合实施 GMP 改造，广州卫生材料厂投资 150 万完成了厂化验室、研究室的场地改造工程并于 2001 年 6 月投入使用。

2001 年，广药集团同意广州卫生材料厂的喷雾剂、滴剂车间装修工程。2002 年 2 月外用液体制剂车间 GMP 改造完毕投入使用，该项目购置的设备包括纯化水系统、空调系统、高速管式分离机、不锈钢调配罐等设备设施一批，共计投资 850 万元，改造面积为 586.32 米^2，其中洁净区为 314.7 米^2。

2001 年，设备部门及其维修组对新购切片机及原有的切片机进行改造，增加输送带，根据消炎镇痛膏及“701”跌打镇痛膏产品的包装要求，相应增加了设备在切片的同时自动数片的功能，淘汰原有产能低的消炎镇痛膏切片机，减少了包装人员的劳动强度，提高了工作效率。

经改造后的切片机

2002年，“701”跌打镇痛膏、关节止痛膏、消炎镇痛膏、麝香拔湿膏、跌打止痛膏等原玻璃纸更换为统一磁场压纹的聚酯薄膜，使全个企业产品包材走向统一材质之路，告别了褙衬材料差异性大质量难以掌握的时代。

使用聚酯薄膜作为褙衬材料的跌打镇痛膏

2003年6月，广州卫材制药有限公司外用固体制剂车间改造完毕投入使用，投资1 100万元，改造面积为3 200米^2，其中一般生产区面积700米^2，参照洁净区管理生产区2 500米^2。该项改造包括购置了新的涂布机，淘汰了原有生产医用透气胶布MCT500型涂布机，及生产消炎药膏的涂布机，使两个产品都可以用新的涂布机进行生产，节约了生产场地。

“11100”型涂布机

2005 年，广州卫材制药有限公司改变“701”跌打镇痛膏用纸盒做中包装盒的包装形式，购置热收缩膜包装机及喷墨机，对镇痛膏的小盒包装直接三期喷码自动叠盒并用热收缩膜进行中包装，减少了该产品的包装人数，提高了产量，减少了包装成本。

热收缩膜包装机

三、两厂合并后设备发展

2007 年，广州白云山何济公制药有限公司与广州白云山制药股份有限公司白云山外用药厂合并，取名为广州白云山制药股份有限公司白云山何济公制药厂，简称白云山何济公。

2008 年 1 月，白云山何济公同和厂区购置一台风油精罐装机及 6 台风油精旋盖机，旋盖设备的投入使用改变了原有使用人工旋盖的落后工序，使风油精的产能大大提高，同时减少了大量的劳动成本。

2010 年 5 月，白云山何济公新市厂区 8 号楼四层“701”跌打镇痛膏外包工序环境改善工程完工，该区域重新装修并增加空调送风，使包装工人的工作环境得到了改善。7 月份水杨酸苯酚贴膏生产区、医疗器械生产区按 GMP 要求改造完成。2010 年，广州市举办了亚运会，企业响应广州市政府的号召，不断完善环保设施，投资 60 多万元对 3 个厂区进行雨污分流管道改造，并通过验收，取得

天然气锅炉

了排水许可证。白云山何济公新市厂区投资93万元淘汰了4吨燃煤锅炉，采用燃天然气的锅炉，使厂容厂貌焕然一新，迎接亚运盛会的召开。

第五节　人力资源管理

从小作坊起家，白云山何济公历经百年发展至今天的规模，离不开现在和曾经踏进过这个大家庭的每一个人的奉献，白云山何济公为每一位渴望成功的员工铺设道路、搭建舞台，促其健康成长。白云山何济公至今一直能保持持续稳定地发展，离不开广大职工发扬“主人翁精神”，爱厂敬业、无私奉献，共产党员向秀丽就是其中的杰出代表人物。向秀丽烈士留给我们的不仅是划时代的丰碑，而且“向秀丽精神”已成为白云山何济公企业文化的核心理念，影响和激励一代又一代的何济公人。

一、计划经济体制下的人事管理

中国的企业在计划经济体制时期，人力资源管理的方式、方法可谓单一固化，白云山何济公也不例外。在人才结构方面，企业公私合营前，特别是新中国成立前各厂、店的从业人员，要么是为自己厂、店的存亡而挣扎的各地劳动者和民族资产阶级，要么就是为谋生计而出卖劳动力的雇佣劳动者。由于生产关系是属于私有制，企业内各种矛盾错综复杂，束缚了生产力的发展。

公私合营后，企业成为全民所有制的企业，人与人之间的关系发生了根本的变化，全体职工都是企业的主人。企业的员工在新的历史时期，感受到来自自身的“做企业主人翁”而奋斗的冲劲。他们不计报酬地日夜奋战，坚守生产岗位，为企业的发展刻苦学习科学文化知识，取得了一个又一个的成就。

1963 年，黄甜堃等人创造了第一台能完成散剂包装操作 7 项工序的自动包装机获得中央化工部医药司的奖励，改变了当时包装工序主要靠人手操作加落后设备生产的现状。

1970 年，大学毕业生刘柏民分配到广州卫生材料厂后，作为从事企业科研、基建设备管理的技术员，他运用所学的基础知识结合企业的实际，在越秀区正骨医院的大力协助下研制成功“701”跌打镇痛膏，成为国内首创的中成药膏剂新产品。“701”跌打镇痛膏自投产以来，产品远销全国，并大量行销港、澳、美、加和东南亚地区 35 年。多次被评为省优质产品，并成为企业创造税利的主要产品。与此同时，他还钻研改造闲置设备创造出膏布生产工艺的三辊压延技术，对膏剂生产工艺大胆革新、提高产品质量、降低生产成本发挥了积极的作用。其所创的“压延法”生产含药橡胶膏剂是国内乃至世界上独一无二的工艺制造技术，至今仍然沿用和发挥着作用。

改革开放前，职工队伍的文化水平由新中国成立初期 95% 以上处于文盲、半文盲状态，发展为中学以上文化程度的职工占主体，基本消灭了文盲和半文盲的现象。为加强对职工文化技术水平的培训，企业除每年拨出一定经费作为职工的教育经费及输送部分职工到有关专业和业余学校学习外，还在厂内定期举办各种技术培训和技术考核，使各工种工人达到各级技术工种应知应会的标准。

在工资福利保障方面，公私合营后实行工资福利的同工同酬，并完成工资改革，建立比较合理的工资分配制度，并从多方面改善职工福利，如：劳动保护、职工饭堂、子女托儿所、员工宿舍等在公私合营前是没有的都成为现实，显示企业不但发展生产，而且十分重视职工生活福利工作。体现出企业人事管理的“以人为本”理念。

二、逐步实现人力资源管理

（一）创造良好的成长环境

白云山何济公一直以来积极地吸纳来自五湖四海、各行各业的优秀人才。人才进来之后，企业将人才的成长纳入企业发展的目标之中并作为最重要的第一目标，视之为企业资源。提供员工提升岗位技能和学习新知识的机会，提供良好的工作环境，营造和谐的人际氛围，坚持公开、公正、公平的用人原则，使优秀人才得到自我实现和自我发展的机会。

面对企业体制改革这样一场深刻的变革，而人的思想观念的转变则是一切变革的先导。要在人的管理上有所突破，必须首先更新观念。由于受长期的计划经济影响，职工队伍存在着一种落后的意识，认为企业管理是领导的事，与己无关。这种事不关己的思想观念严重禁锢着职工的主观能动性，妨碍了企业的发展。白云山何济公领导班子着力改变职工的这种意识，从“要我干”到“我要干”；变“要我学”为“我要学”，通过墙报、厂刊及各种渠道向职工灌输：企业要发展腾飞，必须依靠工人阶级的力量，依靠全体员工发挥其聪明才智去共同管理企业，职工代表大会就是职工当家做主的体现，行政依靠工会组织的桥梁作用充分调动职工参与企业管理的热情，显示了与过去不同理念的职工主人翁责任感。

1992 年，白云山何济公按照“放开经营、综合改革”相关要求，以人事、劳动用工、分配三大制度的改革为突破口，进行了一系列的、内部人力资源配套改革。面对企业改革，有部分员工开始有些担心在企业效益好的情况下进行改革会造成人心混乱，从而影响生产。但在了解到企业进行内部深化改革的目的是为了进一步提高企业的经济效益，提高员工的生活水平后，员工们从对改革方案由疑虑转为支持，使改革进行得比较顺利，连最敏感的工资分配问题，也没出现争吵的现象。员工工作起来更加起劲了。

正是在这样良好的成才环境下，涌现出不少为企业做出贡献的好员工、好集体并取得了良好的业绩。

1977 年，氨基比林在全国同品种质量评比中获第一名；安乃近在由国家医药总局主持的全国同类产品质量评比中连续三年获得第一名。

1978 年，番麻皂素合成强的松荣获全国科学大会奖；抗真菌药克霉唑软膏获广州市科委授予新工艺研究奖。

1978 年，二车间在完成各项工作中成绩突出，被评为出席广州市工业学大庆先进集体；同年 6 月，车间主任林艳珠代表车间出席石油化学工业部第二次工业学大庆会议，石化部授予二车间为“红旗车间”光荣称号。

（二）重视人才培训，优化企业人才结构

通过对人才在企业发展中占据重要地位的深入认识，白云山何济公从 20 世纪 80 年代初就非常重视优化企业人才结构，形成了一定规模的企业技术人才队伍。

之后，随着企业改革的深入，厂领导更加重视对职工的培训教育，每年拨出专项经费对职工进行各种专业技术和岗位技能培训，并选送优秀的业务骨干脱产参加大专、中专学历教育，提高员工学历层次。随着电脑应用普及化，还与广州高校电脑培训中心合作，对全体中层干部和有关管理人员进行电脑编程的培训；此外，与各专业对口培训教育学校合作组织班组长和中级技术工人分别进行岗位培训和技术培训。

改革开放20多年来，白云山何济公一直为建设一支具有社会主义觉悟、有科学文化知识、有专业技术和管理经验的职工队伍而不懈努力。其中重点放在培养介于中药与西药的外用药研发的复合型人才。白云山何济公的人才结构培养重点是：在大专院校制药专业培养外用药研发人才；对全厂职工进行企业管理知识的培训等。对职工的文化教育、技术培训和干部的政治业务培训作了规划。

随着生产品种增加，不同的品种有不同的工艺要求，要掌握好各个环节，才能生产出质量好的产品，这就要求直接从事生产的工人，要具有相应的文化技术水平。因此白云山何济公对已具备中专和高中毕业水平的干部和职工，有计划地组织他们参加技术职称的考核晋升，此外还通过从社会上吸收，大专院校招收等渠道增加企业技术人员的比例；对在职干部有计划地安排参加各种业务学习，定期组织考核；通过上课、讲座等形式，结合生产实际需要，定期和不定期组织生产工人进行技术培训，普遍提高了职工的技术知识水平。

在职工培训过程中，白云山何济公不但注重培养职工的敬业意识、市场意识、品牌意识、创新意识、竞争意识、合作意识及节约意识，还逐步形成一套较为完善的企业职工培训机制。新进企业工作的职工、加工点人员和实习人员必须接受三级岗前生产、安全培训及GMP岗位技术培训和员工守则培训。职工调整新岗位后，要接受换岗培训，培训合格才能上岗。此外，员工按照企业需要接受相关专业、相关岗位的教育和培训。

（三）建立科学的用人机制，提高企业现代化管理水平

企业用人方针坚持“唯才是举，人尽其用”。在选拔干部上更是坚持“不拘一格、任人唯贤”的机制。

从1992年起，实行职称、职务聘任制的动态管理，打破管理干部和技术职务终身制，评聘分开，人员能上能下。在聘用制下，使管理干部都有责任感又不乏危机感，使“在其位必谋其政”成为广大中高层干部的共识。另一方面，制定企业《专业技术职务评聘工作试行办法》，评聘结合，将原有的技术职称存放入档案，竞争上岗、能上能下，打破干部、工人的身份界限，使一些工艺技术骨干以及有真才实学的员工被高聘，大大调动了管理、技术人员的积极性。

实行劳动合同化管理，改革用工制度。为了更好地调节劳动力流向和凝聚有用人才，白云山何济公又进行了劳动用工制度的改革。厂长与集团公司总经理签订劳动合同，职工与厂长签订劳动合同。劳动合同化体现“双向选择”的原则，分五年、三年和一年三类，签五年合同期为企业的管理、技术、业务和生产骨干；三年合同期的为一般岗位和普通劳动员工；一年合同期的是针对极少数懒散、表现较差的个别职工，考虑到对这些人不能一下子推出社会置之不理，这样给他们一个改过机会，通过签一年合同进行考验，一年后如改过则企业与其续签较长时间的合同，否则就解除合同。推行劳动合同管理后，职工能进能出，真正体现了“双向选择”的原则。全员劳动合同化管理下的优胜劣汰，强化了职工危机感，职工逐步适应了从计划经济下的固定工身份转变为合同工身份，更加珍惜现在的工作岗位，加倍努力工作，为企业多做贡献。

时至今天，白云山何济公已建立一整套完整的人才聘用制度。企业实施部门和员工绩效考核制度，坚持全面、公正、严格的考核和测评原则，考核结果将作为员工奖惩、晋升、任免和培训的依据。营造一个公平竞争、使个人潜能最大限度发挥的环境，为员工提供“双轨制”（行政职务与技术职务双轨）职业发展方向，开展竞聘上岗，使员工获得更多晋升和表现自我的机会。实行职称评聘分开管理，从而充分调动各类专业技术人员的工作积极性。

（四）不断完善工资福利保障体系，增强企业向心力

20 世纪 90 年代初，白云山何济公开始实施岗位技能结构工资方案。为了充分发挥工资杠杆作用，打破平均主义，体现“按劳分配，多劳多得”的原则，决定向有贡献的技术（业务）知识要求高的生产经营骨干和苦、脏、累、险岗位人员倾斜。根据企业的承受能力，合理拉开差距，并使工资分配中变动的部分不断加大。打破了科室和后勤人员原来的档案工资级别，实行岗位技能工资制，确定职工每月工资收入水平随企业的经济效益高低而浮动。岗位技能工资结构分三部分，即工龄工资、岗位工资和奖励工资。第一部分是工龄工资。这样做有利于确保老职工的权益。第二部分是岗位（职务）工资，科室职员实行定岗定员，工作包干，以岗定薪；工人的岗位工资级别则视企业实际情况，将全厂的岗位划分为技术劳动、复杂劳动、普通劳动 3 大类定岗，实行“一岗一薪、易岗易薪、离岗停薪”的制度，坚持定期严格考核，形成动态管理。第三部分是奖励工资，也是工资中最“活”的部分，奖励工资鼓励职工多劳多得，最能调动那些工作可量化岗位员工的积极性。尤其对经营和生产两个方面根据其工作可量化的特点，实行职工与任务指标完成率挂钩的绩效薪酬方案，超额完成任务实行额外嘉奖。实行新的分配形式后，职工收入普遍有所提高。人心稳定，特别是经营和生产一线职工安心工作，生产旺季加班加点，过去没人愿意干的压力大、重体力、差环境工种，变得劳有所值，不少职工纷纷自荐上岗，使生产经营出现一派热气腾腾的景象。

白云山何济公的领导坚持认为，改革的最大受益者应当是职工群众，明确企业打破“铁饭碗”就是为了让职工群众端上“银饭碗”，所以，在改革中坚持“两治两不治”（治懒不治老、治散不治病）。在人事架构、劳动用工、工资分配方面的改革力求步骤稳妥，方法细致，统筹兼顾，合理运作，也保障了年老病弱职工的利益。

在实施岗位技能结构工资方案的同时，白云山何济公积极推进职工医疗制度及养老保险制度的改革。近年还根据国家养老政策的新变化为在职职工建立企业年金制度，为职工退休后的生活提供保障。

值得一提的是，白云山何济公在实施新工资制度的同时，也没有忽视老职工，给每一位退休职工每月增发补充养老金，随着企业经济效益的增长，从每月 120 元一直升到目前的 250 元，在集团内处于相对较高标准，让退休职工继续分享企业发展成果，感受到企业领导对老同志的关怀。

此外，在不断提高职工收入的同时，改善职工的劳动条件和工作环境、更新先进的生产设备也是服务职工、提高工作效率的重要途径。GMP 认证改造使各生产厂区的生产环境和生产设备实现质的飞跃，陆续引进了德国、法国、意大利等自动化医药生产设备，大大减轻了工人的劳动强度，并提高了工作效率。企业现拥有分布于荔湾、新市和同和三个花园式的生产厂区。

不仅如此，白云山何济公每年还根据企业的承受力，不断提升职工工资水平，实行免费工作餐制度，不断健全医疗制度，搞好膳食、有偿医疗门诊，务求尽可能解除职工的后顾之忧，使职工更专心于工作；关心群众疾苦，给职工及家属送温暖；逢年过节，向离退休人员发放节日补助，企业领导亲自或委托有关部门领导登门探访慰问老、弱、孤、寡职工，倾听职工及其家属的心声，为他们解决实际问题。这种将人的成长纳入企业目标并作为最重要的第一目标的做法，被何济公企业视为企业发展之本。企业努力为职工解决后顾之忧，职工也以自信、自尊、自强和积极奉献来回报自己热爱的事业。他们深知：只有用自己的智慧与才能为企业多做贡献，才能成为一个真正白云山何济公人，才能真正回报企业与社会，才能真正体现自我价值，才能为自己和家庭创造美好生活。

第六节　安全维稳和信息化管理

一、安全维稳综治管理

经济发展是第一要务，维护稳定是第一责任。做好维稳综治工作，从根本上预防和治理违法犯罪，化解企业经济发展不安定因素，是维护企业持续稳定的一项系统工程。而党风廉政建设是贯彻落实科学发展观，构建和谐社会的重要内容，是构建和谐稳定企业的需要。同时，稳定是企业改革发展的前提条件，维稳是综治工作的首要任务，因此，维稳综治建设对于企业经济健康持续发展起到重要保障作用。

长期以来，安全生产是企业最重要的问题之一。在企业历史上曾有惨痛教训。20 世纪 50 年代末企业盲目扩大生产，上马的化工车间于 1958 年 12 月 13 日失火，危及爆炸性药物、整个厂房和周围居民区的安全。女员工向秀丽为抢救国家财产和保护群众安全，奋不顾身纵身扑火，因严重烧伤抢救无效，于 1959 年 1 月 15 日光荣牺牲。

在同一时期，广州卫生材料厂的前身公私合营新华制药厂，曾试制大批化工产品及医药原料，但由于当时生产条件、技术力量等问题，致使生产出来的产品质量不好，消耗成本高、浪费大，而且工人技术操作和劳动条件较差，先后发生酒精烧伤一人，浓硫酸灼伤一人。另外，当时药厂生产敷料药棉、纱布脱脂，用明火敞口锅煮炼。起落锅工人踏在锅边操作，起锅时一件一件重约 25 千克的棉布需用铁钳从锅里钳起，十分吃力，又不安全，棉花干燥需要用明火烘干，也易发生火灾，永和车间及新华制药厂也曾发生过火灾事故。

这些事件不但给当时企业带来不利影响，也是今天白云山何济公在安全生产方面必需回顾的沉重一课。

从那以后，“何济公”企业狠抓安全生产。在不同时期，药厂各级领导和主管科室都非常重视安全生产的重要性，利用各种宣传工具和各种场合进行宣传，用各种事例教育广大职工牢记“安全第一”，在实际工作中，健全一系列规章制度，堵塞安全生产漏洞。20 世纪 90 年代，企业具体将安全工作分解为安全生产管理，安全技术管理，劳动卫生、文明生产和事故管理四大项，采用百分制的形式以及安全责任人与科室车间责任人签订劳动安全承包责任制合约书的形式进行考核，并在实际工作过程中严格执行。健全安全生产、劳动保护三级监督网，坚持班组日检、车间周检、厂级月检制度，遇节日、高温雨季、冬季增加安全大检查次数，发现隐

1999 年，广州何济公制药有限公司在厂区设立劳动安全卫生竞赛宣传栏

患及时整改。连续多年没有发生重大伤亡事故。2003 年，白云山何济公制药厂接受集团内企业互检、广州市安监局年检和集团公司年检，被评为优秀安全管理企业。

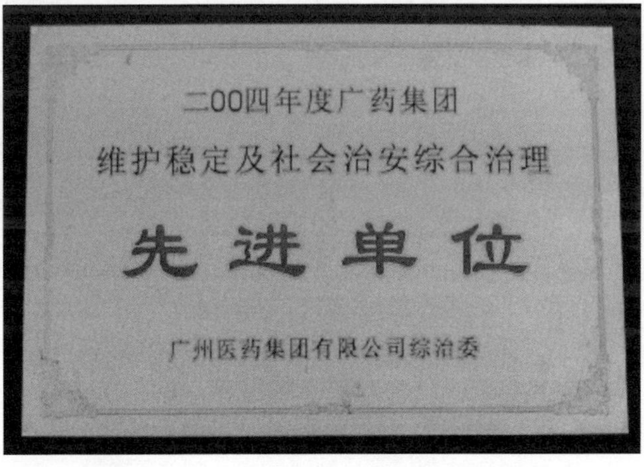

白云山何济公被评为 2004 年度广药集团维护稳定及社会治安综合治理先进单位

“何济公”企业前身的各个厂区多数位处市区，随着城市的发展，都纷纷经历了外延设厂的历程。这也促进了安全保卫工作的升级。如广州卫生材料厂从事数十年敷料煮漂工艺，由于尘埃、废水等设备的投入改造已使产品成本高企，兼之地处广州市中心边缘区、环保条件等限制，2003 年广州何济公制药有限公司董事会决定放弃煮、漂、烘、整等前后工序，调整产业布局，进行外延设厂生产。从而使得企业环保、防火安全等工作都得到了保障。

2010 年，白云山何济公调整安全生产三级管理网，与各部门、各班组签订 2010 年的安全生产责任书，健全和完善综治管理机构，明确责任，任命各级责任人。与各部门、班组签订维稳及社会治安综合治理目标管理责任书等，从组织上保障了企业的安全与稳定。全年投入约 20.65 万元用于企业安全生产的各项培训、评估、特种设备维护、劳保用品等。完成对白云山何济公 80 多台压力容器、锅炉、16 台电梯等特种设备的全面检验、水压检验，及时约检到期的特种设备。对三个厂区 100 多个安全阀进行年检，对 40 多台压力容器进行了全面检验和水压试验等 60 余项检验，检验结果全部合格。对白云山何济公约 100 名到期的特种作业人员和特种设备操作人员进行审证和考证培训，确保了掌握特种作业技能，防止操作失误。

二、企业“E 时代”信息化管理

从企业自身来看，企业信息化建设，是实现管理创新的重要途径，是解决当前企业管理中突出问题的有效措施，是提高企业整体素质、增强企业竞争力的需要。随着体制改革，现代企业的竞争，已不再是单纯的价格竞争，而是价格、质量、服务、生产、管理、反应机制等的全方位竞争，企业领导深切地体会到信息的重要性，意识到企业要适应市场的变化，占领市场，继续做大做强，就必须引进新的管理思维和模式，信息化管理正是实现目标的基础载体，对信息化可以促进企业发展达成了共识。

白云山何济公信息化规划建设从 2007 年开始发展至今，逐渐为企业的现代化管理和长远发展提供坚实的基础。IT 规划建设已在全厂范围内构建一个强大稳定的基础网络，并在此基础上，使用办公自动化行政系统和企业资源规划业务管理（简称 ERP）系统进行内部的行政和业务全方位的信息化管理。在此强大的信息基础上，企业准备进行更深入细致的信息化管理，对外建立电子商务网站，实现企业与企业之间互联网交接模式，对内使用客户关系管理系统、预算管理等系统进行细致管理，使企业能更快捷地根据市场变化做出反应。

2007 年，白云山何济公就对信息化制定了长远计划，将信息化建设作为一项长期项目进行管理。企业信息化就是将企业的生产过程、物料移动、事务处理、现金流动、客户交互等业务过程数字化，通过各种信息系统网络加工生成新的信息资源，提供给各部门掌握、观察各类动态业务中的一切信息，以做出有利于生产要素组合优化的决策，使企业资源合理配置，从而使企业能适应瞬息万变的市场经济竞争环境，以求得最大的经济效益。

2007 年，白云山何济公采用外包形式，委托网络公司建立企业网站，用以宣传企业理念和发展情况。至今网站已经成为企业对外宣传的主要窗口之一，在网站上可以随时了解企业的最新动态和行业动态。它是企业信息化建设向前迈进的第一步。2007 年下半年，企业决定加快发展信息化规划和

白云山何济公网页

建设，建立全厂全方位的信息化管理系统的基础平台。在整个建设过程中，最主要的标志性实施项目如下：

（一）构建畅通稳定的网络平台

由于白云山何济公是广州白云山何济公制药有限公司和广州白云山制药股份有限公司白云山外用药厂合并而成的，因此，办公地点较多，并分布在广州的白云区和荔湾区；而且由于合并前两企业的管理模式有所不同，原来的网络建设也各不相同。在构建网络平台的过程中，企业专门立项，成立以白云山何济公副厂长为主的项目小组，并希望利用专业网络公司的技术力量和经验，向外招标，将企业的网络平台构建成能满足目前现状和适应未来发展需求能够持续扩展的网络平台。在专业网络公司的帮助下，对企业的网络平台做了以下几点重要的规划和改造。

网络模式上，考虑到该厂电脑的使用数量在不断增多，网络应用也越来越重要，故采用双模式运作，ADSL 和光纤接入同时运作，保证了网络的畅通工作。建立中心机房和网络服务器，形成以新市总部为主，以光纤连接各生产车间的内部网络模式，对外采用 ADSL 模式。

管理应用上，企业购买文件服务器，为电脑备份管理提供了坚实的基础。建立文件服务器，让员工可以将本部门的文件资料都放在服务器上，方便文件的传输和相互交流，并制定相关的规定进行管理。

网络安全上，购买硬件防火墙和杀毒软件，保证白云山何济公的内部网络和电脑的上网安全。并利用资源，对服务器进行数据备份，进一步保证全厂数据的安全。并引入了上网管理软件系统，监控内部网络的不正常使用，加强网络安全的管理。

（二）建立自动化办公系统，提升全厂行政协调能力

在构建全厂的网络平台基础设施之后，企业再次与专业公司合作，进行自动化办公系统的实施。经过半年的实施，

白云山何济公获广东省第十七届企业管理现代化创新成果三等奖

于2008年开始使用。现在，无论厂领导还是员工，只要通过电脑接通网络，就可以连接自动化办公系统，与其他员工进行信息交流和文件传递等行政办公工作，使企业内部的沟通范围突破旧模式，在网络上也可以处理大量的日常行政工作。自动化办公系统有效提升各个部门和全体员工的工作效率，并改变了以前一些固有的工作习惯和旧管理模式。

同时，白云山何济公还与中国移动进行合作，引入手机短信系统平台，进一步加强企业内部之间的信息交流，使全体员工无论身在何处，都可以及时了解公司的最新信息。

（三）优化内部资源，提升内部业务管理能力

在成功构建了全厂的网络平台和实施了自动化办公系统之后，使公司各个部门的协调能力大大提高，员工的电脑操作水平也大大提升。在股份公司的协助下，企业进一步全面建立ERP系统，包括整条供应链和财务。

ERP系统实施是一个相当复杂、涉及面广、困难重重的项目。为此，在实施之前，企业召开两次动员大会，并建立以中高层领导的项目小组，经过学习其他公司实施的经验，决定全面实施ERP系统，供应链整个模块和财务模块。在调研和实施过程中，从各个相关的重要部门抽出业务骨干参与进来，认真制定ERP流程规定和操作手册，使ERP系统更适合公司，更贴近实际操作。

现在，企业的信息化规划和建设已经有坚实的基础。形成以网络平台为硬件基础，自动化办公系统和ERP系统为业务基础的阶梯模式。

第四章
企业文化

本章看点

- 企业文化，是老字号的灵魂。“何济公”的名号，承载着许多不可磨灭的文化记忆。“半为慈善半营生，利己利人驰盛誉”的创业理念，与取名于神奇医僧济公的用意如出一辙，反映了医药企业对社会责任的担当。正是这种担当，立下了延续百年的基业。
- 向秀丽为保护集体利益不幸牺牲，是“何济公”厂史中最令人动容的一页。虽然付出了令人心痛的生命代价，但她爱岗敬业、忠于职守、甘于奉献的精神，已成为“何济公”的光荣传统，也成为共和国的永恒记忆。向秀丽精神，深深地镶嵌在“何济公”的文化灵魂之中。
- “701”，这不是什么暗码代号，但一说人人都知道指的是镇痛膏药。劳动人民在生活中，总免不了磕磕碰碰；南国潮湿的气候，许多人常有关节疼痛……这种时候，人们总是习惯来一帖“701”跌打镇痛膏。甚至各种疑难杂症，也可以用它来缓解。高效多能，质优价平，令许多人都与“701”跌打镇痛膏结下了深深的缘分。

第一节　济公精神——半为慈善半营生，利己利人驰盛誉

“何济公”，一个延续近百年的字号。“何”是缘于创始人何福庆的姓。那为什么叫济公呢？济公精神又是什么呢？

一、真实和传说中的济公

这里要介绍一下济公这位真实且传奇的历史人物。

济公，原名李修元（1130～1209年），在历史上真有其人，南宋时期浙江台州永宁村人。他的高祖李遵勖是宋太宗驸马、镇国军节度使。父亲李茂春和母亲王氏住在天台北门外永宁村。李家世代信佛，李茂春年近四旬，膝下无嗣，虔诚拜佛终求得子。济公出生后，国清寺住持为他取俗名修元，从此与佛门结下了深缘。后来父母双亡，他先是进国清寺拜法空一本为师，继而在当过国清寺住持的高僧瞎堂慧远的门下受具足戒，取名道济，并继承了慧远的法衣。接着又参访祇园寺道清、观音寺道净，最后投奔杭州灵隐寺、净慈寺。

道济是一位学问渊博、行善积德的得道高僧，被列为禅宗第五十祖，杨岐派第六祖，撰有《镌峰语录》10卷，还有很多诗作，主要收录在《净慈寺志》、《台山梵响》中。台湾

著名学者南怀瑾对道济流传下来的4首《西湖》绝句和临终偈语尤其赞赏，说“若以诗境而论诗格，他与宋代四大家的范成大、陆放翁相较，并无逊色”。

道济兼通医术，经常为百姓赠医施药，治愈了不少疑难杂症，又好打抱不平，息人之争，救人之命，被百姓尊称为济公，在民间留下种种扶危济困、除暴安良、彰善罚恶等传说。有关济公的故事，在南宋时代即已开始流传。先是凡俗神童李修元或是得道高僧道济的一些富有传奇色彩的片断故事在民间口耳相传，后来通过说书人的话本说唱，内容逐渐丰富。据说道济诞生时正好碰上国清寺罗汉堂里的第十七尊罗汉（即降龙罗汉）突然倾倒，于是人们便把他说成是罗汉投胎，其成佛后的尊号长达28个字：“大慈大悲大仁大慧紫金罗汉阿那尊者神功广济先师三元赞化天尊”，说明济公深受广大人民群众的喜爱，成为人民心中的“活佛”。

明末清初出现了一部描写济公传奇的故事《济公传》，使他的事迹更加传奇化，流传也更广。在书中，道济是一位不受戒律拘束，嗜好酒肉，举止似痴若狂的高僧。从印度传入中国的佛教，到唐代衍化出中国化的宗派禅宗，主张直指人心，见性成佛，不受佛门清规戒律。唐宋以来许多禅宗高僧都有许多出人意表的举止，用意是打破人们常规思维，领悟禅宗真谛。因此道济破帽破扇破鞋垢衲衣，貌似疯癫，实际是他参悟得道的表现。《济公传》记载道济向长老请教，“不妨长老兜脸的一掌，打了一跌道：‘自家来处尚不醒悟，倒向老僧寻去路，且打你个没记性！’那道济在地下，将眼睁了两睁，把头点了两点。忽然爬将起来，并不开口，紧照着长老胸前一头撞去，竟将长老撞翻，跌下禅椅来，径自向外飞奔去了。”原来已被“点醒了前因，不觉心地哂然，脱去下根，顿超上乘”。“那些大众不叫他道济，却都叫他做济颠了。这济颠竟将一个‘颠’字，认做本来面目，自此以后穿衣吃饭撒尿，都带着三分颠意”。这种表面疯癫、内心清醒的形象，更有传奇色彩。

医史专家宋大仁绘《济公像》

济公的医术，在传说中神奇无比。试举小说《济公传》中的两例。一次寺庙僧众正在大殿献香花灯烛，替一位施主诵经，济公却吃得醉醺醺，手里托着一盘肉，走到佛面前，踏地坐下，口中唱一回山歌，又吃一回肉。监寺等赶他不走，与施主同找长老告状。长老找济颠来问，济公说："弟子因见了施主诚心，故来唱一个山歌儿，代他祈福消灾。"果然那施主的家里人赶忙来报："老太太睡梦中闻得一阵肉香味，不觉精神陡长，却似无病一般，竟坐了起来。"

有个王家酒店老板的女儿，19 岁害了重病，瘦成枯骨，群医束手，都说是死症。济公看了说是肺痨，有痨虫作怪。于是夜里喝得烂醉，与病人背贴背，手勾手而坐，用三昧真火，烧得那些痨虫魂飞魄散，从女子鼻中逃命去。病人果然痊愈，又受了真气灌注，神足气壮。这在当时不免惊世骇俗。

小说所写虽然过于着力渲染神奇，但都是以真实中的济公为民治病为基础的。作为佛门中人，道济治病不取报酬，慈悲为怀，深得人们敬仰。民国时期，著名的医史专家、书画家宋大仁曾专作济公像，指出："今济公庙及济公乩坛甚多，乃为祷病祈药之所。"反映济公治病的故事在近千年之后仍然被广为传颂，被人们寄托希望。

了解济公的故事，就不难想象何济公创始人用济公作为药行名号的用意。正像他的经营宗旨所说的："半为慈善半营生，利己利人驰盛誉"。作为商人，何福庆需要经营获利，养家糊口。但是医药商业又不同于一般的经商，它关乎人们的健康性命，绝不能利益至上，必须以德为先，慈悲为怀。在这一点上，正如济公的形象相吻合。因此，药行取名"何济公"，突出半为慈善半营生的宗旨，很容易获得社会大众的认同。

二、活济公与何济公

由于传说中济公治病的事迹过于神奇，医史专家宋大仁说："济颠僧与我国医药并未有学术上之关系，特以民智幼稚，辗转传说，采小说传奇等故实于是，若真有其者事……民众知识水准提高，信巫不信医之风自戢，但与国民经济更有密切之关系。"在科技文化高度发达的今天，人们怀念济公，早已不是因为企求护佑，而是为了纪念他那慈悲心肠、为民救苦的精神。正因为如此，电视连续剧《济公》播出时，红遍大江南北，主题歌"鞋儿破、帽儿破……哪里有不平哪有我"深刻地反映出济公的精神，被人们广为传颂。

1986 年，广州何济公制药厂乘《济公》热播之东风，独家赞助广东电视台播出此剧，然后又在广州电台独家赞助林兆明开讲 86 回长篇评书《济公传》，在社会上将企业与济公文化进行了一次紧密捆绑，"济公热"带动了何济公制药厂的影响，产品销售量急剧上升。

在电视剧中出演济公的演员游本昌，以其诙谐自如、妙趣横生的表演赢得公众的广泛好评。而那次出演济公之后，济公文化也深深地影响了他的人生。他说："济公改变了我、渡化了我。"他认为济公文化的核心在于无我利他。因此游本昌也长期积极从事义演和公益演出，被中华慈善总会特邀为中华慈善总会理事。年届 75 岁高龄的游本昌为进一步弘扬济公文化，又拍摄了新版《济公》。这些与何济公弘扬济公精神的主旨不谋而合。2006 年广州白云山制药股份有限公司白云山外用药厂和广州白云山何济公制药有限公司合并之时，白云山何济公为了整合资源，展开新一轮的产品宣传攻势，认定游本昌为拳头产品"何济公牌"阿咖酚散代言人的最佳人选。游本昌是艺人当中为数不多的“电视拍得多，广告接得少”的人，他对待广告态度严谨，向企业提出如果要为阿咖酚散代言，自己就一定要亲自服用过阿咖酚散，并了解这个企业所传承的济公文化才行。2006 年 12 月 29 日游本昌来到了白云山何济公，艺术“济公”与企业“济公”相会了。关于什么是济公精神，参观完何济公企业后，游本昌回答说：“‘济公’是神化人物罗汉的化身，制药企业应发扬他悬壶济世、救苦救难的精神，‘何济公’三个字，我把它引申为‘何不济世为公’。意即制药企业要心怀百姓、造福社会，顺天意者必昌盛。白云山何济公所传承的文化与济公精神是相吻合的，大众也把我看作是济公的替身，能够与白云山何济公进行合作，我感到这是一种缘分！”

正如白云山何济公党委领导所指出，之所以聘请游本昌为阿咖酚散代言，一是因为这个产品是白云山何济公的拳头产品，历史悠久，年销售额过亿元，广州白云山制药股份有限公司白云山外用药厂和广州白云山何济公制药有限公司合并后，将加强该产品的宣传。请游本昌代言，能够建立起这个产品与消费者更广泛的联系。其二是因为何济公牌阿咖酚散安全实用、物美价廉，这与济公悬壶济世、心怀百姓的精神相一致。而游本昌当年塑造的济公形象深入民心、无可替代，于是聘请游本昌为阿咖酚散代言就顺理成章了。

三、济公精神，利己利人

可以说，“何济公”企业近百年的发展，时时刻刻都与济公精神相伴。何福庆先生 1938 年创立“何济公”品牌时立下的“半为慈善半营生，利己利人驰盛誉”经营宗旨，就是济公精神的生动体现。作为制药业，它是一种带有慈善性质的事业，生产和经营药品不能唯利是图，但又不能只讲慈善而不计成本和效益。作为药品，当然它首先要有良好的使用价值，即能治病，但同时它又要创造出经济价值。

何济公的“济世为公”的经营理念，体现在多个方面。

一是它的产品，优质高效。“何济公，何济公，止痛唔使五分钟”，“发烧发热唔使怕，何济公止痛顶呱呱”，就是它留给市民的深刻记忆。这些带有浓郁地方文化的广告语在当时广州的“新生”、“风行”等几家电台不停地播放，令时人印象深刻。1947 年的重庆工人在选举中投“何济公”一票的新闻，也可以见到它在百姓心目中有着何等亲切的面貌。

一本 1955 年印行的《广州市工业产品群众意见汇辑》书中，记载群众对何济公止痛散提的一条意见是：“效力比过去差，现在服二包才见效。”不知是当时某批产品质量有问题还是这位群众的个人情况所致，但可见在人们心目中，一包见效就是何济公止痛散（阿咖酚散前身）的特点。

二是价格低廉。它通过提高劳动生产率来提升产品品质，从而扩大产品销售量，以巨大的销售数量来摊薄企业成本。从以前的几分钱一包，到现在也不过一二角钱。因此它能遍及城乡，为普罗大众所接受。很多老人家甚至形成习惯，每天吃一包何济公阿咖酚散。虽然作为止痛药，它难免有轻度成瘾性，这种服法并不是药厂主张的，但也说明它副作用很小，对人体无害，而且人人都承受得起这种价格。

心怀济世之心，生产受老百姓欢迎的有效、安全、实惠的好药，这是“何济公”数代人的光荣传统。品牌创立数十年来，“何济公”企业始终重视阐发和弘扬“济世为公”的企业文化。据创立者何福庆的后人回忆，20 世纪 30 年代的中国，药物还比较缺乏，何福庆并没有因此而抬高价钱，反而以很低的价格销售，甚至对于一些看不起病、买不起药的人，也经常送药。在新中国成立初期的抗美援朝时期，何福庆响应号召向志愿军捐赠了6亿元（旧币，相当于现在5万元），是他经营药厂多年的积蓄。

20世纪60年代，何济公药厂成为成药下乡的指定厂家，解热止痛散一直是下乡成药的重点产品。合并成立白云山何济公后，企业也经常开展公益活动，以弘扬济公精神。例如2006年5月，白云山何济公和广州市一汽巴士有限公司联合举行的“关爱劳动人民，何济公——一汽巴士和谐公交公益行”活动。在这一天，一汽巴士公司的3路、8路、38路公共汽车免费向市民开放。据统计，当天享受免费乘坐待遇的市民达10 000多人。这一活动主要是两间公司为了回报广大劳动人民对“何济公”和“一汽”的长期支持，将独特的“半为慈善半营生”和“乘客至上、服务第一”的企业文化融入每一位普通老百姓生活当中。

在抗击“非典”和甲型H1N1流感的战役中，作为卫生材料生产厂家，企业发挥了不可缺少的作用。根据上级要求，企业以“济世为公”的精神，根据需要集中全力生产纱布口罩。其中包装12层口罩并非企业常年生产的品种，需要从人力、物力上重新组织。企业集中有限的劳动力重点向包装口罩倾斜，最终按时完成任务，满足了社会的需要。

为响应政府“三下乡”号召，2007年3月企业又开始启动“白云山何济公捐药千万下乡五年计划”，向广大贫困山区、农村地区无偿捐献大量企业的名优产品，用实际行动积极响应党和政府号召，用给老百姓真正带来实惠的方式，推广企业“济世为公”的理念。例如2007年4月15日的一次

2003 年何济公制药厂被评为广东省医药行业抗击“非典”模范集体

“三下乡”活动，名为“广东医患和谐论坛 2007——‘同舟共济促和谐’暨白云山何济公‘健康直通车’（连州）赠药仪式”，在广东历史文化名城粤北连州市举行。出席活动的何济公企业负责人指出，企业承办广东医患和谐论坛，并捐赠 20 万元药品给连州山区的百姓，目的有两个：第一，为农村贫困山区百姓献上爱心，履行公民企业的社会责任和义务；第二，传承济公“扶弱济贫，济世为公”的文化传统和弘扬向秀丽甘于奉献的精神。希望通过参加“健康直通车”活动，引起全社会对广大农村贫困山区缺医少药的状况更加关注和支持，共同促进农村医疗卫生事业的发展。白云山何济公送药小分队还在论坛上表演了快板——“合力发展，济世为公”。当地政府高度评价白云山何济公人是百姓的贴心人！

近年，企业还制定了“万场公益电影下乡镇计划”，与国家广电总局等单位协作，2007 年及 2008 年投入 500 万元，独家冠名赞助 10 000 场以上免费数字电影到全国广大农村及基层社区，取得了良好的社会效益。这些正是“半为慈善半营生”和“利己利人”宗旨的体现，以慈善和利人为主，营生和利己并重。

2008 年 5 月 12 日 14 时 28 分，四川汶川县发生 8.0 级大地震，波及全国十多省市，给当地人民群众的生命财产造成极大损失。在广药集团和股份公司的号召下，以“半为慈善半营生，利己利人驰盛誉”为经营宗旨，有着济世为公的社会责任感的白云山何济公人，在厂党委的组织下，全厂员工积极行动起来，向灾区人民踊跃捐款，共筹集到 88 000 元捐款并于当天下午送集团公司，再统一送到广州市慈善会捐给灾区人民，表达了白云山何济公对灾区人民的亲切慰问，为受灾群众伸出援助之手，服务群众，回馈社会。在 2008 年 7 月“广东省食品医药行业认真履行社会责任，创建现代行业协会动员会暨抗震救灾模范集体（个人）表彰大会”上，白云山何济公获得了“抗震救灾模范集体”光荣称号。

2010 年 4 月 14 日 7 时 49 分，青海省玉树地区发生了 7.1 级地震及多次余震，地震灾害给玉树灾区人民生命财产带来了巨大的损失。白云山何济公党委立即决定：向灾区捐赠救援药品物资，驰援灾区。企业准备了阿咖酚散、跌打镇痛膏、风油精、皮炎平软膏、皮康霜等药品以及口罩等物资一批，价值共计 6 万多元人民币，于 19 日早上派专车运至中国红十字会广州备灾救灾中心，并立即转装到灾区急需物资运送大卡车上，运送到青海玉树地震灾区。这些同样是“济公”精神的进一步发扬。

白云山何济公情系玉树，奉献大爱

第二节 秀丽精神——舍己为群，甘于奉献

向秀丽烈士生前是广州何济公制药厂的一名普通青年女工。1958 年 12 月 13 日，该厂化工车间失火，危及易燃、易爆化工原料，整个厂房和所处繁荣商业区的居民生命财产受到严重威胁，她奋不顾身地与烈火搏斗，身体被烧伤面积达 67. 25% 以上，其中二、三度烧伤占 64. 75%。经多方抢救，她顽强地与剧烈伤痛搏斗了 33 天，终因伤势过重抢救无效，于 1959 年 1 月 15 日光荣牺牲，年仅 25 岁。

在那个火红的年代，向秀丽的事迹毫无疑问地成为时代的象征，感动了当时的中国。在她身后，无数诗篇和颂歌如潮水般涌来，赞颂和鼓励这种保卫国家财产、忘我劳动的激情。生前已经是预备党员的向秀丽，在她牺牲的同一天，被原广州市中区党委追认为中共正式党员。1959 年 1 月 26 日《人民日报》为向秀丽事迹写了《毫不利己，专门利人》编后语。1959 年 2 月 12 日《中国青年报》发表《崇高的品质，光辉的榜样——悼念和学习向秀丽同志》社论。她成为全国楷模，老一辈革命家林伯渠、董必武、陈毅、郭沫若、陶铸等均满含深情地为其题词题诗。一个学习向秀丽的活动，在全国范围内开展起来。

当年，全国各大报刊纷纷报道了向秀丽的英雄事迹

1959 年 2 月，公私合营何济公联合制药厂党支部决定将化工车间命名为向秀丽车间，把向秀丽生前的小组命名为向秀丽小组。50 多年来，整个广州、广东甚至全国都在纪念向秀丽，那个年代无论老幼妇孺都知道，“广东出了个向秀丽”。1959年广州市黄埔南湾农场改名为秀丽农场；1960年5月28日广州市下九路办事处和光扬街办事处合并改称秀丽人民公社，以纪念向秀丽；1966年底广州市大德路、上九路、下九路、第十甫路改名为秀丽路，以纪念向秀丽。1982年8月秀丽路恢复沿用已久的路名后，经广州市人民政府批准，又将下九路何济公制药厂楼宇命名为秀丽楼。2009年新中国成立60周年前夕，向秀丽又被评为100位新中国成立以来感动中国人物之一。

秀丽人民公社

秀丽路

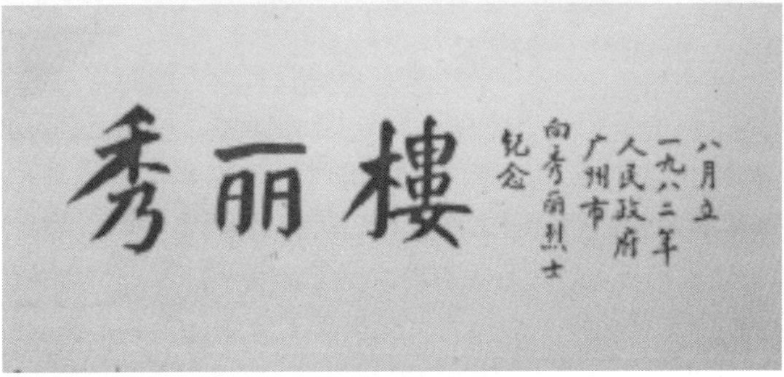

秀丽楼题名

广州何济公制药厂向秀丽纪念室

毫无疑问，向秀丽英勇救火而牺牲是令人痛心的，企业更加重视生产安全，避免意外发生，但向秀丽留给我们的，远远不止这一点。正像当年广州何济公制药厂所宣扬的：“向秀丽是我们何济公人的楷模，是何济公人宝贵的精神财富，她爱岗敬业、舍己为群的崇高革命精神，永远值得我们学习。”这种精神，是企业文化里极其宝贵的财富。整合后的白云山何济公，也同样认为向秀丽精神是企业的脊梁和财富，她正成为“何济公”的品牌之魂，企业号召：“要永远发扬向秀丽精神，要认真学习向秀丽烈士‘爱岗敬业、忠于职守、甘于奉献’的精神”。

时代在变，观念在变，但人类社会的一些基本准则不会变。向秀丽精神对今天的企业和社会依然有着巨大的意义。1999 年，广州市委宣传部在当时的广州何济公制药厂召开了一次纪念向秀丽的座谈会，来自各个方面的人们都谈到了如何在新时代认识和学习向秀丽精神。

1971 年就来到广州何济公制药厂做普通工人，后来成长为广州医药集团公司副总经理的夏泽民，用自己的亲身经历指出，向秀丽精神实质，就是作为一名普通工人，要把自己的本职工作做好，不能在自己的岗位上出问题。他说，向秀丽精神对自己影响很大，在向秀丽工作过的地方，如果不爱岗敬业，就是对烈士的不敬。数十年来，白云山何济公企业一直以向秀丽的精神教育青年工人，虽然各个时期的口号不同，但爱岗敬业这条主线不变，这已经演变为白云山何济公企业文化的主旋律，特别是现在，更应该激励员工学习向秀丽这种爱岗敬业的精神，结合自己的本职工作，为国家多创效益。

广州何济公制药厂青工代表唐辉说，他进厂的第一次教育就是学习向秀丽。但是，这种学习如果仅仅停留在宣传一贯大公无私的英雄人物的程度上，会让他感到很遥远、很陌生。而作为一种爱岗敬业的榜样，学习向秀丽则是真实而且明确的目标。

来自广州师范学院的学生代表也认为，尽管在此之前他们不了解向秀丽，但了解了向秀丽的事迹后仍然让他们感动。以他们现在的心态，很难崇拜什么偶像，然而他们还是需要有一个相距不是很遥远的目标，需要一个真实可信的精神去鼓励自己、鞭策自己。向秀丽爱岗敬业的责任感，正是这种真实可信的精神。

向秀丽精神在白云山何济公一直得到发扬，从未中断。各个时期能进入向秀丽生前所在的工厂和车间工作的工人，感觉都特别自豪。在白云山何济公，有一面大旗，从 20 世纪 60 年代起一直流传到现在，这就是向秀丽突击队队旗。从 1960 年起开始组建，以团员青年为主组成的向秀丽突击队，每年团委换届大会会专门进行新老交接——向秀丽突击队大旗如同薪火代代相传。

证书

你单位被评为一九八九至一九九〇年度广州市新长征突击队。

特发此证，以资鼓励。

共青团广州市委

向秀丽突击队获市团委 1989 ～ 1990 年新长征突击队奖

向秀丽突击队是白云山何济公中最具活力的青年工人团体，他们奋斗在生产一线，营销一线。为了适应市场需求，药厂车间几乎每个季度都有两三次需要在短期内召集大量加班劳动力，突击完成药品的生产任务。这时候就需要向秀丽突击队组织青年职工自愿加班，甚至是义务劳动来完成任务。

在不同岗位的上，他们以向秀丽精神为激励，积极奉献，无怨无悔，用奉献企业、奉献社会的青春热情告诉人们，向秀丽精神并未随着时代的变迁而在青年一代中淡化、消逝，而是在白云山何济公青年的生活里随时可见随处可感。白云山何济公的向秀丽突击队、青年志愿服务活动始终坚持以“围绕中心，服务大局，关注民生”为宗旨，以服务促和谐，以奉献助成长。志愿者无偿献血、“三下乡”活动，团员们都积极参与，热情奉献，发挥了不可替代的作用。

除了一代代的向秀丽突击队队员活跃在白云山何济公的生产第一线外，企业每年还举办向秀丽纪念活动，如纪念会、座谈会、清明节到向秀丽墓前追思等，组织新老党员和团员自觉学习向秀丽精神。数十年来，白云山何济公一直以向秀丽的精神教育职工，“忠于职守、爱岗敬业，无私奉献”精神已经演变为白云山何济公企业文化的强音，向向秀丽烈士学习不仅是白云山何济公的活动，更是社会弘扬勇敢正义、无私奉献的精神，推动社会和谐进步的需要。

1979 年 4 月，向秀丽突击队员和党政工代表在烈士墓前合影

广州何济公制药厂举行纪念向秀丽同志牺牲32周年活动

广州团市委副书记骆蔚峰在纪念向秀丽牺牲40周年扫墓活动上致词

青少年学生在向秀丽烈士墓前举行纪念向秀丽牺牲 48 周年活动

广州何济公制药厂举行纪念向秀丽牺牲 50 周年活动

向秀丽精神影响之深之广，还可以从她对新中国不同时期的英雄模范人物的影响中看出来。《雷锋日记》中曾这样记载："今天文书同志从团里拿回来几本新书，其中《向秀丽》这本书把我吸引住了。我拿了这本书，一口气读完了10多页，越读越使我感到浑身是劲，越读越使我敬佩，越读越想读……我时时刻刻都要以她为榜样，经常对照自己和鞭策自己，把自己锻炼成为坚强的无产阶级革命战士。"张海迪也曾说过，向秀丽是她童年时代心中的英雄和榜样。全国十大杰出青年志愿者、全国百优青年志愿者赵广军，也是从小看着学校墙上的向秀丽画像、听着老师讲述向秀丽故事长大的，他曾经说："其实每个时代都有不同的时代英雄，象征着敬业奉献精神的秀丽精神是值得传承的，并且事实上也被传承了下来。"

2009年，为推动群众性爱国主义教育活动深入开展，迎接新中国成立60周年，经中央批准，中央宣传部、中央组织部、中央统战部、中央文献研究室、中央党史研究室、民政部、人力资源社会保障部、全国总工会、共青团中央、全国妇联、解放军总政治部等11个部门联合组织的评选活动中，有"火凤凰"美誉的羊城英烈向秀丽入选"100位新中国成立以来感动中国人物"。2009年也是向秀丽烈士牺牲50周年，她的事迹又一次引起了社会各界的高度关注。新华社、中央电视台、广东电视台、新华月报、南方日报、广州日报、南方杂志社、新快报、南方都市报等媒体单位派出记者对向秀丽事迹进行采访报道。其中，中央电视台新闻中心就向秀丽事迹进行专题采访，摄制了专题片《舍身救火的巾帼英雄——向秀丽》，于中央电视台综合频道（中央一台）《人民英模》专栏播出。

2009 年，中央电视台播出《舍身救火的巾帼英雄——向秀丽》专题片

可见，向秀丽在用身体去挡住燃烧的酒精那一刻所体现出来的那种高度的责任感和无畏的奉献精神，无论在过去，还是现在，都是闪光的，都是值得广大青年学习的。向秀丽精神作为何济公企业文化的一部分，不仅激励着员工们爱岗敬业，也成为全社会的精神财富。今天，“爱岗敬业、忠于职守、甘于奉献”成为向秀丽精神的核心价值，是企业文化的脊梁和财富，推动白云山何济公的企业文化品牌建设，彰显企业的优秀文化，激励着何济公人开拓创新、奋勇向前。

第三节　品牌情缘——留给城市的记忆

“何济公”作为中华老字号，“老”是它的特色。而它的“老”，又有着独特的味道，成为广州这个城市记忆的一部分。

一、何济公阿咖酚散——老字号与老产品

老字号是一道独特的风景线。1999 年，广州开始实施《广州历史文化名城保护条例》，在全国率先提出保护老字号。广州市政府对“老字号”的申报有明确规定：“企业、商业等机构具备 50 年以上的发展史，工艺、技术考究，产品质量好，能体现广州地方特色；或产品品牌声誉高，字号在国内外仍享有较高的知名度。”广州名城办公室对老字号的保护也曾做出具体规定：被列入老字号的企业，无论企业性质、产权如何变更，其著名字号、商标、名优产品等应在广州永久保留；即使破产、关闭、兼并、转制，老字号也不得销号，而要交由上级主管部门收回管理；工商部门要加大对老字号商标专用权的保护力度，积极查处侵犯老字号权益的违法行为。

2000 年，“何济公”被评为首批广州老字号，2006 年又被评为中华老字号。而且，在老字号中，“何济公”产品独具个性特色。其生产的解热止痛散（现名阿咖酚散），作为解热止痛的首选品牌，长久以来给人们留下了深刻的记忆。

曾有一篇回忆老广州的散文写道：“许多茶亭的墙壁都被商家占领了，刷上商品广告，但多简洁，只写出商品名称、功用等，诸如‘何济公退热散’、‘小儿惊风散’、‘小儿疳积散’之类，绝无哗众取宠之嫌。”这样的一句话还原着“何济公”在城市中的记忆。

陈方畴先生回忆《国民党监狱的形形色色》一文中，记载新中国成立前始兴监狱有两个“狱霸”，“每隔三五天，看守们都要买一盒‘何济公’止痛退热散送给他们”。

旅德作家娃娃的自传体长篇小说《汉堡的爱情和鸡尾

酒——我在德国做女人》中，记述文化大革命时期她在粤北乡下的童年生活，她的友人“大头仔”头痛，有人想带他去省城医头，大头仔没去，后来“大头仔的头还是疼，但有了何济公止痛散，大头仔松弛多了”。

沈祖连的微型小说《她》，女主人公误把泡打粉放到肉松里，男主人公吃的时候，是这样形容的：“什么味道？似酸、似苦、似涩，纯正的何济公解热止痛散！”

甚至，深圳一位初一学生在她的作文中，写她一个人遇到小表弟发热，于是查看书籍寻找处理方法，然后，“我找到了一种‘何济公’退热散的药，看清楚用药说明后，就把小表弟扶起来，喂他吃药，哄他睡着了”。父母回来后，小表弟的烧也渐渐退了。

小说、回忆、作文，是不同时期人们内心记忆的折射。反映出当时何济公止痛散在人们生活中的存在是何其普遍。这种年年月月的相伴，已经成为带有感情的回忆。

在产品高度同质化的今天，品牌的个性是竞争的最有力武器。独特的品牌个性能够区别竞争对手，吸引消费者并使消费者对品牌产生极高的忠诚度，这在现代营销中的意义越来越重要。通常，许多老字号奉行“酒香不怕巷深”的宗旨。而“何济公”企业从创立之日起，就有着强烈的品牌意识。“何济公”品牌自开办起就立下了“半为慈善半营生，利己利人驰盛誉”的经营宗旨，赋予品牌强大丰富的内涵，成为企业成长历程中的历史的丰碑。何福庆那些大张旗鼓的报纸广告，无处不在的墙壁广告，穿街过巷的推销员，使得“何济公”这一品牌牢牢刻在了城市的记忆中。

品牌的生存发展，与时代的生产力发展水平、社会及人文环境等密不可分。“何济公”品牌经七十载风雨历程，在中国近现代历史的每一个历史时期都留下了令人永久铭记的印记，自一个侧面真实、生动地刻画了中国近现代医药工业乃至整个近现代民族工业曲折发展的历史痕迹。

二、“701”跌打镇痛膏——跨越时代的产品

关于何济公阿咖酚散的其他方面，前面介绍得很多了。而白云山何济公旗下的另一拳头产品“701”跌打镇痛膏，同样也在许多人的记忆中有着深深的烙印。2005 年，在“701”跌打镇痛膏问世 35 年之际，企业举办过一次以“情浓 35 载——我和 701 的故事”为主题，面向广大消费者和药店店员的有奖征文活动。活动反应热烈，收到了千余篇来自全国各地的征文。这里，从部分征文中原汁原味地选一些片断，人们不难从中感受到在消费者心目中，“701”跌打镇痛膏有着怎样的品牌形象，牵绊着什么样的感情——

情浓 35 载——我和“701”的故事

（一）胜于同类产品的便利

从白胶布到“701”跌打镇痛膏，中间还有个过渡产品，那也是个有名有姓的名牌产品，是北京的狗×膏。当时的广州人也喜欢使用，但有一些不方便：一是规格单一，不能分割使用，一用就要一块；二是要热用，冷了就硬邦邦的，虽然对风湿止痛很有效，但换药时就要放在煤炉上烘烤，或放在饭煲上焙热，非常不方便。自从有了“701”跌打镇痛膏以后，方便的使用方法，就迅速淘汰了狗皮膏。从那时起，我没有再见有人使用狗皮膏药了。见到有人牙痛脸上贴的一块，见有人脖子痛贴的一块，我想，那肯定是“701”跌打镇痛膏呢。（黄伟达《“701”和70年代的往事》）

问他为什么这么喜欢“701”跌打镇痛膏，他说以前的跌打外用药要么是像狗皮膏那种膏药式的，要么就是万花油这种。膏药不方便，要加热使其变软才能贴，而且贴久了膏药会移位，所以有句形容这些膏药的话叫做“贴在腰骨，流到屁股”；万花油很油腻，尤其是搽在身上会弄脏衣服。后来有了“701”跌打镇痛膏，方便有效，克服了以上两者的缺点，所以得到广大华人的喜爱。（关绮玲《80年代的辉煌》）

（二）高效多能的赞许

1967年3月14日我在广州市第一人民医院门诊外科就诊，腰椎拍片的结果是“第四腰椎压缩性骨折，第四、五椎间变异……”。住院三个月后，病情未有根本好转，医生说没有再治疗的价值了，让我出院……医生说我的脊柱骨不到45岁就会“老化”，弄不好就会瘫痪。三年后，病情又恶化。我第三次住院治疗是1971年7月……五年时间三次在大医院住院治疗，病情不但未见好转反而日渐恶化，我与家人都感到很无奈、很茫然，对生活前景十分悲观。

就在我徘徊在生死抉择的时候，农垦医院一位病友送给我几片“701”跌打镇痛膏，他说是亲戚从广州带过来的新产品，他颈椎增生贴了有疗效，也让我试着贴几片看看腰椎病能否有效果。我贴完那几片“701”跌打镇痛膏后果然有反应，腰背的酸痛“松”了很多。……把两片“701”跌打镇痛膏贴在腰椎的压痛点处，以后隔天贴两片（皮肤对膏药有反应，不能天天贴），一个月为一个疗程，中间停药半个月。三个月后，右下肢放射性疼痛明显减少。半年后，右下肢坐骨神经痛已大大舒缓，腰酸骨痛发生率几乎降到“零”。

一个腰椎损伤、骨折变形、压迫坐骨神经痛的人，一个要佩戴钢条腰围辅助生活的人，一个在三家大医院住院 270 天并被判定下肢会瘫痪的人，竟然成了重体力劳动者，每天 8 小时要不间断地弯腰铲煤用力送入锅炉中，操起几十斤重的铁扒清理煤渣……而且一干就是四年，四年里旧病没有复发，年年拿全勤奖。这是一个奇迹，但不是“天方夜谭”，是一个鲜活的故事。主人翁是我，创作故事的是“701”跌打镇痛膏：我是贴着“701”进厂报到的，贴着“701”上班烧锅炉的、贴着“701”走过人生劫难、重返健康人的生活轨迹的，没有“701”跌打镇痛膏就没有这个奇迹出现。（曾时明《奇缘——“701”跌打镇痛膏改写我的人生》）

很多橡胶工人都患有风湿病、腰腿痛等。一年后我也开始间断感到双膝关节酸痛，于是在老胶工的指点下试用生产队医疗站免费提供的“701”跌打镇痛膏。这种镇痛膏当时被认为是最时髦最高级最有效的风湿膏，用连年获得“三·八”红旗手称号的生产队副队长的话说：“这种镇痛膏是专供中央首长和师级以上高干用的，我们普通胶工能用上它是上级领导对我们的无限亲切关怀，是我们胶工的骄傲!”果然，我贴上“701”跌打镇痛膏后，不一会膝关节酸痛就消失了。这药膏真神！心里真高兴。此后我天天心怀踏实，披星戴月地去胶林割胶，去与夜露晨雾搏斗。

大学毕业后，我留广州，被分配到广州市第二人民医院当内科医生。遇到患者有慢性腰腿痛、风湿关节痛、急性摔伤扭伤等我都会积极建议他们用“701”跌打镇痛膏；遇到头痛脑热周身酸软的患者，尤其是那些要坚持上班上学、不能“罢考”的学生，我也会热情地把“701”跌打镇痛膏推荐给他们，并经常把我高考时妙用膏药的故事讲给他们听。久之，不时有患者会主动要求我处方“701”跌打镇痛膏给他们。而我自己呢？更是常年必备“701”跌打镇痛膏，遇上连日阴湿、刮风下雨，膝关节酸痛发作时，或头痛不想吃止痛药时，就要即刻用它，连出差也要带着它才安心。

我因感冒喉咙痒咳嗽不止，多种消炎药、止咳药都止不住咳，晚上非要服用两片可待因（一种会成瘾的中枢止咳药）才能止咳入睡……我把“701”跌打镇痛膏贴满了下颌部、颈部和胸骨上部。约 5 分钟后，随着清凉的感觉由皮肤向内渗透，神奇的效果又出现了：喉咙渐渐不痒了，感到不需要咳嗽了。嘿！讨厌的干咳就这样被止住了。……我就是呼吸科的大夫。1999 年后，我每周出两次呼吸病专家门诊。妙用“701”跌打镇痛膏止咳的方法给我留下了美好而深刻的印象，使我多了一种治疗咳嗽的手段。碰到合适的病人，我自然会推荐给他（她）。(喻岩《妙用“701”助我成功》)

一般使用“701”的人，多是按照说明书的适用症使用，但我也见到不少巧用妙用者：如剪一小块，贴在小儿肚脐，用于脾胃虚寒，消化不良。又有产后小腹疼痛或腰酸腿痛者，贴于小腹及腰部。还有的剪成小块，贴在两侧太阳穴，用来提神等。(黄镇平《一贴解心愁》)

记得当时在乡下夜晚橘红的灯光下，每当父辈们一天劳作下来，若有个腰酸背痛、手肿脚麻，都喜欢或往颈脖上或往腰杆上，或往手腕、膝盖关节上贴上一贴，轻便得宛若天凉披上一件秋衣一样。更有一些乡下老妇人闹点头晕头痛，当即二话不说就往自己太阳穴贴上两贴，来一招“双风灌耳”，古怪的模样常常引得我们一帮小孩哈哈大笑。今天回忆起来，历历在目。当时“701”跌打镇痛膏在老百姓心目中的地位以及使用的普及化就此可见一斑了。（王路生《“701”村的来龙去脉》)

（三）基层医疗的好帮手

1970 年 4 月 23 日，我去番禺珠江农场，参加省农垦插秧机技术鉴定会议。一连五天，天天下水田。29 号返回广州沙面农垦厅招待所，两个脚跟浮肿酸痛，行路困难。喝中药、注射氨基比林针水等收效甚微。我忍住酸痛，步行到南方大厦旁中药店，买了 5 包“701”跌打镇痛膏。贴了 5 天，脚跟酸痛浮肿全好，令我欣喜若狂。5 月 6 日返粤东，我买了 600 包返农场，给农场卫生所用，大受赞扬。(冯忠明《我与“701”35 年的深情》)

自从我从老伯那里知道“701”跌打镇痛膏的神奇功效后，每遇上拿不定主意的患者，我都推荐“701”跌打镇痛膏，居然屡试不爽。药店的名声也日益响亮。一次，我在菜市买菜时，听到前面几个老婆婆说："遍街的药店，就数春草堂最贴心，那里推荐的药，又经济又实用。我上次扭伤脚，擦了很多药酒都不大见效。后来听信她的话用'701'，果然很快就贴好了。"（罗永娟《那年，那一抹温馨的黄》）

原来，杰克明回到位于非洲中部的家乡小镇之后，见到一个亲戚腰部扭伤后疼痛难忍，什么药也治不好，他便给了对方一包"701"跌打镇痛膏。谁知对方用了之后效果立竿见影，疼痛感马上消减不少，于是到处宣传杰克明从中国带回来的"701"跌打镇痛膏如何如何疗效卓著和神奇。一时小镇为之轰动，不少有慢性腰腿痛或风湿关节痛的亲朋还争先跑到杰克明家，缠着问他要"701"跌打镇痛膏。他不忍拒绝，剩下的八九包"701"跌打镇痛膏很快就分尽散光。其中一个患者恰好是当地市报的记者，他马上把"701"跌打镇痛膏的神奇功效用文字大大地夸赞了一番，文章还被搬上报纸头版的显要位置，文章的题目就叫做《神奇的中国"701"跌打镇痛膏》。（李职贤《"701"扬威非洲小镇》）

"701"跌打镇痛膏自七十年代初上市以来，一直深受人们喜爱，特别是很多海外华人远道而来购买。20 世纪 80 年代是"701"跌打镇痛膏全盛的时期，最令我印象深刻的是当时有很多新加坡华人海员路经广州时争相购买大量"701"跌打镇痛膏归国的情景。我当时工作的药店位于洪德路，邻近洲头咀码头，每隔两三个月就有新加坡海船在那里靠岸。海员们和我们已经有了默契，他们靠岸之前会给我们药店打电报告诉我们什么时候到、大概有多少人、要买些什么。其中他们买得最多的就是"701"跌打镇痛膏，一船人平均每

人买两三件（当时是30盒/件，每盒规格为10厘米×40厘米）。（关绮铃《80年代的辉煌》）

（四）时代岁月的味道

“701”跌打镇痛膏之所以被老一辈人钟爱，还是有因由的。20世纪70年代生活艰苦，乡下人长年操持的都是繁重的田间劳作，物质稀缺，营养匮乏，卫生保健条件及意识都不够，人们相当容易在剧烈的劳作中扭伤劳损，积劳成疾。对乡下人来说，当时上大医院诊治既麻烦又难以负担。于是，简便、高效的“701”跌打镇痛膏便自然而然成为家喻户晓的常用药品。实实在在的疗效使它迅速在同样实实在在的广大乡下人中获得认可和推崇。生活的艰辛、病痛的折磨如同苦海，深得人们信赖的“701”跌打镇痛膏就被纯朴的乡村老一辈寄予了美好善良的情怀。（杨浩强《伴我成长“701”》）

当时海南的经济与全国各地一样，较为萧条，农民每天仅能挣到0.08元钱，“701”跌打镇痛膏尽管便宜，但村民依然买不起。所以，1970年3月，当我的母亲贴上亲友从广州那边寄赠的“701”跌打镇痛膏产品时，成为全村轰动性的新闻……1975年，村里的经济收入有了提高。年终结算，我们村每个劳动力平均日值0.25元，成为全公社的“富裕村”。队长喜形于色，分红时向大家宣布：每个劳动力除分享红利外，另奖一包10片装的“701”跌打镇痛膏。村里的人终于用上了“701”跌打镇痛膏，解除了折磨他们多年的痛苦，村民们都齐赞“701”跌打镇痛膏就是好！以此为开端，我们这个拥有近400人的村庄，使用“701”跌打镇痛膏的人越来越多，成为远近闻名的“701村”。（王路生

《“701”村的来龙去脉》)

20世纪70年代盛行赤脚医生，盛行针灸，盛行中草药，盛行“701”跌打镇痛膏。“701”跌打镇痛膏走进我的生活，伴随我走过了许多的风雨历程。

1972年高中毕业，我来到英德茶场务农做知青。出发前，我为了轻装上阵，只带了一个铁水桶，里面放了一张草席，身上背了一个军用井字形包扎的背包，背包里放了一些衣被和蚊帐，还有几包“701”跌打镇痛膏和一些外用药。当我到宿舍后打开行装，马上闻到一阵阵“701”的芳香味道，思恋家乡的情绪于是涌上心头。我闻着“701”跌打镇痛膏的气味，仿佛就回到了广州卫生材料厂，回到了越秀北路，回到了广州市——我的家。“701”跌打镇痛膏使游子有了回家的感觉。(黄伟达《“701”和70年代的往事》)

记忆与情感，就是老字号与消费者之间最深刻的维系纽带。时间可以流逝，人生可以成长，但那些在艰难岁月之中曾经陪伴过人们的事物，会在他的记忆中长留。达到这样的境地，可以说是企业文化的高级境界，也正是老字号品牌最宝贵的财富。

第五章
人物传记

本章看点

- 创始人，奉献者，革新家……一个老字号的历史，必然是由这样的各色人物来书写。作为“何济公”历史上最有影响的人物，他们的故事值得我们细心阅读。在这里，我们品味风雨如晦岁月创办民族企业的艰辛与睿智，追忆火焰横流时刻烈士挺身而出的忘我与勇敢，敬仰生产建设年代废寝忘食奉献心智的“技术流”……

第一节 何福庆——“何济公”品牌创始人简介

“何济公”品牌创始人何福庆生于1909年，是农家子弟，排行第八，祖居广东南海恩洲王圣堂村（今广州市白云区广源路王圣堂）。何福庆少时在本村读了8年私塾，是其家庭的九子一女兄妹中读书最多的一个。20世纪20年代末到汉口华安公司当后生（也就是职员、伙计），数年后与人合股在武汉的汉口民生路开办“广东药行”，主要经销广东柠檬精、鹧鸪菜，兼营汉昌牌雪茄烟和广东云纱绸等，以此起家并渐有积蓄。

何福庆像

据何福庆的侄子何汝启回忆，何福庆在武汉时认识了一个洋博士，那博士发明了解热止痛散，并将配方和制法传给了何福庆。1937 年，也就是何福庆 28 岁那年，回原籍王圣堂与侯可宝（文贞）成婚，然后于 1938 年在广州河南鹤洲直街积善里（现海珠区）开设了何济公药行，主要生产灭痛星，后改名为止痛散。时值抗日战争爆发不久，1938 年底广州沦陷，于是何济公药行迁往上海市康定路 88 弄 11 号。

抗日战争期间，广州工商业凋敝，有实力的商人都迁到香港去了。1941 年香港沦陷，许多人又纷纷迁回已相对稳定的广州，使广州一度恢复繁荣。1942 年何福庆在广州龙津东路洞神坊 66 号 2 楼重设药行，又在清远与人合办维大药房。

1945 年抗战胜利，何福庆结束了上海的“何济公”经营业务，重新回到广州，因生产渐有发展，将厂址迁往洞神坊45号之一。

何济公药行生产的产品价格低廉，需要相当的市场规模才能做大。何福庆积极在各地营销。位居广州的何济公药行通过各地药店寄售来拓展在各个城市的销售渠道。产品在福州、厦门、武汉、长沙、南京、上海、重庆、成都、云南、贵州等地都设有销售基地，甚至销往香港、新加坡。例如抗战期间，由于战时民生艰苦，药行在广东生意不好亏了本，何福庆转战大后方，将30余万包止痛散迁去重庆推销，靠着宣传打开销路。不过这种方式有时会受到当地势力的阻挠。例如1947年11月8日，重庆市卫生局以该市府衙路52号广州药行出售的何济公止痛散未经渝府许可为由进行查封，将所有止痛散产品带回局保存，并责令该药房于1周内将各药房代售的药品全部收回，将各地墙壁广告全部刷除。

而对于城市以外的地区，何福庆则采取招揽“出江”销售人员的方式。他在上海、江西赣州、四川重庆、云南昆明、陕西西安开设了五大办事处，分设“出江”领班五大员，分区划片包干广告推销业务。何福庆对推销人员采用激励的方法，推销员“出江”一般只发3天的现钞食宿路费，其余以货作款，只有把货卖出拿到提成后才有工资费用，这就迫使“出江”人员努力工作。但如果成绩超过任务的话，超出越多药行奖励越多。此外何福庆还经常大摆筵席慰劳这些推销员。

为了扩大药行影响，何福庆特别重视广告宣传。他曾说：“我卖田卖地都要卖（做）广告。”何福庆不但将在当时能买几十亩地的积蓄都拿出来做广告，有一段时间为了做广告筹资，甚至连仅有的二亩祖田都卖掉了。在广告形式上，他娴熟地运用当时商业普遍运用的一些宣传方式，又形成自己的特点。

在常规的广告宣传中，他注重新意。例如他拟定的广告词简洁有力，突出特点："何济公，何济公，止痛唔使五分钟"。这句话在电台上反复播放，深深印入人们脑海。对于旧社会听不到电台的普通大众，则让人上街传唱。一次，有个中学生因无钱读书，停学来厂求职，何福庆知道原由后，问那个学生是否仍想读书？那位学生回答说很想。何福庆就叫他白天上学，夜晚为药行做 3 小时的马路广告。于是乎街头巷尾马路闹市就晚晚听到了"何济公，何济公，止痛唔使五分钟"、"发烧发热唔使怕，何济公止痛散顶呱呱"的清脆歌声，宣传效果甚佳。

报纸宣传方面，何福庆运用悬念制胜。1946 年在汉口《新湖北日报》的头版首日登出"广东飞来何济公"，次日登出"止痛唔使五分钟"，令人莫名其妙之际，第三天才正式介绍"灭痛灵"药品，令人印象深刻。

即使是普通的街头广告，何福庆也特别讲究。何济公经常在作墙壁灰水广告，他认真研究广告写在哪里效果最好。经过多方实地观察，他提出在圩镇最好的地方是写在对正厕所窗口，使如厕者都能看到。

何福应的何济公药行地方不大，据回忆，当时药厂还不及一间小客厅宽，药品主要靠工人手工分装。何汝启回忆，何福庆本身不好烟酒，对工人很好，但是要求他们也要不抽烟不喝酒。工人没有文化没关系，但是要勤劳，肯吃苦。1948 年何济公药行包散工人仅有 16 人（不包括季节工），"出江"人员有 30 多人。广州解放时职工有 79 人，无自身厂房。

新中国成立前，何福庆在香港也开有药厂，经常两处奔波。有时候早上在香港工作，晚上又回到广州来。新中国成立后，何福庆主要在香港居住，1950 年将广州的何济公药行改名为中国（广州）何济公药厂，由其小舅子侯秉刚任经理。1953 年侯秉刚也去了香港。何福庆委任施柏为经理。施柏原是海口市胜利戏院院务主任兼药厂推销员，1952 年到厂任协理。他不是何福庆的亲属，这意味着广州何济公不再是何福庆家族式管理的企业。到了 1956 年，国家对何济公药厂进行“赎买”，实行公私合营。何福庆可以说正式退出了广州何济公的生产和经营。

何福庆在香港仍经营何济公药行，至 1974 年去世。有三子一女，均移居美国。香港的药厂已转卖他人。观其一生，何福庆先生是有着可贵的实业救国情操和独到商业精神的商人。他在创办企业之初，就立下了“半为慈善半营生，利己利人驰盛誉”的经营宗旨。药行取名“何济公”，有意效法济公普济众生精神。而他独特的经营手段，又使“何济公”的止痛散后来居上，一举超越同时期普济药厂、灵芝药厂的同类产品而一枝独秀。

从品牌而言，“何济公”创立时间虽不算最早，但却成为近代民族制药工业少有留存至今的代表性品牌。回顾当年那些规模更大、声名更响的制药厂家，例如上海的中华制药公司、五洲大药房、信谊药厂等，今天或者已不复存在，或经多番重组融合了无痕迹，唯有“何济公”，依然保持着固有的产品和独特的形象，真正地“利己利人驰盛誉”，在历史上留下深深的脚印。正是由于何福庆的独特经营理念和精明经营手法，使得“何济公”品牌家喻户晓，长盛不衰，成为近代西药厂家中少有的“中华老字号”。

第二节　党的好女儿——向秀丽同志

向秀丽是广州何济公制药厂的英雄人物。

向秀丽像

一、成长

1933 年 5 月，向秀丽诞生在广州市的一个店员家庭，汉族人，籍贯广东省清远县。她的童年时代正值抗日战争时期，1938～1944 年，由于逃避日本侵略者，向秀丽随着家人，长途跋涉，逃难到肇庆大湾，寄住在舅舅家里。一家七八口人，就靠她在乐昌做店员的父亲偶然寄回来的一点钱过活。当时邮汇困难，她父亲从乐昌寄钱回家很不容易。因此，童年时的向秀丽的家庭生活非常艰苦，经常吃不到一顿饱饭。

向秀丽的妈妈共怀孕 15 胎，由于生活艰难，有两胎流产，有一个孩子在日本侵略时期轰炸时吓死，有 4 个孩子是因患病无钱医治而去世，剩下了 2 男 6 女。向秀丽是第八个，父母叫她亚八。由于饥寒交迫，向秀丽妈妈不得已将亚八和亚十（向秀焕）送给别人，希望能让她们活下去。9岁的亚八向秀丽被送给一个姓容的地主家做养女。所谓“养女”，其实是好听的说法，实质上是婢女。

在地主家，向秀丽改名容彩兰，不但要下田劳动，还要侍候“养父”、“养母”以及他们家里的儿子。她每天起早摸黑做田工、放牛，还要挑水煮饭。由于年纪小个子矮小，她要用凳垫脚才能洗锅煮饭。有时煮得不好，便被地主儿子毒打。10岁那年她还要背着地主孙子挑水。有一次挑了一担水走到门栏碰破了脚趾，因为缺乏料理脚趾化脓溃烂起来。但是向秀丽依然要起早摸黑地下田干活，割草放牛，伤口也就越烂越厉害。脚趾腐烂到以至整条腿肿到不能行动，向秀丽食不下，睡不着，不能做工了，容家就把她推回了向家。

回家后，向秀丽尽管脚痛到面色都变了，但为了避免家人的忧虑，她从不叫喊一声。邻居看她病势严重，又没有吃东西，给她送来了一碗干饭，她对妈妈说：“妈，你编席臼草要气力，吃干饭有力，你吃吧!”。有时妈妈见她身体十分孱弱，拿些较稠的粥给她吃，她总推说不想吃或不舒服。妈妈当时很担心向秀丽的身体撑不住，向秀丽坚强地对妈妈说：“没什么，我忍得的!”妈妈见她脚痛得厉害，设法借来一些米煮碗饭给她吃，她吃了一半就说肚痛吃不下，一定要妈妈吃剩下的半碗。第二天她与邻居的孩子说：“昨晚你以为我真系肚痛咩？我扮嘅（装的意思）。不这样，亚妈不肯食那半碗饭，她不食哪有力挑担呢?”

向秀丽妈妈想方设法为向秀丽求医，医生为她动了手术，将烂脚趾锯去一节骨头。经母亲精心调理，天天背她去访医寻药，向秀丽足部的伤总算闭合了，只是留下永久的残伤。向秀丽病好后，跟姐妹们一样给人做工，给别人挑米、看屋、洗衣服、做小保姆，给缝衣店钉纽扣，给火柴厂装火柴枝……她的姐妹后来回忆说，她们每晚编席到凌晨三点钟，有时还要靠担米挣工资，才够买回几两米来维持生活。当时12岁的向秀丽要担30斤米赶30多里路，深夜三点钟就要起行，至晚上七八点钟才能回家，碰上雨天不仅全身湿透，更艰难的是那条崎岖的泥浆路，简直是寸步难行，向秀丽往往跌成泥人一样。姐妹们劝她不要再去，她说："我虽担得少，但也能给家里一点帮助。"

家里有时三四天无米下锅，只能买一斤芋头，每人分一个，或买些豆尾（别人家做豆芽选出来的坏豆），煮些稀汤来喝，懂事的小孩们还你一匙我一匙地把豆粒送到妈妈的碗里。

抗日战争后期，向秀丽随着家人回到了广州谋生。1945年1月至2月，向秀丽进入广州小北火柴厂做入柴枝散工。1945年3月至1946年2月，在广州长寿路现代内衣厂当钉纽工人。1946年3月至1948年2月在仓边路前锋内衣厂当打纽门工人。1948年3月至11月在一德路陈祖德堂当包药工人。1948年12月起，通过一位姓卢的女工的介绍，她被和平药厂临时雇佣做包装工，那时向秀丽15岁。

二、工作

新中国成立后的广州，随着社会经济的恢复，向秀丽的姊妹们有的进了玻璃厂工作，有的进了麻袋厂工作，家庭条件有所好转，她的弟妹也进学校念书了。她母亲则出来搞街坊工作，成为一个解放积极分子。而从艰苦中成长起来的向秀丽，也开始积极地参加群众政治活动。

1950年底，党组织了各行业工人学习政治，举办工人政治讲座，向秀丽参加了这些学习后，主动要求参加工会。1951 年开展“五反”运动，“五反”工作队深入到工厂扎根串联，发动群众，揭露资本家。向秀丽积极参加活动，还当上了工人的组长。她和其他工人一起揭发资本家偷工减料导致药品不合格，损害人民的健康以及经常停工、停伙、停薪和任意解雇工人等恶行。“五反”时她一连几个晚上没有回家休息。当时她爸爸所在厂的资本家准备歇业抽逃资金，用百多元动员他爸爸转业，向秀丽即对爸爸说：“不要受资本家的利用。”坚持站在工人的立场。和平制药厂的老板对具有一定威信的向秀丽颇为顾忌，半带讽刺半带威胁地劝她不要搞风搞雨，但向秀丽不为所动，积极组织工人参与运动。民主改革时，向秀丽的表姨妈是和平药厂的工头，同时也是向秀丽入厂的介绍人，但向秀丽依然敢于组织工人对她进行批评。她回家对母亲说：“我知道表姨妈很憎我，但我不怕，应按政策做。”

在政府支持下，各私营工厂中逐步成立了工会组织。1952 年，向秀丽担任了和平药厂的第一届工会组织委员，不久又被选为制药业一个基层工会的女工会委员。她工作非常认真，有什么事情都积极向上级请示，每个星期都用一张纸写下哪一天应该做什么事，去征求工会主席的意见。

向秀丽担任工会组织委员之后，积极发动其他工人参加工会。和平药厂里，很多职工都是姓高的资方的亲戚，被称为“高家祠堂”，因此，工会工作不好开展。但向秀丽认真学习，接近群众，与工会成员一起积极发挥作用。当时，工厂由于原料不足和销路不畅，生产陷于半停顿状态。向秀丽与工厂的积极分子商量，依靠工会组织，到处奔走，从国有公司接来了加工订货的任务，维持了工厂的生产。

有一次，厂里的一个药师由于对年终双薪问题有意见，借故提出一些要求，要工厂添购一个价格昂贵的分析天平和另外一些化工仪器，又要添购全部嵌玻璃板的柚木实验桌等器材，声称非这样不能再继续生产，并且自行停止了配料工作，几乎使生产全部停顿下来。在这时候，向秀丽又挺身出来。在一次职工会议里她代表工会提出了两个问题，第一个问题是：是不是一定要添置几千万元（旧币）的器材才可以生产？过去没有添置那些器材，生产也一直在继续着。其他的药厂没有那些新的设备也同样在进行生产。那么，为什么要停止配料，不生产？造成停工待料现象和影响职工生活，应该由谁来负责？经过群众讨论，向秀丽又去劝说药师，使药师答应了恢复配料工作。

业余时间，向秀丽进了职工业余学校念书。1953 年，团支部吸收了她参加青工学习班。1954 年 9 月，向秀丽参加了中区工会第二期干部训练班，成为工会干部的骨干。这年 11 月，她被批准加入新民主主义青年团（即后来的共青团）。

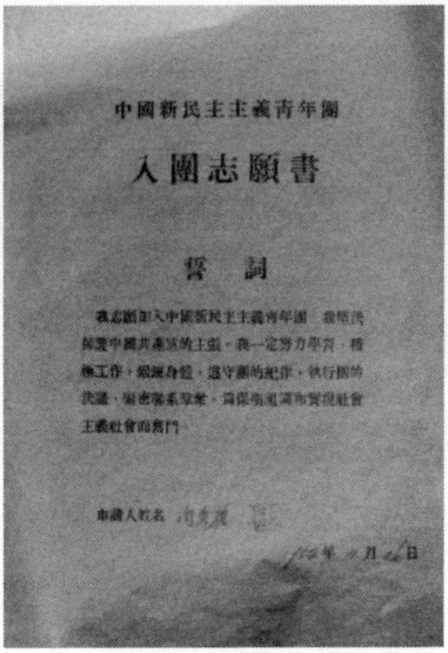
中國新民主主義青年團

入團志願書

誓詞

[illegible]

申請人姓名 [illegible]

[illegible]年[illegible]月[illegible]日

向秀丽的入团志愿书

在和平制药厂做包装工时，向秀丽每月领取的是计时工资。工资额本来就小，而她要请假出去做工会工作，更减少了工资收入。后来，基层工会主席为了照顾她的生活，就尽量不让她在工作时间去参加社会活动，以免影响她的工资收入。她知道了这回事，坚持说不能因为她的工资问题而影响工会工作。

向秀丽生活俭朴，她的工资收入大部分交给家里。当时家住在德政中路，厂址在豆栏上街，距离较远，但她每天上班都是步行。1955 年她的工资收入是家庭经济的主要来源，而向秀丽即使想做一件新衣都会先征求妈妈的同意。由于因生产和工作废寝忘餐，向秀丽经常不能按时回家吃饭。

1956 年，在对私营工商业进行社会主义改造时，向秀丽积极参加了私改工作，被推选为厂里的合营委员会的委员。她与大伙儿一起完成了工厂的清产核资和其他有关合营的工作。1956 年 2 月全行业公私合营后，向秀丽被调到何济公制药厂，成为包装工人。

在向秀丽牺牲后，人们回忆起她在工作、生活中的许多细节，还原了她短暂人生中的闪光点。一个曾经和向秀丽一起工作过的工会干部回忆说："阿丽就是这样的人：平时踏踏实实，埋头苦干，你看不出她有什么突出的地方。在大庭广众中她很少出面讲话，开大会她也不轻易发言；可是她一开口，大家就会觉得她讲得很有道理。每次开完会之后，有些人拍拍屁股走了，可是会后打扫会场、洗茶杯、搬台椅等等琐碎的工作，却总是少不了她的一份，而且她干起来也特别有劲。"

向秀丽的爱人崔俊锡是一个火车司机，他们在 1955 年秋天结成了夫妇。向秀丽和丈夫、婆婆住在永汉南路一条小巷的一间简陋的小房里，几年来从没有过争吵纠纷。婚后一年多，添了一个孩子。向秀丽很尊敬婆婆，关心丈夫，爱护孩子，一家人相敬相爱。向秀丽虽然全心全意忙于生产工作，但也关心家庭。她很注意自己爱人的工作开展和工作情绪。因为一个火车司机，跟着火车到处去，外出的时间多，回家的时间少，做丈夫的就会流露出想改行的情绪来。这时向秀丽便很严正而又温和地说出自己的意见："想改行吗？那么，谁去开火车呢？"做丈夫的也就不由不承认妻子说得对。

在个人生活中，向秀丽克勤克俭，她月薪六十多元，除了交党费、工会费之外，差不多都拿回家去做家用，而当亲戚朋友中有谁在经济上有困难时，她总和婆婆商量尽力给予帮助。有一回工厂用煤不足以致影响生产，她急急忙忙地跑回家去，动员婆婆把家里的一点存煤都让出来。然后，她又跑回娘家动员她妈妈把家用煤拿出来支援工厂生产。

在炼钢高潮的时候，大家都在日夜工作，一方面要搞炼钢，一方面又要完成生产任务，厂领导动员职工尽量回厂住宿。为了照顾有孩子的女工，不能来的也不硬性要求。那时向秀丽的小孩正在生病，她虽然十分疼爱自己的孩子，但一心为了工作，决定带头回厂食宿，还动员本组四个女工回来。大家都劝她宁可工作晚些回去，不要搬回工厂住宿了。但是她坚决地说："大家都在工作，我怎能只顾自己的事呢！"经过组织上和同志们的再三劝说，她才没有完全搬回厂住。但是每到生产紧张的时候，她就回来住，只是在中午吃完饭后赶回家看一下小孩。

在参加上级组织工人修筑芳村铁路的时候，厂里组成了共 18 人的"三八"战斗队。向秀丽所在的小组有四个同志参加。那天，天还没亮向秀丽就起床，把四个人的早餐都煮好了。我们问她：“为什么起得那么早?”她说：“今天大家一起去劳动，我们力气比不上男同志，要吃饱些才能赶得上他们。”又说：“今天我们大家协作好，一定要夺取红旗回来。”由于大家都鼓足干劲，果真夺得红旗，受到表扬。

1958年9月，一个晚上厂里来了一大批缸埕，大家都去搬。那些埕很脏，有一个工友说了一句话：“叫我去搞农药就糟了。”阿丽批评她说：“你不要那样说，你不做，她不做，那谁去做呢?你这么说，让人家搞农药的听到了多不好呀!”事后她还专门写了一首广州方言民歌来歌颂搬埕的工友，歌词是：“干劲冲天迎国庆，廿九晚我厂来了一大批缸埕，你话这多么缸埕怎么拧（‘拧’：广州方言，即‘拿’的意思）。但我厂有个老年工友梁瑞琼，还有很多老年工友和她一样的干劲，但我又不是识她的姓名，他们落力（‘落力’：是广州方言，即干劲很足的意思）把缸拧，一直拧到深夜手不停，结果把缸埕来拧清（‘拧清’：是广州方言，即统统搬走的意思）。这些工友值得人尊敬，如果人人像他们一样的干劲，社会主义快建成。”

三、事故

1958年，全国各行业都在开展大跃进活动。何济公制药厂决定上马试制化学药剂甲基硫氧嘧啶。党支部为了保证甲基硫氧嘧啶试制成功，并能迅速投入生产，特别挑选了一些优秀的工人到甲基硫氧嘧啶小组工作，向秀丽就是其中一个。

生产甲基硫氧嘧啶需要掌握比较复杂的技术，而且制造这种新产品，需要使用金属钠。金属钠具有强烈的爆炸性，使用不小心，就会有爆炸燃烧的危险。在生产试制的过程中，就烧伤过好几个工人。向秀丽是一个只上过4年业余小学的包装工，从未学习过化学知识，如何在短期内掌握复杂的甲基硫氧嘧啶制作技术，这是极不容易的事情。她以顽强的意志去钻研技术，虚心向师傅学习，向工友请教，师傅讲解时，她坚持做笔记，记了以后还常常拿去给师傅检查，看看有没有错记漏记，下班回家后，往往学习到深夜还不休息。婆婆见她调离包装组后变瘦了，便对她说不如返回包装组。向秀丽说："现在不应挑肥拣瘦了，革命工作需要干什么就干什么。"经过刻苦的钻研，向秀丽战胜了困难，只用一个多月就掌握了基本操作技术，并且能带徒弟了。在大搞炼钢工业的时候，厂里部分工人抽调去支援炼钢生产，向秀丽和工友罗秀明就常常两个人负担起一个工序，从上午八时开始，一直工作到第二天凌晨二时，还不肯休息，第二天仍然依时上班。由于她们的甲基硫氧嘧啶小组出色地完成任务，第三季度获得了优胜红旗奖。向秀丽也连续两次获得了季度的先进生产者奖。

向秀丽政治觉悟不断提高。她在认真完成本职工作外，还经常与母亲一起协助政府搞工作。她妈妈一向负责居民小组长的职务，有时召开居民小组会，适逢她回来吃饭，她看会场发言不热烈，就提出问题，或自己带头发言来启发大家，关心和帮助妈妈开展工作。

在党组织的关心下，向秀丽提出了入党的要求，1958年10月11日，经过党课学习的向秀丽，光荣地被党组织接收为预备党员，这在当时是极高的荣誉。

1958年12月13日下午5时50分左右，向秀丽和罗秀明、蔡秋梅三人正在甲基硫氧嘧啶小组进行生产。大跃进以来，她们几个人共同协作包了一个工序，彻夜工作是习以为常的事。向秀丽负责切金属钠，蔡秋梅负责蒸制，罗秀明处理配料。罗秀明要把一瓶重25千克的无水酒精提到车间，这是制药必须的配料。罗秀明年纪轻，个子小，把酒精提到4楼，已经感到有点吃力。她扶着那个又大又重的酒精瓶，倾注酒精到量杯中投料。这时向秀丽过来帮忙，她把酒精瓶搬上一张木靠背椅子，抓住这种“猪胆瓶”（颈细、肚大、圆底）小心地倾注，罗秀明拿一个2 000毫升的量杯蹲着接。当倒至第3杯时，酒精瓶失去了平衡，瓶底向下滑，向秀丽急忙把瓶向上提，这时瓶底与瓶身突然分裂开了，瓶里的酒精流到了地上。向秀丽从全身都被酒精湿透，罗秀明身上也被溅到。更多的酒精从地上向四周漫流。无水酒精浓度大，极易燃烧。而她们倾注酒精的操作台，距离燃烧着的煤炉不远，最近的一个煤炉只有一米左右，飞溅蒸发的酒精，接触到煤炉的热气，突然燃烧起来。

向秀丽的布鞋和裤脚被烧着了，罗秀明的围裙、口罩、头发也着了火。她们三个都没有救火的经验，一时又找不到灭火的工具，心里不免有点着慌。罗秀明立刻离开了操作台，迅速扯下了着火的围裙和口罩，用手扑熄了头上的火，跟着就倒在地上打滚，压熄了燃在自己身上的火焰。而这时，向秀丽想起车间的一角正放置着五、六瓶金属钠，而且都是浸在煤油里的。金属钠遇水即爆炸，遇高温也会爆炸，60千克的金属钠如果爆炸，足可毁掉整个工厂，甚至殃及工厂所在的繁荣商业街区。“不能让金属钠爆炸！”向秀丽心里闪起了这样的念头，她和罗秀明一起尽一切努力阻挡酒精往危险的方向流，把垫量杯的毛巾丢在地上吸酒精。一边正在工作的工友蔡秋梅看到火苗已经出现在向秀丽的鞋和裤子上，忙高声叫道："阿丽，你裤脚着火了！"向秀丽不理会这点，并催蔡秋梅："你快快叫人救火。"蔡秋梅马上急奔下楼呼救。

英勇地与烈火搏斗的向秀丽

向秀丽和罗秀明顽强地拦截着酒精向煤炉和金属钠方向移动。此时向秀丽身上的火越来越大，罗秀明身上有酒精的地方也着了火。向秀丽想起车间左边一角放着几个防火沙箱，想把沙箱拿过来扑灭火焰，又突然想到，如果要去取沙箱，一定要经过放置金属钠的地方，那条通道很狭，身上带着火走过去，就很容易引起金属钠的燃烧爆炸。她放弃了取沙箱的念头，俯下身来，毫不迟疑地用自己的双手和肉体，挡住那股漫向金属钠的烈火。

向秀丽沾满了酒精的双手和衣衫引来的火焰更加猛烈，从她足部烧到腹部，又从腹部烧到胸部，特别是她的一只左手，已经几乎烧焦了。向秀丽用自己无比坚强的意志和肉体，争夺着每一秒都足以引起爆炸的时间。当车间主任黄裕和工友卢德赶到火场给她扑灭身上火焰时，她虽处于极端的痛苦中，还是坚决地说："不必理我，快去救火吧！"

由于向秀丽舍己为人，拼命进行抢救工作，在其他同志的努力下，迅速扑灭了大火，避免了重大爆炸燃烧事故，使国家不致遭受重大损失，保护了其他工友和周围群众的生命财产安全。

四、牺牲

救护车紧急地把向秀丽送到了广州市第三人民医院。经检查，向秀丽受到严重的烧伤，烧伤面积达全身的67.25%，其中直接伤及肌肉的部位（三度烧伤）占40%。被烧灼得特别厉害的是左手，从表皮一直烧灼到骨，她的受伤部位在充血、发肿，烧得特别严重的左手痉挛着，整个人处在休克状态中。

医护人员对她进行了紧急抢救，经过三四天的努力，向秀丽终于脱离了休克状态。可是她在进院后的第二天就感染了绿脓杆菌，于是被转送到广州市第一人民医院抢救。

向秀丽的手足都烧焦了，要抽血只好从耳朵上抽；耳朵血少，不容易抽够需要的分量，必须用力挤压。由于创伤的面积太大，找不到适当的部位进行验血，只好从伤者颈部的血管上进行。注射、抽血、输血，或者是切除坏死组织、植皮、敷伤换药……向秀丽用令人惊服的坚强意志忍受着痛楚。

在她神智略为清醒的时候，首先询问守候在一旁的支部书记："金属钠有没有爆炸？厂里受到多大损失？甲基硫氧嘧啶有没有继续生产？罗秀明伤得重不重？"她妈妈去看她，她轻声对妈妈说："没烧到厂我就安乐了。"在自己的生命艰难地延续着的时刻，向秀丽一心惦记着的，依然是工厂，依然是工友同事。

向秀丽不知道罗秀明在邮电医院住院，委托姐妹去罗秀明家探望。知道罗秀明住院后，她还吩咐到医院看望罗秀明的人不要让她知道自己伤得那么重。罗秀明伤得比较轻，出院以后，当天就去看向秀丽，向秀丽非常高兴，关怀地说："要好好注意身体。做不来就不要勉强做；不要整天来看我，你烧伤了身体，要注意多休息。"罗秀明问她烧伤了哪里，向秀丽故意谈了别的事，不肯让别人担心。厂里的职工去探望她时，她总是问大家："下班了吗？不要因我而耽误生产。"她婆婆到医院探病，可是她却藏起伤势很重的左手，只伸出逐渐痊愈的右手说："你看，已经快好了，你们用不着替我操心。"向秀丽的爱人是火车司机，来探望她时，她安慰爱人说："我很快就会好了，你不必挂念我，不要因我而影响工作，否则会造成事故损失。"

在向秀丽同志被送到广州市第三人民医院的时候，中共广州市委书记处书记薛焰同志马上指示组织了抢救向秀丽小组，以卫生局党委书记姚细坤为首，组织有关部门、医院领导人、专家和医生参加，还集中了全市名医和各医院外科主任成立了医疗、护理、供应三个小组。转到广州市第一人民医院后，卫生部门除召集全市中西医专家继续进行会诊外，还特地派出了两个专科医生、四个内外科主任和七个护士负责医疗和护理。原中共广东省委书记王德同志、组织部长赖大超同志、团委书记谭卓芬同志也亲自到院探望；时任中共中区书记赵希斋同志、区委组织部副部长张联同志、化工部总支书记张伯华等同志都曾为她守候到天明。厂党支部书记卢华每日必到医院，时刻关注她的伤情，各方面都想尽一切办法来抢救向秀丽同志的生命。本厂职工、市三医院、星群、红都、红城、五和等兄弟厂的职工，纷纷提出“要血有血，要皮有皮，要人有人”的口号，好几百个志愿献血的人在院里排成队伍，争先恐后地为向秀丽献血，总共输入血量至少有八千多毫升，全国各地的慰问信件不断寄来。

党和政府集中了最优秀最强大的技术力量和护理力量，提出“为医疗向秀丽同志，需要什么，就给她什么”，千方百计为向秀丽同志找来了在当时难得的贵重药物和相关治疗设备。孙乐宜副市长亲自派人为她购来空气调节器，国际仪器厂等三家工厂的工人们用5个小时的时间特地为她赶制了“电桥”，市里派人从上海等地采购来许多贵重的药材，还从哈尔滨采购来珍贵的人参。

向秀丽平时不喝酒。但她身上的创面发肿，痛得很厉害，就向医院提出要喝酒来使自己麻醉，减少痛苦。为什么她要酒不要止痛药剂呢？原来每次疼痛医院都开了最贵重的止痛药剂来注射和内服，她认为不必要让国家花更多的钱在自己的身上，所以只要求医生给她喝点酒来止痛。这使得医生非常感动，答应给少量酒与她喝，但这并没有使她麻醉，创面仍然剧痛。向秀丽还是要求再喝，医护人员向医院外科部的党支部书记作汇报。支部书记跑到病房来，坚决而恳切地对向秀丽说：“只要有需要，不管什么药都给你用上。……喝酒是不行的，你来到这里，就应该服从这里支部的决定。”这样向秀丽才不得不同意服药。

向秀丽全身受创面太大，病情没有明显好转，只有右手局部皮肤有组织生长。向秀丽向医生询问，是不是再过一个月就可以出院了？医生为了安慰她说是。向秀丽住进医院的第30天，病情已经恶化，她呼吸困难，发高烧。医护人员为了照料和抢救她已经七天七夜连续工作了。向秀丽虽处于极度痛苦中，当见到医护人员24小时都在病房便关心地再三催促医护人员回去休息，说：“你们不去好好休息，我睡也不安心。”

1959年1月15日12时43分，向秀丽的生命在极度危险中延续了33天，终于因为伤势过重，心脏停止了跳动。

五、缅怀

向秀丽牺牲后，她的事迹感动了全中国。全国各地上下都掀起了学习向秀丽的热潮。

许多老一辈革命家为向秀丽题词赋诗。

陈毅同志写诗赞向秀丽：

向秀丽，
爱集体。
投身烈火，防止爆炸，
救了全厂，
英勇地牺牲了自己。

向秀丽，
爱集体。
你烧伤的消息传开，
几百人到医院排队，
自愿输血献皮来救你。
成千封信从全国各地送来慰问你。

向秀丽，
你当得起这样的深情厚意。
人民总是喜爱自己的代表人物，
这里有新中国人与人的新型关系。
真正是
“如可赎兮，人百其身”的伟大诗意。

向秀丽，
大家尊敬你。
三十余天的医治，
终于不能缓解你沉重的伤势。
你带着家庭的恩爱，
同志们的关怀，
一起离开了人世。

你死得多么悲壮，
你这样鞭挞自私自利，
对当代有多么大的教育意义！
向秀丽，你懂得个人与集体的正确关系，
你能把这种关系正确处理。
你把集体利益放在首位，

因而你能英勇地为集体牺牲自己！
向秀丽，你幼年作过地主的奴隶，
三年沉重劳动之后，
你又被地主撵了出去。
多么重要的一课呀！

残酷无情的剥削和压迫极其深刻地教育了你。

向秀丽，
解放后，
你投身在火热的斗争里。
你学会了在紧要关头进行选择，
爱护人民的事业重于爱护自己。

一九五九年六月十六日

董必武同志为向秀丽赋诗：

烈物延烧势甚危，纵身扑火不犹疑。
谨防爆炸将旁及，忍受燔炰强自持。
风格在于维大局，精诚所到树红旗。
重伤百药都无效，忘我仪型永世垂。

郭沫若同志为向秀丽题词：

向秀丽同志，
你全身都化为了光，
你是英勇的献身精神的形象！
酒精哪能够毁灭你啊，
而是使你永生在人们心上。
你没有辜负党的培养，
你没有辜负人民的期望。
你是优秀的党的儿女，
你永远是人民的榜样！

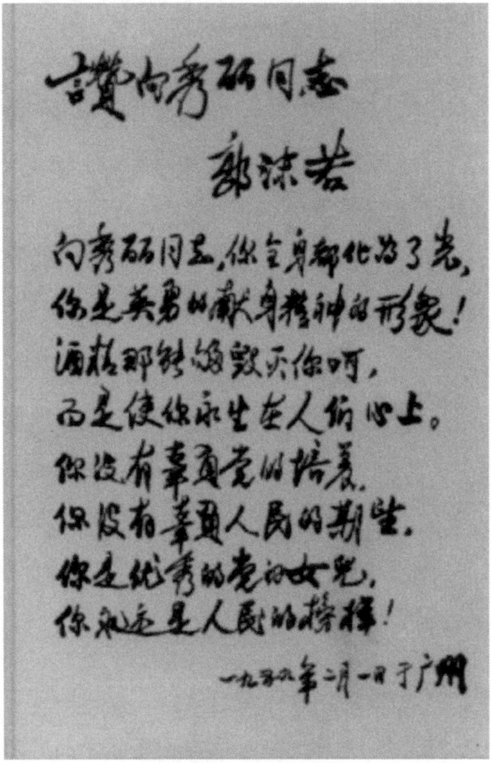
赞向秀丽同志
郭沫若

向秀丽同志，你全身都化为了光，
你是英勇的献身精神的形象！
酒精那能烧毁了你呵，
而是使你永生在人们心上。
你没有辜负党的培养，
你没有辜负人民的期望，
你是优秀的党的女儿，
你永远是人民的榜样！

一九五九年二月一日于广州

郭沫若为向秀丽题词

其他如中央政治局委员林伯渠、中共广东省委第一书记陶铸、中共广东省委书记王德、中共广州市委书记处书记薛焰，还有朱光、区梦觉、赵武成等省市领导都专门为向秀丽题词。

在向秀丽牺牲的当天，中共广州市中区委员会追认她为中共正式党员。广州市委领导赞扬向秀丽“忘我劳动，积极建设，舍身灭火，义炳千秋”，“临危不惧，奋不顾身，大公无私，舍己为人的精神永垂不朽”。广州市人民政府追认向秀丽为革命烈士，何济公药厂所在的光扬新街被命名为秀丽街。

1959年1月29日，参加共青团广州市委二届八次全体会议（扩大）的同志到何济公药厂向秀丽同志灵前悼念。会议通过了《关于组织青年学习向秀丽同志崇高共产主义精神的决议》。决议提出："向秀丽同志是党的优秀儿女，我们青年应该学习她热爱党、热爱人民，对党对人民无限忠诚；学习她毫不利己，舍己为人，献出自己的一切来换取别人幸福的集体主义精神；学习她勇敢顽强的革命意志和乐观精神和不怕困难的共产主义劳动态度"。1月29日中共广州市委宣传部发出通知，要求全市各基层组织，组织党员学习向秀丽同志崇高的共产主义品质，并举办报告会。共青团市委宣传部于2月21日在星群药厂召开现场会，推广中区团委、亨栈联店团支部、星群药厂团支部的学习经验，在会上提出：要求团组织继续在党的领导下，大力组织青年开展学习，要深入青年的思想实际，使思想工作真正做到家；要紧密联系生产和工作，将青年在提高觉悟的基础上以实际投入生产斗争；学习的方式方法要多种多样，使英雄形象深入人心。

1959年2月，何济公制药厂党支部决定化工车间命名为"向秀丽车间"，把向秀丽生前的小组命名为"向秀丽小组"。

1959年3月4日，经过一段时间的收集图片、实物等，经过紧张筹备之后，共青团广州市委举办的向秀丽同志事迹展览会开幕。中共广东省委书记区梦觉，中共广州市委常委、组织部长赖大超，青年工人、学生和少先队员，向秀丽的父母、丈夫等家属，曾参加抢救工作的医护人员等1 000多人参加了开幕大会。当天，全市各战线的青年积极分子50多人举行了座谈会。展览会分三个室展出：第一室陈列中共中央政治局委员林伯渠、董必武，全国人大副委员长郭沫若，广东省委书记区梦觉，广州市委第一书记王德，书记赵武城等同志的题词。第二室介绍向秀丽的事迹及党和人民抢救她的经过。第三室介绍全国各地和全市青年纪念向秀丽、学习向秀丽的情况。展览会通过图片、实物展示了许多动人事例。展览会于1959年6月底闭幕，历时3个月零28天，参观人数多达19万人次，其中外地观众逾3万人。前来参观的国际友人有来自苏联、捷克、越南、朝鲜、古巴、智利、波兰、匈牙利、阿根廷、乌拉圭、委内瑞拉等国家。苏联《真理报》的记者说：这个姑娘的名字，对于我——一个苏联人来说，就像卓娅的名字一样亲切。匈牙利共青团中央委员会代表团成员在参观后留言："只有中国共产党这样的党，才能教育出像向秀丽这样伟大的英雄人物……我们把向秀丽同志的生平和她的英勇事迹作为匈牙利青年的榜样。"

各地报纸纷纷发表文章和消息报道：《人民日报》以《毫不利己，专门利人》作为编后语发表专题报导，《中国青年报》发表了社论《崇高的品质，光辉的榜样》，并先后发表中央和地方领导人的题词和诗篇。《广州日报》、《广州青年报》发表了一系列报道文章。苏联《真理报》刊登了该报记者写的通讯报道。《苏联妇女》杂志刊登了题为《向秀丽也是苏联青年的榜样》的文章。全国各地包括机关干部、学生、工人、农民、文艺工作者都极为关注，读报后纷纷来信表示悼念和向向秀丽学习。据何济公药厂统计，11天时间共收到来信3 600多封。

关于向秀丽事迹的文艺创作也很活跃。一本连环画《向秀丽》（共青团广州市委宣传部编，美术学院学生集体创作）发行25万册，一本《学习向秀丽崇高品质》的书（共青团广州市委编）发行 32 万册，还有诗歌《向秀丽活在我们心里》等书籍，有的还被编成文化课学习教材。广州乐团罗荣巨创作了一首歌曲《赞向秀丽》。广东新闻电影制片厂以向秀丽同志事迹展览会为主要内容拍成纪录片上演。武汉人民艺术剧院、宁夏回族自治区越剧团把向秀丽事迹编写成剧本并进行演出。在广州上演宣传向秀丽事迹的就有戏剧、话剧、舞蹈、粤曲等多种文化形式。

何济公制药厂编印的《向秀丽》话剧剧本

广州全市中学生开展学习向秀丽，争做五好学生活动，少先队员开展向向秀丽学习，人人做好事活动也得到蓬勃发展，中区少先队员悼念向秀丽，写了 3 700 多封吊唁信送到何济公药厂。

1960 年 5 月 28 日，何济公药厂广州下九路办事处和光扬街办事处合并改称秀丽人民公社，以纪念向秀丽。1966 年底，广州下九路改名为秀丽路。1982 年 8 月，秀丽路恢复下九路街名时，广州市人民政府又决定将下九路何济公制药厂楼宇命名为“秀丽楼”。数十年来，全国人民都在用不同的方式学习和纪念向秀丽。2009 年建国 60 周年前夕，向秀丽又被评为 100 位新中国成立以来感动中国人物之一。

第三节　刘柏民——“701”跌打镇痛膏之父

刘柏民，1938 年 9 月 28 日生于广东省揭西县京溪园管理区新联乡石湖山村的一个偏僻农家，乳名朴民。家有兄弟两人，刘柏民排行第二。

刘柏民像

刘柏民出生3个月时，父亲因躲避赌债，被迫告别妻儿，离乡别井，经汕头搭船，独自前往泰国南部谋生。刘柏民家境极其贫困，靠母亲和兄嫂的农活所得以及父亲的少许侨汇支持，读完了当地美德小学和北山初级中学。初中毕业后，刘柏民参加县级统考，于1956年考上揭阳第一中学。1959年高中毕业，又考进华南师范学院化学系。

刘柏民爱好体育运动，尤其喜欢球类和游泳。大学期间积极参加课余兴趣小组，如无线电、化工、照相冲印等，培养兴趣，增长知识。大学四年级时，学院开设专业课程，他选修高分子专业，继续学习，并在中山县石岐一中进行教育实习，实习成绩5分（满分）。

1963年大学毕业，刘柏民由广州市化工局安排到广州卫生材料厂工作。1976年调到广州市1301厂，1977年调到广州敬修堂药厂，1986年再调回广州卫生材料厂，先后受聘工艺技术员、技术科长、研究室主任、技术厂长、厂长、党总支书记、总工程师、厂长顾问等职务。专业职称方面，1963年为技术员，1981年晋升药物制剂工程师，1989年再晋升药物制剂高级工程师，2001年确认驻店药师资格。

刘柏民在职期间，一直从事企业科技研究管理，基建设备及企业经营管理工作，根据当时企业的产品生产工艺技术和厂房设备的实际情况，结合社会科技发展水平，运用所学的基础理论知识，查阅科技情报，通过实地调查研究，规划设计切合实际的科技攻关项目并参与实施，取得社会公认的科技成果，提高企业生产的科技水平。他在工作生涯中为工厂作出了许多贡献。

一、在广州卫生材料厂的技术贡献

刘柏民在广州卫生材料厂工作30年，从技术员一直到担任厂长职务，广州卫生材料厂的建设与发展处处留下他工作的印记。其中，最为突出的是在技术发展方面的贡献。

（一）进行医用胶布技术改革

1963年2月，刘柏民学习数学家华罗庚的优选法，通过在车间涂布机的实验，提高了胶布涂布机的行车速度，由原来的3米/分钟提高到4米/分钟，提高劳动生产率33%。

1964年1月，通过学习天津卫生材料厂的调膏和涂布的工艺设备技术，刘柏民设计定做了夹层冷却、顶端投料、底部卸料的调膏桶设备，使每批调膏的投料量增加了2倍，调膏时间由8小时缩短为5.5小时，提高劳动生产率31.25%，并提高了胶浆的质量，此设备工艺还推广到同行其他企业，如广西桂林天河药业公司就是按照广州卫生材料厂提供技术图纸进行技术改造的，也取得了显著效果。

1965年8月，通过实验，刘柏民在医用胶布配方中，以立德粉代替部分氧化锌取得成功，节约此项原料成本60%，并使胶布抗热性能提高。同时，采用蒸汽管加热方式，混合熔融羊毛脂、凡士林、白矿油等胶布软化添加剂，既使物料均匀，又可节时省力，大受欢迎。

1965年8月，刘柏民参与设计制造胶布小规格卷取机（辘仔机）取得成功。制造出1厘米×100厘米和2厘米×200厘米规格辘仔机各1台，每台5个工位，以半机械化代替手工卷辘仔的方法，提高劳动生产率5倍以上，以后又改良制造机器各1台。机器实用可靠，沿用至今。

1966年2月，刘柏民首先在医用橡皮膏中添加橡胶防老化剂。医用胶布是一种典型的橡胶加工产品，作为医院骨伤科的医疗材料而广泛使用。但其缺点在于成品黏着力下降速度快，所以其保质期仅为1年。刘柏民查阅大量橡胶加工工艺科技资料，发现凡属橡胶制品，其工艺配方中，必然加入橡胶防老化剂以抵抗氧化作用，而医用胶布配方中则没有加入橡胶防老化剂，所以，经常造成该产品因受氧化变硬，失去黏性，无法使用。通过查找大量防老化剂产品性能资料，刘柏民终于选择了一种白色无毒的橡胶防老化剂，通过多次的配方试验，取得成功，使医用胶布抗氧化性能指标由1年提高至2年以上。此项成果被国内同行采用，并列入国家医用胶布质量标准，被广泛应用于其他橡胶膏贴剂产品中。

1966年由于漂白布供应紧缺，刘柏民研究采用涤棉漂白布取代纯棉漂白布，作为医用胶布的背衬材料，以化纤材料代替天然棉花，降低单项成本30%左右且解决了材料不足的难题。

（二）消炎镇痛膏剂改革

消炎镇痛膏是广州卫生材料厂于20世纪50年代仿制日本脱苦海膏贴而成，其工艺特点是利用炼胶机进行混炼，采用电热刮涂方式进行涂布的。此法优点在于不用汽油浸泡橡胶和安装汽油回收设备，大大节约设备投资和蒸汽消耗，是比较经济的工艺方法。此工艺技术为国内首创。刘柏民在工作中，对消炎镇痛膏的生产工艺又作了革新。主要有：

1966年，采用蒸汽加热熔融混合油料，减轻工人劳动强度，提高劳动生产率和混合油料的质量。

1965年，革新电热刮膏涂布机，重新设计制造一台漂布宽幅（1 100厘米宽度）的电热刮膏涂布机，功效提高3倍；并在机头和烘箱设备中采用远红外电热管加热技术，降低能耗20%。这台机械设备为国内首创。

1966年，参与设计制造玻璃纸分条收卷机。这是根据玻璃纸特性而设计的，既简单又实用，使用至今。

1966年，在消炎镇痛膏配方中加入橡胶防老剂，提高产品抗氧化性能，延长产品保存期限。

（三）“701”跌打镇痛膏研制和技术改革

1970年，刘柏民等在越秀区正骨医院的大力协助下，研制成功“701”跌打镇痛膏，在此基础上改进配方，制成供出口的“713”跌打止痛膏。这种膏布是采用中国传统跌打正骨中医验方，选用十几种跌打中药配制而成。它的成功，除了配方合理，临床有效外，剂型改进的技术含量也起了重要作用。

该产品原来是越秀区正骨医院常用治疗跌打损伤的传统油膏剂。经刘柏民等进行剂型改进，在保留原油膏剂的主要成分外，增加了挥发性和穿透性较强的药用油分量，既适应工艺加工技术要求又增强了膏药的疗效。在试制过程中，刘柏民经过反复研究和试验。有一次，为了改善机械的润滑性，他骑着三轮车去越秀区购买黄油，由于着急机器的运行，在路上与迎面开来的7路公交车相撞，三轮车几乎报废，幸好人完好无伤，真是不幸中的万幸。为了加快研制出最优的工艺方案，他常常工作到凌晨两三点钟，取得了许多技术进展。

当时用来试制产品的三辊涂布机，上面的铭牌还是原来的三辊研磨机，本来是油漆厂碾磨油漆的，后来调拨来该厂生产军工产品“急救包”的。后来部队自行生产“急救包”后，三辊研磨机就闲置下来了，刘柏民于是就将它进行改造，制成了第一台三辊涂布机，对跌打镇痛膏的生产发挥了积极作用。

最终，刘柏民研制的压延技术生产出来的“701”跌打镇痛膏，较好地将含药的膏体均匀地压迫于背衬材料上，避免了溶剂扩涂法在挥发过程中药物的损失，又很好地保持了中医中药的“原汁原味”。本品含膏量高，总载药量高，达到1.8克/100厘米^2，挥发性药物有效成分保留高，而其他同类产品使用经典的汽油溶剂在烘干过程中挥发性成分会随汽油挥发而大量损失，想提高有效成分的含量非常困难，无法与“701”跌打镇痛膏竞争。

“701”跌打镇痛膏获国家批准为国内首创的中成药新产品。自投产以来，产品行销全国，并大量出口世界各个地区。多次被评为广东省优质名牌产品。它成为广州卫生材料厂创造税利的主要产品，并被批准为国家二级中药保护品种。

刘柏民研制“701”跌打镇痛膏的工艺，经过不断改进，以“一种中药膏贴及其制造方法”为名获得国家发明专利，专利号：ZL96119120.1，证书号：第69511号。此发明专利于2002年5月被评为广州医药集团公司科技进步奖，刘柏民也于2003年7月被广州市知识产权局、广州市科技局、广州市总工会、广州市发明协会等单位组成的联合评委会评为广州市优秀发明人，并获颁发荣誉证书。

刘柏民这项发明专利的特征主要有如下几点：

1. 其中药原料不经液相或气相提取，全部磨成80～100目幼细粉末而投料，保持了原汁原味的中成药有效成分，最大地发挥其疗效，同时作为橡胶膏贴的辅料填充料，代替了无机化合物填充料，一物两效并且节约了原料种类和成本。

2. 产品的单位面积含膏量比溶剂生产的贴膏剂的单位面积含膏量增加1倍以上，药物疗效更持久。

3. “701”跌打镇痛膏采用压延法生产，配方中的中药粉、挥发油浸泡的胶料、熔融的软化剂、防老剂等原料，投入翻斗式蜜炼机中进行混炼，再用炼胶机进行精炼成具有可塑性的胶体，最后采用独特的三辊压延机进行压延贴膏涂布、分切、铺上隔黏材料，卷成胶卷（半成品），再按产品规格要求在包装机上切片，数片入袋，封口而成产品。该工艺方法无需橡胶溶剂汽油，所以涂布时不需采用蒸汽加热挥发汽油，免除加热时药物有效成分的挥发损失，节约了能源的同时并免除汽油对环境的污染；该工艺可以生产含膏量厚的产品；该工艺涂布速度可达 7 米/分钟，劳动生产率较高。压延法生产含药橡胶膏剂是国内乃至世界上独一无二的工艺制造，这是该发明专利的独特所在。

此后，刘柏民又对该专利的生产工艺不断改进。例如对松香、凡士林等进行蒸汽夹层加热、机械搅拌、管道输送、计量投料的工艺设备进行改造。采用 35 升翻斗式密炼机进行膏体混炼塑化，取代了双辊压胶机手工操作炼胶的方法，提高劳动生产率 5 倍以上，且提高胶体混合塑化质量，确保了生产操作安全。油料浸泡橡胶膏时，油料采用自动量筒计量和管道输送，减除因手工计量操作的误差和工人的劳动强度，提高劳动生产率 40% 。为了节约漂白布，刘柏民与湖南吉首市一间织布厂共同开发“701”专用涤棉漂白布，以 50∶50 的涤棉配比，织染生产“701”跌打镇痛膏的专用布材，直供广州卫生材料厂使用，节约漂白布材料成本 20% 以上，仅此一项，每年节约金额在 30 万元以上，这种涤棉漂白布很快地推广到同行其他企业应用，取得了良好的社会效益和经济效益。

（四）医用辅料生产工艺设备改革

1971 年 12 月，刘柏民主持以清梳棉的清钢帘生产线代替原弹棉清花设备。在20世纪60年代，该工序是采用残旧的弹棉机把原棉打松清除杂质的，其杂质难以除去，且采用手工松花和喂花，劳动强度大，车间灰尘滚滚，操作时，工人必须佩戴口罩。也曾发生过几次火警。为解决这些问题，刘柏民建议并组织专业人员采购抓棉机、梳棉机、送棉机等设备，组成清梳棉清钢帘生产线，投产后，车间环境彻底改善并且减轻了工人操作时的劳动强度，提高了劳动生产率，防火安全问题也基本解决了，深受有关部门和职工欢迎。

1974年至1976年，刘柏民大胆更新改造煮炼漂白设备。当时，煮炼漂白工序的设备，是应用焊接的1立方米的煮炼锅和墙砌池来进行的，不仅产量低，且质量无保证，同时生产操作十分不安全。为解决这些难题，刘柏民多次向上级部门反映，终于取得广州市发展计划委员会的支持和帮助，将广州电视机厂技改项目中的高压焗漆罐，以折价5万元固定资产价值，增划给广州卫生材料厂使用。经工艺技术改造后，使产量提高5倍以上。生产操作安全性大为提高，效果十分明显。

1975年，刘柏民主持以链式棉纱干燥机代替手工操作的焙干房干燥药棉项目。干纱机中间以蒸汽交换热风循环方式进行加热，在机头悬挂湿棉花，棉片经链条运送至机尾，机尾人工收取干棉花片，连续运转，产量提高10倍以上，大大减轻劳动强度并节约能源。

除了对产品的研发和改造，刘柏民对产品的包装设计也亲力亲为。他根据该厂产品的传统风格以及产品的特性，亲自设计了部分产品的包装装潢。如设计“701”跌打镇痛膏的说明书及外包装盒，其设计样式沿用至今。设计出口产品“713”跌打止痛膏绿色底的说明书和内外包装盒，一直沿用至今。此外其他产品如骨友灵贴膏的说明书及外包装盒、滴通鼻炎水（含喷剂和气雾剂）的说明书及大小包装盒也是他一手设计。

二、在广州敬修堂药厂时期

1977 年至 1986 年，刘柏民调到广州敬修堂药厂工作，又为该厂产品的生产工艺改进和提高作出了重要贡献。

（一）跌打万花油浸渍提取包装技术改革

广州敬修堂药厂的传统名牌产品园田牌跌打万花油，以其医治跌打创伤而著称，但原浸渍提取工艺设备落后，投料出渣全靠手工操作，且每批静止分离杂质时间长达 25 ～ 30 天，既费时又费力，产量满足不了市场需求。为改变这种落后状况，1977 ～ 1978 年，刘柏民组织实施车间技术改造工程。他进行技术规划，委托广州医药机械厂制造施工。首先，安装了每批投料量 2 吨的大浸渍提取罐，并采用天车提升投料和排渣出料，实现该工序半机械化操作，减轻劳动强度，从此，女职工也可在该工序上班了；同时于 1980 年采用 DZY—50 型高速离心机，对浸出药油进行杂质分离，使其每批杂质分离时间缩短为 3 ～ 4 小时，极大缩短分离杂质过程的时间，使产量翻了 2 倍以上，技改效果十分明显，获得广州市科技进步奖。

1985 年至 1986 年，刘柏民又建议并参与引进意大利 Farmomac 公司 F67 型 10 毫升灌注机，用于跌打万花油的定量灌注封装。该机器从理瓶开始，计量灌注，机械旋转塞，贴标签等工艺流程连续运转，在一台机器上完成，提高功效 10 倍以上，且确保产品质量准确和封口牢固。根据这台样机的原理，该厂仿制了同样的机器，提高了跌打万花油的生产能力，以适应市场需求。

（二）引进栓剂基质和品种的研究生产

刘柏民在广州敬修堂药厂担任技术厂长时，与上海医药工作研究所合作，组织并参与研制半合成椰子油栓剂基质和栓剂品种，经过努力，实现栓剂基质的工业化生产，同时生产了小儿退热栓、氨哮素栓、益康唑栓、化痔栓等新产品，在全国同行创立先例，取得了良好的社会和经济效益，此剂型品种已为该厂主要剂型品种之一。

1977年至1978年，他组织半合成椰子油栓剂基质的研究。栓剂是一种药物剂型，也代表这类药物的生产工艺路线。栓剂是人体腔道给药的一类药物，如肛门给药，阴道给药等。这种给药途径的优点是，药栓在体温作用下，药栓基质熔化，释放的药物被黏膜吸收，发挥疗效。所以要求基质必须在37℃左右熔化。半合成基质是将椰子油裂解，蒸馏，分段取得16－18碳原子的脂肪酸，再与甘油酯化而成。工艺研究成功，经技术鉴定后，交由湖南某工厂批量生产。

1982年，引进意大利SARONG公司栓剂灌注生产线。这是我国引进的第一条栓剂生产线，该设备从基质和药物搅拌混溶、定量灌注、封口冷却、切片包装，在一台机上自动完成。保证药物含量准确，完全代替了手工操作，提高劳动生产率10倍以上。近年，该厂再次引进一套相同的栓剂生产线。

2004年1月，刘柏民在广州卫生材料厂退休。但当时企业正面临另一个关键时刻，按照国家药品监督局的规定，药品生产企业必须在2004年底前通过GMP认证，否则取消该药品生产资格，因此企业必须尽快实施整厂GMP改造。富有经验，最了解全厂情况的刘柏民，应邀担任厂长顾问和总工程师职务，担负起这一重担。他亲自起草了广州卫材制药有限公司（即广州卫生材料厂）GMP 改造实施方案，规划组织实施药品 GMP 技术改造，总投资 2 000 多万元，对广州卫材制药有限公司新市厂房的化验室、滴喷剂车间、压延法膏布制剂、汽油法膏布制剂以及配套辅助设施，根据本企业的实际，对照 GMP 条件要求，进行全面规划，分三年逐项实施。同时，组织企业 GMP 知识全员培训，经考试合格，全体员工均取得 GMP 上岗证。配合 GMP 文件的编写，企业终于在 2003 年 9 月通过了国家药监局 GMP 现场检查合格并同意认证。企业生产条件提升到更高的层次，为今后的发展打下坚实基础。

第四节　黄甜堃——散剂机械化的功臣

黄甜堃，1922 年生，广东顺德人。黄甜堃出生时，父亲在顺德开成衣铺，为周围乡村百姓缝衣为生。在黄甜堃少年时代，由于蚕丝业受到帝国主义工业产品的冲击，顺德一带以蚕桑为主的农村经济衰落，黄家的经济条件大受影响。

黄甜堃照片

黄甜堃1931年到私塾就读。1937年抗战爆发后，因日寇入侵顺德，失学随亲戚到香港谋生。香港沦陷后，又被迫于1941年返回顺德。在战乱中，生活越发困顿。1943年，黄甜堃见日伪招收警察，为了生活报名参加当了几个月的警察班长。不久黄甜堃离开警察所，去广州投靠亲戚，靠当临时工谋生。1946年，黄甜堃一个亲戚介绍他去湛江，进入万灵药房工作，先后为湛江和广州的万灵药房从事推销和货物押运。他经常负责在外写宣传广告，常常要站在地面向几米高的墙上写直径一米多的广告大字。

1951年，黄甜堃固定在广州万灵药厂工作，当正金油制药工。1956年公私合营，万灵药厂合并到公私合营普济药厂，黄甜堃成为普济药厂工人，后随普济药厂合并，成为何济公制药厂技师，现已退休。

在万灵药厂和普济药厂工作期间，黄甜堃就开始了对药厂生产的工具化、半机械化和机械化的改进工作。1955年，他就参考其他厂的机器，自行研制成斟水机，解决了当时万灵药厂的红汞药水生产问题。万灵药厂生产的清凉油，当时的制剂方式仍是用风炉、盆、筛、壶、漏斗、药匙等原始工具，采用手工包装。黄甜堃对此进行了改良，将风炉、盆等改良为容量大、调温方便安全、较好操作、振动减少的工具，然后参照手斟油的一些动作，制成手摇斟油器。利用这一工具，用以前手工斟油2盒相同的时间就可以斟18盒，从以前人日产量几千盒变成了几万盒，大大提高了生产效率。

合并到普济联合药厂后，该厂产品种类不少，最主要则以正金油、止痛散为主打产品。黄甜堃发挥才智，先后改良了几十个小品种的工具。正金油的生产也采用了斟油器，后来进一步改良，效率又翻了一番。他对止痛散散剂的工艺改良，成效也很显著。成药散剂作为一种古老的剂型，过去都是手工包装，1956 年以前，国内未见有用机械包装的。当时在普济联合药厂，止痛散人日产量只有 2 000 多包，企业生产是亏本的，只是作为下乡成药品种，不得不继续生产。公私合营初期，黄甜堃利用业余和生产间隙的时间，用简单的工具做成了一台木质的单人简易拨粉机的样机。经过试用，在散剂包装工序的 9 项手中操作中，定量拨粉 1 项由此可用机械代替了。当时领导认为这是个很好的苗头，即组织力量协助黄甜堃研究，扩大试制成 8 位联动的拨粉机投入车间生产。应用后，起到了稳定重量差异，保证产品质量的作用，并可提高劳动生产率 40%，从人日产量 2 000 包上升到人日平均 2 800 包。由于这一创新，黄甜堃和有关人员被评选出席了广州市轻工系统 1956 年度先进代表大会。这种半机械的拨粉机也被推广到市内。

在拨粉机投入车间生产使用后，厂方成立了以黄甜堃为主力的机修组，进行粉剂包装机的研制。黄甜堃又设计出自动取纸、折叠成包两项操作的部件，并于大跃进期间，参照其他包装机构的原理，设计试制出插包入袋、封袋口和烘干等操作部件。在此基础上，1963 年 12 月 17 日，黄甜堃等终于创制成功第一台能完成散剂装工序中 7 项操作的自动包装机。当时广州市化工局约请广东省化工厅、广州市经济贸易委员会、广州市科学技术委员会、广州市医药工业公司及有关的机械厂与广州市内制药厂共 17 个单位的 26 人（包括有领导、工人和工程技术人员）参加现场鉴定，一致认为该机性能符合使用要求，产品质量稳定，经济效益显著。当时按以下方式测算：每台机开三班，可节约 6 个劳动力，按车间需用 24 台机计算，扣除需增加的机修、保全工人后，仍可节约 120 个人；全车间推广后，一年可增产节约 57.6 万元，扣除设备制造费 15 万元，每年可净为国家创造财富 42.6 万元。因此，鉴定会一致认为该产品符合国务院公布的发明奖条例规定，建议授予四等奖。这一型号的机器被称为“64 型”包散机。

鉴定结果上报后，得到化工部的重视，派出中国医药工业公司制剂机构选型定型组（该组由中国医药工业公司规划处、上海医药制剂机械设计研究室、辽阳医药机械厂和北京、上海、天津、广州、沈阳等地区的代表以及有关厂的工程技术人员共 18 人组成）于 1965 年 3 月来到何济公制药厂鉴定。该组对国内已制成的三种散剂包装机进行比较，肯定了该厂包装机的优点，选为定型设备，向全国推广。此次鉴定会还稽核了该机在车间生产的产品质量、班台产量和经济效益，并派人在该厂跟机测绘、制图、定型，交辽阳医药机械厂首批制造 40 台向全国推广。鉴定组也对该机不够完善的地方提出了改进意见。

“64 型”包散机鉴定定型后，厂方组织了技术革新和机修队伍，以黄甜堃为主力，配合车间全力抓紧“64 型”包散机的制造安装、投产调试与改进维修工作。后来其他技术人员以“64 型”包散机为基础，进一步研制成 CSB－1 型散剂自动包装机。随着散剂包装机械化的实现，该厂散剂生产的效率大为提高。

黄甜堃在后来的设备技术革新工作中，还先后成功革新了磺胺分装机、糖粉瓶装分装机、长效颗粒分压机等一批生产效益较高的医药机械，改进气雾剂药液灌装设备，主持设计制造成功有自动送瓶定量药液分装机和气雾剂扎盖机，提高了劳动生产效率，为医药生产机械自动化做出了贡献。

1972年黄甜堃被评为广东省医药工业公司学大庆积极分子，1973年被评为广东省医药工业公司社会主义革命和社会主义建设积极分子，1978年被评为广州市医药工业局学大庆积极分子，1981年被评为广州市医药工业局先进生产工作者。

第五节　陆顺天——民族卫生材料工业先驱

陆顺天，1892生，本名陆造时，顺天是别字。陆顺天原籍广东高要，因父亲在广西桂林供职教师，所以出生于桂林，并在桂林读小学和中学。1910年，他就读于上海交通大学，但第二年辛亥革命爆发，于是弃学回家。民国成立后，各省招考留学生送往外国留学以培养人才。陆顺天参加了当时相关部门在桂林的招考，考取了公费留学名额，于1912年开始赴日本留学。

陆顺天像

1912 年陆顺天来到日本东京，先学习日语，同时在东京中国青年会学习英文、物理和化学等。1913 年，他考入日本东京高等工业专门学校（在他毕业时改名为日本东京工业大学）。在该校，陆顺天先是学习染织化学，后来学习应用化学。4 年后毕业，又在日本工厂实习，至 1919 年回国。当时正值第一次世界大战结束，人造染料工业刚刚兴起，陆顺天想利用所学知识在中国兴办人造染料工业，在上海与纺织界的同学计划办厂，但未能成功。1920 年，陆顺天返回广西，被当时相关部门委任为桂林工业学校校长，但正值广东军阀陈炯明攻打广西，桂林的学校成为驻兵场所，治安紊乱，校款无着。陆顺天在桂林赋闲半年，正好广东省立工业专门学校缺乏教师，经友人介绍，陆顺天于 1921 年起到该校任教，教授物理、化学、分析化学、机械设计学等课程。

从东京学成归来的陆顺天，觉得中国工业落后，发展工业大有可为，一直有创业的愿望。但苦于社会动荡，商业环境恶劣，加上政府缺乏关税自主权，任由外国产品低价倾销，因而工业化无从发展。到广州后，陆顺天敏锐地发现，医生常用的药用棉花、纱布等敷料，极易制造，但中国却无人生产。敷料又称卫生材料，产品主要包括医用脱脂棉花、消毒纱布等。这些材料的应用开始主要是西医在医疗过程中的需要而传入我国的，初时全靠进口，特别是日本产品较多。当时国内政局动荡，军阀混战，对敷料需求巨大，加上人们对医药卫生的知识日渐提高，对药棉、纱布等敷料的应用不断增加。陆顺天认真调查，认为中国有丰富的原料，供应容易，而且工人工资水平低，很有竞争力。于是在 1923 年，陆顺天利用积攒的教师薪水 1 000 余元，在广州光塔路仙邻巷开设新民敷料厂，这是广州第一家生产卫生材料的企业，从而成为开创了广东乃至整个华南卫生材料生产之先河的领军人物。

新民敷料厂成立于1923年9月23日，成立之初，主要设备仅有一台弹花机、一台脱水机和一个敞口大铁锅。该厂早期主要生产医用棉花、绷带、纱布等。例如医用棉花的生产，工人要把棉花投进铁锅里蒸煮脱脂，然后捞起来脱水，再拿到太阳底下晒干。手工操作，生产规模很小，月产量只有150～250千克。

陆顺天把产品定名为“光塔牌”，开始在敷料这块被外商占据的地盘上展开竞争。产品推销的对象主要是平民、政府医院及各大诊所。由于在1919年“五四运动”爆发后，全国的反帝浪潮一直高涨，国人有抵制日货的情绪，本来一直占据华南市场的日产敷料进口量减少。因此国产敷料受到欢迎。1923年孙中山先生在广州建立大本营大元帅府，反对北洋军阀统治。次年孙中山发起二次北伐战争。战争中的伤员救治需要大量敷料，位处广州的新民敷料厂迎来了发展机会。陆顺天回忆：“在初次创办之时，虽受外国商行如日本藤田洋行以降价相竞争，或用拉拢手段，请西药经纪人饮茶吃饭，付给回扣佣金，以资联络，代其出力，亦终因本地产品价格便宜，供应快捷，国民党的陆军医院，部队的医疗所亦纷纷采用，促进了斯业之发展。”陆顺天当时任经理和工程师，一切业务均一人独当，为集中精力，1928年他辞去了教师之职，全心全意搞工厂生产。新民敷料厂购买机器扩大生产，以适应市场需要，当时产品不但供应国内，并且出口外销到东南亚等地区，尤以泰国为多。

当时广州除新民敷料厂外，还有中华制棉厂、中国卫生用品制造厂、民生敷料厂等陆续开办。到1926年以后，广州市场上进口敷料基本绝迹，以陆顺天为代表的广州等民族敷料工业赢得了这个领域的胜利。尤其1931年“九一八”事变以后，各地抵制日货情绪更加高涨，国货更受欢迎。陆顺天当时还参加了中华化学工业会、中华学艺社、中华工学会等学术团体，与同行一起研究发展民族工业。

1938年广州沦陷，陆顺天一家避居澳门，失去生活来源，生活困难。1940年香港沦陷后，澳门物资和粮食也很紧张。陆顺天于是返回广州，恢复新民敷料厂的生产，但改为以弹棉花与旧棉翻新为业。当时棉纱缺乏，旧棉翻新可以用来纺纱，新民厂靠此维持。抗战胜利后，当时国民党统治下通货膨胀，加上货运不畅，企业经营艰难以及外国以救济名义输入的商品遍布市面，新民敷料厂也未能恢复敷料生产，一直作为弹棉厂制造棉胎出售，以求生存，一直到新中国成立前夕。

1949年，新民敷料厂开始恢复生产敷料。复业时从业人员有17人，仅有一部弹棉机、脱脂机、脱水机，主要产品有“光塔牌”医药药棉、纱布、绷带、漂粉、苛性钠。陆顺天主动按照政府要求向卫生局登记，并改善设备，提高品质。当时登记重估财产，该厂有产值约17 000元。广州市卫生局向新民敷料厂采购产品，供医药机关应用。1951年广州医药公司成立，也定点向该厂采购。在1952年“五反运动”期间，许多同类厂家业务停顿，唯独新民敷料厂与广州医药公司合并，不但没有停产，业务反而大有增进。当时陆顺天积极学习新的知识来促进生产，1950年的《纺织建设》月刊上，还刊有他向杂志询问了解棉制品经漂白后用来除去黄色的新药品的有关情况的问题，以及杂志社提供的相关解答资料。1951年抗美援朝时，陆顺天积极捐献，受到广州市政府的表扬。

1953 年，广州医药公司向新民敷料厂的订货已占该厂年产量的 80% 以上，陆顺天于是停止向市场的销售，集中全力完成国家任务。这种合作为公私合营打下了良好基础。1956 年，新民敷料厂进行公私合营改造，陆顺天态度积极，在清估、改并规则等工作中都十分认真。以前作为私营企业，经济上往往厂、家不分，而陆顺天在 1952 年起就将厂、店与家庭的经济分开，一切生产资料划归厂有，个人则以领薪方式作为经济来源。1956 年，工厂生产资料以 34 254 元定息赎买，完成了公私合营。在这过程中，由于陆顺天在同行中有较高威信，他不但推动同行业共同研究合营改造方案，合营后也作为技术指导者，主动向同业介绍制作经验和节约原料方法等。1956 年陆顺天在广州市工商业联合会接受社会主义改造和积极分子汇报大会上，被评为二等积极分子；同年被广州市工商业联合会评为优秀工作者。

在公私合营企业改造后，陆顺天仍担任厂长，企业在他的经营下稳步的发展。1963 年，公私合营新民敷料厂与公私合营新华制药厂合并，定名为公私合营新华卫生材料厂，厂址在越秀北路 139 路，陆顺天担任技术副厂长。1966 年该厂更名为广州卫生材料厂。

陆顺天 1955 年作为私营企业代表增选为广州市人大代表、政协委员，之后当选为 1959 年、1962 年、1965 年的人大代表。1956 年加入中国民主建国会，曾任广州市工商业联合会执委。1968 年陆顺天退休，1970 年初去世。

陆顺天所创立的新民敷料厂的发展历程，真实、生动地刻画了中国近现代医药工业乃至整个近现代民族工业曲折发展的历史过程。

第六节　广州白云山何济公制药有限公司（原广州何济公制药厂）历任厂（公司）领导班子

1. 1955年6月至1956年5月

支部书记：何裕后（1955年6月至1955年8月）；
　　　　　梁十妹（1955年8月至1956年5月）。

2. 1956年5月至1963年1月

支部书记：梁十妹（1956年5月至1956年8月）；
　　　　　梁新亚（1956年8月至1958年8月）；
　　　　　卢　华（1958年8月至1963年1月）。
副书记：邹洁云（1961年8月至1963年1月）；
厂　长：薛　飞（1956年11月至1963年1月）。

3. 1963年1月至1964年11月

总支书记：苏　志（1963年3月至1964年11月）；
副书记：邹洁云（1963年1月至1964年2月）；
厂　长：薛　飞（1963年1月至1964年11月）；
副厂长：陈汉标（1963年1月至1964年4月）；
　　　　黄伯雄（1963年1月至1964年11月）；
　　　　容慕之（1963年1月至1964年9月）；
　　　　杨家树（1963年1月至1964年11月）；
　　　　何　燊（1963年1月至1964年8月）；
　　　　王德江（1964年4月至1964年11月）。

4. 1964年11月至1966年4月

总支书记：苏　志（1964年11月至1965年6月）；

总支负责人：薛　飞（1965 年 6 月至 1966 年 4 月）；
阮　婵（1965 年 6 月至 1966 年 4 月）；
厂　长：薛　飞（1964 年 11 月至 1965 年 6 月）；
副厂长：黄伯雄（1964 年 11 月至 1966 年 4 月）；
王德江（1964 年 11 月至 1966 年 4 月）；
杨家树（1964 年 11 月至 1966 年 4 月）；
张书田（1965 年 6 月至 1966 年 4 月）；
负责人：谭勉雄（1965 年 6 月至 1966 年 4 月）；
工会主席：何汝根（1956 年 7 月至 1958 年 5 月）；
何桂南（1958 年 5 月至 1960 年 1 月）；
谈善昌（1960 年 2 月至 1960 年 5 月）；
古　今（1960 年 5 月至 1961 年 9 月）；
阮　婵（1961 年 9 月至 1962 年 12 月）；
何汝根（1962 年 1 月至 1965 年 6 月）；
工会负责人：刘景彦（1965 年至 1966 年 4 月）。

5. 1966 年 4 月至 1969 年 1 月

总支负责人：薛　飞（1966 年 4 月至 1966 年 8 月）；
阮　婵（1966 年 4 月至 1966 年 8 月）；
总支书记：何雪云（1966 年 8 月至 1969 年 1 月）；
副书记：谭惠卿（1966 年 8 月至 1969 年 1 月）；
负责人：谭勉雄（1966 年 4 月至 1966 年 8 月）；
副厂长：张书田（1966 年 4 月至 1966 年 8 月）；
黄伯雄（1966 年 4 月至 1966 年 8 月）；
王德江（1966 年 4 月至 1966 年 8 月）；
杨家树（1966 年 4 月至 1966 年 8 月）；
代厂长：郭凤珍（1966 年 8 月至 1968 年 3 月）；
副厂长：郭凤珍（1966 年 8 月至 1968 年 3 月）；

刘　高（1966 年 8 月至 1968 年 3 月）；
谭勉雄（1966 年 8 月至 1968 年 3 月）；
革委会主任：谭勉雄（1968 年 3 月至 1969 年 1 月）；
副主任：陈德光（1968 年 3 月至 1968 年 10 月）；
梁　见（1968 年 3 月至 1969 年 1 月）；
工会负责人：刘景彦（1966 年 4 月至 1969 年 1 月）；
工代会主任：高文江（1968 年 10 月至 1969 年 1 月）。

6. 1969 年 1 月至 1976 年 10 月

总支书记：何雪云（1969 年 1 月至 1971 年 6 月）；
简权棣（1971 年 7 月至 1976 年 10 月）；
副书记：谭惠卿（1969 年 1 月至 1971 年 6 月）；
陈广洪（1969 年 1 月至 1974 年 12 月）；
苏玉莲（1974 年 12 月至 1976 年 10 月）；
革委会主任：谭勉雄（1969 年 1 月至 1970 年 10 月）；
负责人：简权棣（1970 年 10 月至 1971 年 4 月）；
主　任：简权棣（1971 年 4 月至 1976 年 10 月）；
副主任：简权棣（1969 年 8 月至 1970 年 10 月）；
谭凯怡（1969 年 8 月至 1975 年 10 月）；
陈广洪（1971 年 4 月至 1974 年 12 月）；
温树林（1973 年 6 月至 1975 年 7 月）；
邵　满（1974 年 2 月至 1976 年 10 月）；
苏玉莲（1974 年 12 月至 1976 年 10 月）；
黎名炎（1975 年 8 月至 1976 年 10 月）；
邓卓明（1975 年 8 月至 1976 年 10 月）；
黎　见（1969 年 1 月至 1976 年 10 月）；
工代会主任：高文江（1969 年 1 月至 1970 年 8 月）；
工会主席：朱伦标（1972 年 2 月至 1976 年 10 月）。

7. 1976 年 10 月至 1978 年 6 月

总支书记：简权棣（1976 年 10 月至 1978 年 6 月）；
副书记：苏玉莲（1976 年 10 月至 1978 年 6 月）；
革委会主任：简树棣（1976 年 10 月至 1978 年 6 月）；
副主任：苏玉莲（1976 年 10 月至 1978 年 6 月）；
邵 满（1976 年 10 月至 1978 年 6 月）；
黎名炎（1976 年 10 月至 1978 年 6 月）；
邓卓明（1976 年 10 月至 1978 年 6 月）；
苏 嫦（1976 年 10 月至 1978 年 6 月）；
梁 见（1976 年 10 月至 1978 年 6 月）；
工会主席：朱伦标（1976 年至 1980 年 1 月）。

8. 1978 年 6 月至 1980 年 12 月

总支书记：简权棣（1978 年 6 月至 1980 年 12 月）；
副书记：苏玉莲（1978 年 6 月至 1980 年 12 月）；
厂 长：邵 满（1979 年 3 月至 1980 年 12 月）；
副厂长：邵 满（1978 年 6 月至 1979 年 3 月）；
黎名炎（1978 年 6 月至 1980 年 12 月）；
邓卓明（1978 年 6 月至 1980 年 12 月）；
苏 嫦（1978 年 6 月至 1980 年 12 月）；
谷 凡（1978 年 11 月至 1980 年 12 月）；
谢炎棠（1980 年 5 月至 1980 年 12 月）；
易 方（1980 年 5 月至 1980 年 12 月）；
工会主席：朱伦标（1978 年 6 月至 1980 年 12 月）。

9. 1980 年 12 月至 1985 年 1 月

总支书记：简权棣（1980 年 12 月至 1985 年 1 月）；
副书记：苏玉莲（1980 年 12 月至 1985 年 1 月）；
纪委书记：苏玉莲（1984 年 5 月至 1985 年 1 月）；

厂　长：邵　满（1980 年 12 月至 1982 年 4 月　注：
1981 年 11 月至 1982 年 4 月期间借
调医药工业局工作）；
代厂长：易　方（1981 年 11 月至 1982 年 4 月）；
厂　长：易　方（1982 年 4 月至 1985 年 1 月）；
副厂长：黎名炎（1980 年 12 月至 1983 年 3 月）；
邓卓明（1980 年 12 月至 1983 年 3 月）；
苏　嫦（1980 年 12 月至 1983 年 3 月）；
谷　凡（1980 年 12 月至 1982 年 4 月）；
易　方（1980 年 12 月至 1982 年 4 月）；
谢炎棠（1980 年 12 月至 1985 年 1 月）；
夏泽民（1983 年 3 月至 1985 年 1 月）；
工会主席：朱伦标（1980 年 12 月至 1983 年 3 月）；
邓卓明（1983 年 3 月至 1985 年 1 月）。

10. 1985 年 1 月至 1987 年 7 月

党委书记：简权棣（1985 年 1 月至 1985 年 9 月）；
易　方（1985 年 9 月至 1986 年 7 月）；
副书记：商　雨（1985 年 1 月至 1986 年 7 月）；
纪委书记：苏玉莲（1985 年 1 月至 1987 年 7 月）；
厂　长：项志行（1985 年 1 月至 1986 年 4 月）；
易　方（1986 年 4 月至 1987 年 7 月）；
副厂长：谢焱棠（1985 年 1 月至 1987 年 7 月）；
张霖泽（1985 年 1 月至 1987 年 7 月）；
夏泽民（1985 年 1 月至 1987 年 7 月）；
工会主席：邓卓明（ 1985 年 1 月至 1987 年 7 月）。

11. 1987 年 7 月至 1990 年 12 月

党委书记：蔡志祥（1986 年 7 月至 1990 年 10 月）；

易　方（1990 年 10 月至 1990 年 12 月）；
副书记：商　雨（1986 年 7 月至 1988 年 4 月）；
王　媛（1990 年 10 月至 1990 年 12 月）；
纪委书记兼监察室主任：
苏玉莲（1989 年 9 月至 1990 年 11 月）；
谭福源（1990 年 11 月至 1990 年 12 月）；
厂　长：易　方（1987 年 7 月至 1990 年 12 月）；
副厂长：谢焱棠（1987 年至 1990 年 12 月）；
张霖泽（1987 年至 1988 年 10 月）；
夏泽民（1987 年 7 月至 1990 年 12 月）；
蔡志祥（1988 年 9 月至 1990 年 10 月，兼任第一副厂长）；
张德仪（1990 年 10 月至 1990 年 12 月）；
商　雨（1988 年 4 月至 1990 年 12 月）；
工会主席：谭福源（1987 年 7 月至 1990 年 10 月）。

12. 1991 年 1 月至 1994 年 12 月

党委书记：易　方（1990 年 10 月至 1993 年 11 月）；
王　媛（1993 年 11 月至 1994 年 12 月）；
副书记：王　媛（1990 年 10 月至 1993 年 11 月）；
纪委书记：谭福源（1991 年 1 月至 1994 年 12 月）；
厂　长：易　方（1991 年 1 月至 1994 年 12 月）；
副厂长：谢焱棠（1991 年 1 月至 1994 年 12 月）；
张德仪（1990 年 10 月至 1994 年 12 月）；
夏泽民（1991 年 1 月至 1992 年 3 月）；
王　媛（1993 年 4 月至 1994 年 12 月）；
何钰培（1993 年 4 月至 1994 年 12 月）；
工会主席：叶琼瑝（1991 年 4 月至 1994 年 12 月）；

副主席：叶琼瑾（1991 年 1 月至 1991 年 3 月）。

13. 1995 年 1 月至 1999 年 3 月

党委书记：王　媛（1995 年 1 月连任至 1997 年 6 月）；
　　　　　周民生（1997 年 6 月连任至 1999 年 3 月）；
纪委书记：谭福源（1995 年 1 月至 1993 年 3 月）；
厂　　长：夏泽民（1995 年 1 月连任至 1999 年 3 月）；
副 厂 长：谢焱棠（1995 年 1 月连任至 1999 年 3 月）；
　　　　　张德仪（1995 年 1 月连任至 1999 年 1 月）；
　　　　　王　媛（1995 年 1 月连任至 1997 年 6 月）；
　　　　　周跃进（1997 年 4 月连任至 1999 年 3 月）；
　　　　　叶琼瑾（1998 年 9 月连任至 1999 年 3 月）；
工会主席：叶琼瑾（1995 年 1 月至 1999 年 2 月）。

14. 1999 年 3 月至 1999 年 12 月

党委书记：周民生（1999 年 3 月连任至 1999 年 12 月）；
纪委书记：谭福源（1999 年 3 月至 1999 年 12 月）；
厂　　长：周跃进（1999 年 3 月连任至 1999 年 12 月）；
副 厂 长：谢焱棠（1999 年 3 月连任至 1999 年 12 月）；
　　　　　叶琼瑾（1999 年 3 月连任至 1999 年 12 月）；
　　　　　冯耀文（1999 年 3 月至 1999 年 12 月）。

15. 2000 年 1 月至 2002 年 9 月

党委书记：周民生（2000 年 1 月连任至 2002 年 3 月）；
　　　　　叶琼瑾（2002 年 3 月至 2002 年 9 月）；
副书记：　叶琼瑾（2000 年 12 月至 2002 年 3 月）；
纪委书记：谭福源（2000 年 1 月至 2000 年 12 月）；
厂　　长：刘满能（2000 年 1 月任至 2002 年 9 月）；
副 厂 长：谢焱棠（2000 年 1 月连任至 2000 年 12 月）；
　　　　　叶琼瑾（2000 年 1 月连任至 2002 年 9 月）；

冯耀文（2000 年 1 月连任至 2002 年 9 月）；
莫尚志（2000 年 12 月至 2002 年 7 月）；
史　雷（2000 年 12 月至 2002 年 9 月）；

工会主席：邹德润（2001 年 7 月至 2002 年 9 月）。

16. 2002 年 10 月至 2005 年 11 月

党委书记：叶琼瑶（2002 年 10 月至 2004 年 3 月）；
简树荣（2004 年 3 月至 2005 年 11 月）；

董事长、总经理：
刘满能（2002 年 10 月至 2005 年 11 月）；

副总经理：叶琼瑶（2002 年 10 月至 2004 年 3 月）；
冯耀文（2002 年 10 月至 2002 年 10 月）；
史　雷（2002 年 10 月至 2005 年 11 月）；
侯慧文（2002 年 10 月至 2005 年 11 月）；
简树荣（2004 年 3 月至 2005 年 11 月）；
肖荣明（2005 年 9 月至 2005 年 11 月）；

监事会主席：邹德润（2002 年 10 月至 2005 年 11 月）；

工会主席：邹德润（2002 年 10 月至 2005 年 11 月）。

17. 2005 年 11 月至 2006 年 12 月

党委书记：简树荣（2005 年 11 月至 2005 年 12 月）；
刘满能（2006 年 1 月至 2006 年 6 月）；

纪委书记：邹德润（2006 年 1 月至 2006 年 12 月）；

董事长、总经理：
刘满能（2005 年 11 月至 2006 年 6 月）；
廖文春（2006 年 6 月至 2006 年 12 月）；

副总经理：史　雷（2005 年 11 月至 2006 年 6 月）；
侯慧文（2005 年 11 月至 2006 年 6 月）；
肖荣明（2005 年 11 月至 2006 年 6 月）；

简树荣（2005年11月至2006年12月）；

王建平（2006年6月至2006年12月）；

潘秉升（2006年6月至2006年12月）；

监事会主席：邹德润（2005年11月至2006年12月）；

工会主席：邹德润（2005年11月份至2006年12月）。

第七节　广州卫材制药有限公司（原广州卫生材料厂）历任厂（公司）领导班子

1. 1923年

新民敷料厂厂长：陆顺天；工会组织负责人：文锦富。

2. 1945年

三益敷料厂厂长：区爱琼；工会组织负责人：何贤。

3. 1952年

新华敷料厂厂长：梁志德。

4. 1953年

永和敷料厂厂长：郎铭初；工会组织负责人：冯笑贞。

保康敷料厂厂长：薛兆华；工会组织负责人：冼泉。

新星胶布社厂长：李峰。

时代敷料厂厂长：谭金浩。

5. 1956年

公私合营新华联合敷料厂资方厂长：薛兆华；公方厂长：辛利民；支部书记：辛利民。

6. 公私合营新华制药厂

公方厂长：区广权（1958年6月至1962年3月）

李　桐（1962年4月至1963年11月）

支部书记：辛利民（1958 年 6 月至 1959 年 2 月）
孔　苏（1959 年 3 月至 1960 年）
高崇山（1960 年 6 月至 1963 年 11 月）

7. 新华卫生材料厂

厂长：李　桐（1963 年 12 月至 1966 年 9 月）
支部书记：高崇山（1963 年 12 月至 1966 年 9 月）
李　桐（代）（1962 年 8 月至 1965 年 6 月）
黎永材（1965 年 9 月至 1966 年 2 月）
黄　汉（1966 年 3 月至 1966 年 7 月）

8. 广州卫生材料厂

厂长：李　桐（1966 年 9 月至 1968 年 8 月）
叶志坚（1978 年 6 月至 1979 年 5 月）
陈锦基（1979 年 6 月至 1982 年 4 月）
何　林（1982 年 5 月至 1986 年 7 月）
刘柏民（1986 年 6 月至 1998 年 11 月）
刘桂英（1998 年 11 月至 2002 年 6 月）
副厂长：陈鹏飞（1978 年 6 月至 1979 年 5 月）
李耀添（1978 年 6 月至 1986 年 7 月）
李佐尤（1978 年 6 月至 1982 年 3 月）
叶志坚（1981 年 6 月至 1983 年 4 月）
梁志德（1982 年 3 月至 1986 年 2 月）
洪　涛（1983 年 4 月至 1986 年 7 月）
黄冠芳（1986 年 7 月至 1997 年 1 月退休）
刘桂英（1991 年 1 月至 1998 年 11 月）
王培燊（1991 年 1 月至 1999 年 5 月）
潘秉升（1998 年 12 月至 2002 年 6 月）
马国标（1999 年 5 月至 2002 年 6 月）

王建平（2001 年 1 月至 2002 年 6 月）

支部书记：高崇山（1966 年 9 月至 1971 年 10 月）

曾　方（1971 年 11 月至 1977 年 12 月）

陈锦基（1978 年 1 月至 1979 年 5 月）

老韵鸣（1979 年 6 月至 1983 年 3 月）

郭友坤（1983 年 4 月至 1984 年 11 月）

何　林（1984 年 11 月至 1985 年 8 月）

郑庭川（1985 年 8 月至 1987 年 1 月）

总支书记：郑庭川（1987 年 2 月至 1988 年 12 月）

刘柏民（代）（1988 年 12 月至 1989 年 2 月）

刘柏民（1989 年 3 月至 1998 年 11 月）

简树荣（1998 年 11 月至 1999 年 3 月）

简树荣（2000 年 12 月至 2002 年 6 月）

总支副书记：宁智雄（1999 年 3 月至 2000 年 12 月）

革委会主任：高崇山（1968 年 9 月至 1971 年 9 月）

曾　方（1971 年 10 月至 1977 年 12 月）

陈锦基（1978 年 1 月至 1978 年 5 月）

工会主任：曹琪铿（兼）（1977 年 6 月至 1979 年 2 月）

施锦意（1979 年 3 月至 1979 年 12 月）

工会主席：叶志坚(兼)(1979年12月至1983年7月)

简树荣（1983 年 7 月至 1999 年 3 月）

宁智雄（1999 年 3 月至 2000 年 12 月）

简树荣（2001 年 10 月至 2004 年 3 月）

9. 广州卫材制药有限公司

董事长、总经理：刘桂英（2002 年 7 月至 2004 年 11 月）

廖文春（2004 年 11 月至 2005 年 3 月）

副总经理：潘秉升（2002 年 9 月至 2005 年 3 月）

王建平（2002 年 9 月至 2005 年 3 月）
张伟祥（2002 年 7 月至 2005 年 1 月）
张　淳（2003 年 3 月至 2004 年 4 月）
总支书记：简树荣（2002 年 7 月至 2004 年 3 月）
刘桂英（2004 年 8 月至 2005 年 3 月）

10. 广州白云山制药股份有限公司白云山外用药厂

厂　长：廖文春（2005 年 3 月至 2007 年 1 月）
副厂长：潘秉升（2005 年 3 月至 2007 年 1 月）
王建平（2005 年 3 月至 2007 年 1 月）
总支书记：刘桂英（2005 年 3 月至 2005 年 12 月）
廖文春（2005 年 12 月至 2007 年 1 月）
总支副书记：陈伟平（2005 年 12 月至 2007 年 1 月）
工会副主席：罗　丹（2006 年 7 月至 2007 年 1 月）

第八节　广州白云山制药股份有限公司白云山何济公制药厂现任领导

厂　长：廖文春（2007 年 1 月至今）
副厂长：潘秉升（2007 年 1 月至今）
王建平（2007 年 1 月至今）
简树荣（2007 年 1 月至 2008 年 3 月）
邹德润（2007 年 1 月至今）
胡永志（2007 年 1 月至 2009 年 2 月）
党委书记：廖文春（临时）（2007 年 1 月至 2008 年 5 月）
廖文春（2008 年 5 月至今）
党委副书记：陈伟平(临时)（2007年1月至2008年5月）
陈伟平（2008 年 5 月至 2010 年 12 月）

纪委书记：陈伟平（临时）（2007 年 1 月至 2008 年 5 月）
　　　　　陈伟平（2008 年 5 月至 2010 年 12 月）
工会负责人：罗丹（临时）（2007 年 1 月至 2008 年 6 月）
　　　　　　罗丹（2008 年 6 月至今）

第六章
企业未来

本章看点

- 老字号的“老”，代表着对过去的传承；“字号”，则要在现实中进一步光大。品牌、产品、营销、技术、质量、文化……方方面面都要在现代商海中历经磨炼。白云山何济公高屋建瓴地绘就了未来蓝图，历史将从这里向未来延伸。

今天的广州白云山制药股份有限公司白云山何济公制药厂，是广州医药集团有限公司旗下白云山制药股份有限公司下属的制药生产企业，是商务部第一批认定的“中华老字号”企业。现有员工700多人，各类专业技术人员占全厂总人数24%，其中高级、中级工程技术人员48人。拥有散剂、滴眼剂（含激素类）、软膏剂、乳膏剂（含激素类）、眼膏剂（含激素类）、栓剂、溶液剂（外用）、胶囊剂、颗粒剂、橡胶膏剂（含激素类）、贴剂、滴鼻剂、喷雾剂、溶液剂、搽剂等15个GMP认证剂型，260多个国药准字号。拥有4万$米^2$现代化厂房建筑，是全国生产解热镇痛药和外用药规模最大的制药企业。

"中华老字号"企业

第一节 创新活力，创造智慧，全面实施企业发展战略

站在2011年远望未来，企业的第十二个五年规划，对未来五年乃至未来十年的发展已经有一个总体战略。

一、聚焦战略

企业的发展，在战略上首先要实行聚集，抓住重点，以点带面。具体在企业的"十二五"规划中提出了三个方面的聚焦。

一是行业聚焦，"十二五"期间大力拓展药品业务，收缩或部分保留医疗器械、卫生材料行业，关停食品饮料行业，用好用足政府“三旧改造”、“退二进三”的相关政策，抓住物业发展的历史机遇，充分发挥物业对企业资产、利润及可持续发展等方面的积极作用。

合并以前，各个厂家在药品、卫生材料方面各有所长，各有特色。如果合并后一如既往地各自生产，显然就失去意义。目前市场是个充分竞争的市场，传统的医疗器械和卫生材料生产厂家利润微薄，因此应当聚焦发展科技含量和经济价值都更高的药品业务。企业根据多年来形成的特色，聚焦在解热止痛药和外用药方面。2010 年，广药集团工会以“工业规模超百亿”为目标，在广药集团内广泛开展“万人齐心拼搏冲百亿”劳动竞赛活动，白云山何济公制造部积极响应号召，组织和发动职工积极参与“百亿工程”，为早日实现“百亿工程”目标而努力。

目前企业整合后，还存在着生产分散、产能不足、重复投入等问题，这已成为发展中的难题。白云山何济公现有 3 个散剂生产场地，一个在企业内，两个是企业外车间，但配料设备只有 1 套，从目前的配料设备和现有场地配置分析，仅能满足 2013 年的生产需要，2014 年后要再增加产量必须扩大产能、增加设备，届时将需要增加 2 台 2 号的散剂混合机和相应的配套设备。现有的 3 个厂地的分包装设备只能满足 2011 年的生产需要。在 2012 年后，要对企业外车间的分包装进行扩产，以满足生产经营的需要。这些改造，需要大量的资金投入，也需要政府的政策支持。企业提出要抓住城市发展的机遇，利用好政府“三旧改造”、“退二进三”等的政策，促进企业发展。

“三旧”（旧城区、旧村庄、旧厂房）改造是在当前土地资源供需矛盾日益突出的情况下，拓展建设空间，保障、发展用地的重要途径，是推进节约集约用地工作的重要内容，也是改善城市面貌和人居环境，提升居民生活品质，建设宜居现代化城市的必然要求。“三旧”改造是一项复杂的社会系统工程。根据有关规划，政府是“三旧”改造的责任主体，政府建立公平、合理和利益补偿分配和平衡制度，激励原用地主体参与改造，在政策法规和一定条件的前提下允许“三旧”改造项目的原用地主体采取合作合资等方式自主实施改造。按规定，经划拨、出让等方式合法取得使用权的国有土地，符合登记确认条件的国有土地，可按三种方式进行处置：自行改造，补交地价；公开出让，收益支持；公益征收，合理补偿。广州市“三旧”改造政策性强，影响面广，政策期限为三年（2010 年至 2012 年）。

目前白云山何济公主要的厂区荔湾路 49 号、萧岗大马路 52 号都面临改造。按照广州市政府《关于推进市区产业“退二进三”工作的意见》及广药集团“生物医药产业园项目规划方案”，荔湾厂区被列入第二批影响环保类“退二”搬迁企业名单，在 2012 年前实施搬迁。在广州市政府《关于扩大市区北部“退二进三”区域范围的意见》中，企业萧岗厂区、同和厂区拟纳入市区北部“退二”扩大鼓励区范围。

从长远来看，“三旧”改造对企业的发展是一个难得的机遇。改造搬迁，有利于企业充分利用宝贵的土地资源，通过改造在新一轮的经济增长中抢占先机，为企业可持续发展提供有利的条件。企业正在尽早谋划，充分运用政策，选择对企业有最大效益的改造发展方案。同时转变管理模式、调整产品结构、整合生产资源，按照广药集团的发展战略规划，通过企业整体产能转移，高起点、高标准、高要求，科学合理布局，将白云山何济公打造成全国外用药产业基地。

二是实行OTC战略。OTC即非处方药，企业产品中，要聚焦大的非处方药产品如阿咖酚散和“701”跌打镇痛膏等，形成累积及规模效应。

根据资料调查，世界各国人民对非处方药及自疗情况有如下特点：①60 %～95 %的病症最初是用某种自我护理（或保健）形式处理。②平均占世界总人口的60 %的人每天服用1种药品，其中57 %属于自我药疗。③在美国，出现疾病问题时用非处方药治疗者要比找医生治疗者多4倍。

白云山何济公生产的阿咖酚散和“701”跌打镇痛膏就是功能明确、疗效可靠、民众知名度高的非处方药品种。根据企业情况，新批文的产品及老产品的二次开发，对“十二五”的贡献可能有限，主要还是要靠老产品的增长和有批文未生产产品的产业化、有批文在生产的工艺水平的改进，质量工作一定要保持历史的优势。因此，聚焦到拳头产品十分必要。

三是区域聚焦。巩固和扩大主销区如广东、云南和贵州，争取在广西和湖南等地重点突破。百年来的品牌积累，企业拥有一定的知名度和一批忠实的消费人群，但受条件所限，市场结构的主体仍然是两广（广东、广西）及西南（云南、贵州）广大农村地区。企业要想赢得机遇，实现更大的发展和超越，就必须彻底改变企业自身产品和市场结构，就必须在进一步巩固企业原有市场的前提下，对城市高端市场强力推出自己的创新品种，通过产品的价格优势和相对的差异化，扩大市场份额。

二、三个导向

企业发展战略的另一个重要内容是坚持三个导向。

其一是坚持顾客导向（产品、服务）。这种战略的核心是确立以顾客为中心的企业理念，并体现在企业经营宗旨、经营方针和经营过程中，贯穿于企业的质量观念、服务观念、社会责任观念、人才观念等多种经营观念之中。企业实施这种战略，必须以新的质量观念作为企业营销活动的指导思想，把重视服务质量和降低成本、取得利润统一起来，使营销组织自觉地驾驭市场，适应并引导市场需求。在企业内部形成一种为顾客着想的氛围，形成让顾客满意的企业文化。

在产品方面，通过广告等多种方式进行消费者教育，通过消费者指名购买来提升产品销量；通过完善服务来确保渠道、终端和消费者对企业的忠诚度。对老字号来说，随着时代的发展，新的同类药品以及国外的同类药品都不断进入市场，老字号的产品要继续领先，应该不断改革创新，加大宣传推广力度，同时还要不断发扬老字号中优良的精神传统，更好地为社会服务。

在服务方面，作为医药企业，要以改善服务赢得竞争优势，这已成为企业的共识。服务创新是指企业在服务中要转变观念，不断革新，让目标客户在享受企业服务的过程中，得到价值增值，提高他们对企业服务的满意度。在目前的市场形势下，生产企业要占领通路和强势终端，必须在为他们带来良好利益的同时，为他们提供系列化的服务，以加强双方的合作基础。这些服务包括提供产品信息、广告支持、人员培训、管理指导、终端促销等。

其二是坚持供应链导向。

通过对上游供应商的优化和更紧密的合作，来确保降低该厂的采购成本。根据“十二五”规划，结合企业的实际情况，供应部门要货比三家，建立多方位的比价机制，控制好采购成本。例如要扩大主要产品原辅料生产商或供应商数目，大宗原辅料供应商要发展到 3 ～ 5 个，并且从向代理商采购逐步过渡到向生产商采购；对采购量少、通用性强的原辅料可通过了解本集团或股份公司属下的单位，共同享用已有供应商的资源，与兄弟单位联手，提高比价议价的能力，以积少成多；对于资源性原辅料或季节性强的原辅料，要密切关注，结合经验数据和生产实际需要，调整采购策略，将物业供应风险降到最低。

此外，进一步通过厂外车间和委外加工等方式来降低该厂的生产成本，同时也尽可能减少“十二五”期间搬厂停产对生产经营造成的影响。阿咖酚散现有 3 个生产场地（一个在企业内，两个是企业外车间），其分包装设备只能满足 2011 年的生产需要。在 2012 年后，要对企业外车间的分包装进行扩产，才能满足生产经营的需要。另外根据 2010 年的生产经营情况，如按每年 10% 的增长，滴剂、喷雾剂、颗粒剂、油膏剂的产能不能满足经营的要求，所增加的量需外移。

其三是坚持政府导向，密切关注“十二五”期间国家及省市政府对医药行业的有关政策，密切关注新医改的进程及基本药物制度对药企的影响，密切关注国家药品价格改革对企业可能产生的影响，密切关注通胀态势的变化及政府所采取的措施，并顺应上述变化采取及时、灵活和有效的应对措施。

三、坚持减员增效

在“十二五”规划中，企业将通过提高劳动生产率来降低生产成本，通过薪酬制度改革优化人才结构，确保普通岗位减员，关键岗位留住优秀人才。

白云山何济公的产品结构特点是品种多、剂型多，属于较低附加值的劳动密集型产品。随着工人工资的不断提高，必然造成产品成本上升，利润效益下降。如何降低生产成本、增加产值利润，从而实现“十二五”规划（即2011～2015年）中企业产值达到5.86亿的目标，要着重于控制制造成本，提高设备自动化程度，减少劳动力成本支出。白云山何济公计划在“十二五”规划期间，继续加大对设备更新改造的力度，特别是劳动密集工序的机械化、自动化更新改造。

在“十二五”期间，企业人力资源总量和结构将发生重大调整，薪酬体系也将发生重大调整。员工总量将继续下降，简单的工种所占用的人员比例也将下降。关键性的技术或管理岗位人员的比例将上升，人均工资的水平会上升到中上水平。关键性技术管理岗位的人员工资将和这类人员社会化工资水平接轨。

人力资源是企业的第一资源，是实现企业战略的重要基础。人力资源的减员增效，不仅要考虑到现有的组织成员能否满足战略发展的要求，还需预测未来的战略实施可能需要的人才，并且建立一套科学的绩效考核和激励体系配合人才的开发工作。人力资源规划将从三方面切入实施：

（一）薪酬制度

薪酬体系将发生重大调整。在现有的经营系统和管理层的年薪制、非生产系统的岗位工资制、生产系统的实物和产值挂钩计件工资制的基础上，进一步完善薪酬激励与绩效考核体系，使内部分配逐步向市场接轨，人均工资的水平上升到中上水平，关键性的技术或管理岗位人员工资将和这类人员社会化工资水平接轨。工资增长要打破大锅饭，合理拉开不同岗位、不同业绩及不同技能水平员工之间的分配差距，以便吸纳和留住更多优秀人才。通过薪酬和考核机制的改革，激发员工的自我开发热情，促进部门和员工超额完成任务，提高团队整体的竞争力，从而增强企业的核心竞争力。

计划“十二五”期间每年工资保持12%的增长速度，力争员工年人均工资收入从“十一五”期末的5万元达到“十二五”期末的8.8万元左右，5年期间的增长额达到75%左右。

（二）人力资源总量和结构规划

继续坚持“严进宽出”的方针，员工总量将继续下降，简单工种的人员比例将下降，关键性的技术或管理岗位人员的比例将上升。通过转移生产、增加劳务人员和实习生使用比例、提高机械设备自动化生产程度等三管齐下，力争“十二五”期末在册职工总量由“十一五”期末的734人下降至550人左右，约下降25%（期间需随生产经营及生产布局等因素变化而相应调整）。其中，退休自然减员预计为235人（生产系统占100人），其他原因减员控制在50人左右，为补充关键性的技术或管理岗位每年新增大中专毕业生30人（以本科学历为主），5年约增加150人，专业以药学类、机电技术类、经济类为主，岗位以销售、管理或专业技术为主。而非技术性的后勤服务岗逐步过渡最终实现全部外包社会化管理而减少50人左右。

（三）人力资源培训

企业培训工作是人力资源开发利用的重要内容，企业对员工的教育投入，将切实提高人力资源的文化素质和技能水平，为企业的生存和发展提供强大的资源支持。

对企业的关键岗位实行重点管理。由于关键职位上的员工掌握着企业的核心技术和重要资源，一旦流失，必然会造成巨大的损失，甚至会导致企业在很长一段时间内无法正常运行。因此，制定关键职位接班人计划，提前做好关键人才的梯队培养是将人才流动所造成的影响降到最低限度的有效办法。

对储备人才应开展有针对性的培训。在条件许可时，可以考虑辅以定时轮岗、外送培训、适当授权等有针对性地培养储备人员的管理能力，切实提高培训的效果。

白云山何济公计划在“十二五”规划期间逐步形成一整套培训、使用、考核、待遇有机结合的机制，使人力资源管理更适应企业发展战略的需要。

第二节　科研、创新、营销构筑未来

一、加强研发，技术创新

研发和创新是企业未来发展的方向。白云山何济公在制定“十二五”规划时，既全面分析了目前存在的问题，又有针对性地提出了解决的思路。

（一）企业研发、技术创新及质量存在的问题

1. 企业研发投入较少，创新能力仍有待增强。由于“十一五”期间，企业根据市场进行调整，企业研发费用占销售收入的比例总体水平偏低。由于研发经费投入有限，企业还没有真正成为技术创新主体，产学研结合程度不高。

2. 对原有的产品资源盘活不足。企业现有通过 GMP 认证的产品批文共有 188 个，目前，在产约 50 个（其中中成药 15 个，西药 35 个）占 27.9%。

3. 企业产品结构太分散，市场竞争力不强。企业产品涉及的制造行业太过分散：药品、医疗器械、化妆品、饮料等未能形成相对规模的产品群体。虽然有一批竞争力较强的名优产品，但科技含量低、附加值低、创新能力低的产业特征仍然比较显著。同时，缺少自主知识产权的产品在市场竞争中优势不明显。

4. 企业研发、技术创新人才培养体系仍需健全和完善。"十一五"期间，企业的科研人员流动性比较大，在一定程度上影响科研项目连续性的开展，同时存在人员年龄结构不合理的落后现状。

5. "十一五"期间，随着国家药政法规的进一步完善，对传统老产品提出了更高的要求，企业要在力所能及的情况，逐步进行相应的完善。

6. 由于企业生产范围多元化（食品、药品、医疗器械、化妆品）、生产形式多样化（中药前提取及粉碎委托加工、成品制剂委托加工、企业外车间后工序生产、注册地址生产、非注册地址生产等）、同时存在原三个企业的管理人员管理理念、管理方式、操作模式仍未能全部统一的现状下，对质量保证体系的执行和质量信息的反馈都存在一定影响。

（二）企业研发、技术创新及质量的机遇和挑战

1. 国家加大对医药产业的扶持，鼓励医药企业加快研发、技术创新投入，广东省也正在出台关于发展广东中药产业的具体细则，政府对创新资源的优化配置、创新投入、实施重大创新专项计划、创新人才培养等方面加大了对自主创新的支持力度，为企业自主创新提供了良好的发展机遇。同时，企业经营的好转，为科研资金的投入提供了最基本的保障。

2. 企业现在生产的都是老产品，技术含量低，附加值低。必须通过技术创新工作，增强市场竞争能力。同时，企业未来经营的增长和持续发展必须依靠研发新产品。

3. 现行的《药品注册管理办法》的实施以及药政法规的完善对企业的研发、技术创新工作提出了更高的要求，对于自主创新能力弱，企业创新主体地位不突出，科技供给能力低，科技成果转化应用不畅的企业面临着巨大的挑战。

4. “十二五”期间，新版 GMP 和 2010 年版《中华人民共和国药典》的实施和国家实施基本药物目录的一系列措施都对药品企业的生产质量体系和产品的质量提出了更高的要求，对于厂房设备老化、人员年龄结构偏大、生产地址散而广、生产产品种类多而产量小、质量保证体系仍需完善的国有企业面临着更大的挑战。

（三）企业研发、技术创新及质量的主要任务

按照企业发展的部署，“十二五”时期企业将加大研发、科技创新投入力度，结合企业支柱产业（药品）和重点七大品种，有选择地推进原始创新，盘活现有产品资源，开展具有自主知识产权的技术创新和新产品研发，突破产品的关键和核心技术，提升和优化产品结构，增加企业产品新的经济增长点，同时、进一步健全质量保证体系建设，确保产品质量，为促进企业经济又快又好地发展。主要工作：

1. 优化提升传统产品是企业技术创新的重点工作。七大重点品种是企业经营的主体，是实现“十二五”经济增长的基本力量。围绕七大重点品种，开展以提升产品质量标准，降低成本，突破产品核心技术为课题的技术创新工作，从而提升产品附加值和技术含量，显现比同类产品更强更好的差异化。使得产品市场竞争能力得以提升。并通过相关课题开展，拓展产品基础研究，为市场营销宣传提供支撑点。

2. 盘活现有的产品资源是企业充实产品结构的捷径。企业现有通过 GMP 认证的品种有 188 个，但实际产业化生产的不足 30%。由于新的《药品注册管理办法》实施，使得企业获取新批文的投入资金加大和时间周期长，并且风险也大。所以，对盘活仍有市场销售但企业未能进行产业化生产的品种，是充实销售产品群体的较佳方法。成立专责小组，由经营、技术、质量、设备等部门组成，开展对原产品资源重新进行工艺研究和质量考察以及设备适用性等课题，必要时通过补充申请途径进行规范，使得该类产品能承担一定市场销售增长。

3. 建立与市场竞争同类产品的数据分析体系，“知己知彼，才能百战不殆”，通过对竞争同类产品深入分析，企业才能知道自己产品的优点和缺点，寻找差异化，发挥优点，改进缺点，不断提高或超越同类产品的竞争力。

4. 确定、坚持企业未来产品战略发展方面，做好新产品的立项工作，通过“十二五”期间科研的工作，为企业未来五年发展提供产品梯度，为企业未来的经济增长提供产品群体，同时，加大科研资助的投入。

5. 建立完善的五级质量保证体系，通过企业决策层全面重视、原材料供应质量保证、生产操作一线坚决执行、质量控制部门严格把关和产品售后服务跟踪等五个层级，达到全面保证药品质量、保障人体用药安全、维护人民身体健康和用药的合法权益的目的。

6. 加强生产过程的质量监控，确保产品质量，做到国家监督性抽查合格率及其他抽查合格率为 100%，不出现因抽查不合格而被国家药监局或广东省药监局质量公告的情况，完成集团及白云山股份公司各项考核指标。

7. “十二五”期间，企业14个剂型GMP认证证书将陆续到期，企业面临按新版GMP进行认证改造的严峻形势，需完成企业GMP文件的重新修（制）定，GMP生产场地、设备、工艺等的验证工作。

8. 积极参与国家质量标准提高修订工作，提高企业在制定标准的主动性、话语权，争取将红色正金软膏、骨有灵贴膏、麝香拔湿膏、田七跌打风湿软膏、散结止痛膏、外用跌打止痛膏收载入《中华人民共和国药典》。

9. 加强企业技术人员引进和培训工作，解决人员断层问题。

“何济公”是一家近70年历史的老字号，产品几十年定位都是低端价位，包括“701”跌打镇痛膏等其他整合过来的产品，这些产品利润菲薄，过去在产品的市场推广和后续研发方面投入不够。与白云山外用药厂合并之后，白云山何济公已经成为全国最专业的止痛散剂和外用药生产企业。新企业将突出外用药和止痛散剂专业优势，在白云山何济公外用药成为广药集团“十一五”重点工程之机，利用好广药集团大医药研发平台资源，进一步增进产品品质，使得何济公阿咖酚散这样的产品，不但牌子老、价格平，而且品质更无可挑剔，在“何济公”这样的全国老字号真正实现既有资源与营销创新、技术改进全面结合的系统工程改造，从而将产品带来一个从区域品牌到全国乃至国际品牌的重大跨越。而“701”跌打镇痛膏在市场、品牌、研发及知识产权等方面有多年积淀，是白云山何济公乃至整个广药集团众多厂家产品中最具二次开发价值及发展潜力的产品之一。它目前所采用的传统橡胶膏剂型产品在全国市场竞争非常激烈，其剂型和工艺改革也已经提到一个非常高的议事日程上了，如采用喷雾剂和巴布剂等新剂型。这些都是“十二五”中需要研究和解决的重点问题。

二、整合营销，规划未来

“十二五”期间，营销仍然是最具决定性的因素，销售数量、销售价格、品种结构的不断优化是该厂销售和毛利增长和可持续发展的关键。

作为中小型医药企业，白云山何济公立足市场，必须有明晰的营销战略。而周密的企业战略思考，是一个对医药市场、企业自身实际以及医药营销经验综合、系统思考的过程。

医药传统的营销以产品、价格、通路、促销为核心，而整合营销则是强调消费者。整合营销的关键在于重视消费者的行为反应，与消费者建立良好的双向沟通。医药行业已经进入了微利时代，企业之间的营销和竞争手段已经越来越同质化。因此，降低成本，增强市场竞争力，提高市场占有率成为企业的重要任务。企业对营销组织进行整合，建立一个以品牌、市场、消费者为主导的营销战略，实施整合营销与整合营销传播，并通过对媒体的整合来塑造和提升其品牌。

在同质化的条件下，医药产品绝大多数表现为买方市场。作为医药企业应该把握消费趋势，根据产品的市场生命周期寻找商机，有针对性地开拓目标市场，根据不同市场的特点，推出不同的产品。

“十二五”期间，营销首先要紧紧结合企业的聚焦发展战略。企业资源有限，条件不允许追求广泛的细分市场，那就只有把这些有限的资源全部集中到一点或几点上。目前，白云山何济公把经营战略的重点放在实实在在能盈利的目标上，避免大而弱的分散投资局面，集中使用资源来倍增重点产品的市场竞争力。聚焦战略可以将企业有限的能力、资源聚焦在某一特定的、具体的对象上，如某一系列产品、某一类型的客户、某一地区上。白云山何济公营销战略聚焦的核心就是主打产品的品种聚焦。要继续做大阿咖酚散、“701”跌打镇痛膏系列、风油精、皮炎平、皮康霜、新肤松和消炎镇痛膏7大品种，力争“十二五”期间上述品种在销售收入的权重从75%上升到80%以上，到2015年7大自营品种（不含出口）的销售收入达4.8亿元。

其次，要专注和做大非处方药产品，重点选择在广东、云南和贵州三省对阿咖酚散做电视广告，如果企业利润状况允许时可在广西和湖南等地适当投入电视广告，选择广东投入“701”跌打镇痛膏的电视广告，通过广告进行消费者教育，扩大终端药店消费者指名购买人数，拉动需求。同时选择主销区组建和扩大非处方药终端队伍，做好服务，巩固渠道和终端网络，通过持续几年的广告和终端工作形成累积及规模效应。

还有，企业还要探索代理品种销售新模式，大力拓展出口业务。营销中心专注7大重点品种，其他自营品种通过招商发挥社会资源的作用来扩大销售，其他非自营品种通过引入区域（一省或多省）及全国代理商来拓展业务，通过优胜劣汰、规范经营的方式扩大销售规模，争取2015年销售收入达到6 800万元。大力拓展产品出口业务，主要出口产品为皮康霜、“701”跌打镇痛膏（罐装）、五羊牌跌打止痛膏和风油精，出口业务的主要拓展区域为印度尼西亚、加拿大、美国、韩国、非洲及南美等国家和地区，争取到2015年出口业务达到3 100万元。

第三节 构建企业文化，弘扬老字号品牌

先进的企业文化是企业健康发展的精神支柱和动力源泉，是企业核心竞争力的重要组成部分和形成要素，建设先进的企业文化，既是增强企业凝聚力、向心力的需要，也是提高企业管理水平、打造企业品牌、扩大市场影响、树立企业良好形象、培育企业核心竞争力的重要途径。

“何济公”的企业文化具有鲜明、独特的历史性和实践性，因为她深深地烙上了“济公”传奇、抗日救亡实业家和企业创始人“何福庆”先生和英烈“向秀丽”的印记和元素，这也是“何济公”企业核心价值观的内核。但是，由于缺乏对企业文化的挖掘、整理和广发宣传、引导，使得广大员工在一定程度上存在思想混乱、企业价值观模糊、企业使命愿景不清晰等问题。于是，在“十二五”战略规划中确立重新建构白云山何济公企业文化体系这项任务显得十分重要和必要，它必然成为推动白云山何济公健康发展的内生源动力和保障。

一、老字号品牌——企业文化的根基

白云山何济公制药厂是拥有“白云山”中国驰名商标以及“何济公”中华人民共和国商务部认定批准的首批“中华老字号”企业。

早在 1938 年，“何济公”创始人何福庆先生在广州开办了何济公药行，并立下了“半为慈善半营生，利己利人驰盛誉”的经营宗旨。价廉物美的“何济公”阿咖酚散自问世半个多世纪以来能经久不衰。70 多年来，“何济公”一路铮然

砥砺，向秀丽的感人故事激励着一代代何济公人。

要进一步发展企业，关键仍然在品牌建设。白云山何济公最重要的产品，在市场上同类品种众多，产品同质化也非常严重。在这样的市场中，品牌形象的差异重于商品本身的差异，企业卖的往往不止是差异化的商品，而且是差异化的品牌理念。所以白云山何济公长久以来形成的良好品牌将是制胜的关键。一个品牌的核心价值源自品牌的内涵，品牌的核心价值成为品牌差异化及竞争力的关键。产品可以被竞争对手模仿，而品牌则经久不衰。

扩展企业品牌，有许多工作要做，关键就是挖掘和升华品牌内涵。品牌传播有三个层面。第一是视觉识别，作为传统老字号，“何济公”有独特醒目的商标标识与产品文化，有着多年口头传播的基础。第二是行为识别，广州白云山何济公制药有限公司在与广州白云山制药股份有限公司白云山外用药厂整合后，实行品牌融合策略。两大品牌各有传统和美誉度，要使品牌发展平衡，使品牌之间产生相映生辉的促进作用，既保留传统品牌的精髓，又使新的品牌形象以及新的产品能够渗透到顾客心目中。第三更重要的是理念识别，这是品牌运作的核心，也是品牌延续和发展的动力。其实，白云山何济公有许多独特的精神财富，包括：创始人之一陆顺天的产业救国思想、何福庆的慈善济世思想、共和国烈士向秀丽的舍己为公精神以及劳模黄甜堃技术创新精神等等，是其他企业所不具备的品牌资源财富。

在企业文化的建设中，要紧紧围绕“何济公”品牌的创新精神凝练升华，用企业战略导向引领品牌建设，用加强自主创新来强化品牌建设，用强大的质量保障品牌建设，用营销创新加强品牌建设，进一步进行品牌核心价值提炼，使

"何济公"品牌成为企业未来发展的强大助推力。以两种拳头产品中为例，阿咖酚散问世虽然已有近半个世纪以上，最新世界权威医学机构研究证明它仍不失为目前治疗偏头痛最有效、最安全的新药物，这是"何济公"解热镇痛类产品今后品牌进一步提升的关键。而"701"跌打镇痛膏独有的知识产权财富，也是企业在外用药领域品牌创新的重要基础。

二、"何济公"企业文化体系建设的指导思想和目标

"何济公"企业文化体系建设的指导思想是：认真落实以人为本，全面、协调、可持续的科学发展观，以邓小平理论和"三个代表"重要思想为指导，牢固树立以人为本和全面、协调、可持续的科学发展观，以树立正确的价值观为重点，全体何济公人同心协力、拼搏进取，共同为企业的生存和发展恪尽职守，充分发挥员工的聪明才智，为中华老字号企业的可持续发展创造条件和机遇，与时俱进，开拓创新，以更优质的产品造福大众，以更优良的服务回馈社会。

企业文化体系建设的目标是：从建立现代制药企业制度的需要出发，全面推进物质文化、行为文化、制度文化与精神文化有序健康发展，倡导并确立全体员工共同认可与遵循的企业使命、愿景、核心价值观。未来五年，白云山何济公将本着"企研结合、重点突出、保护核心、确保领先"的原则，立足现有产品，围绕发展瓶颈问题，引进科技人才，增强自主创新能力，全面推进以"701"跌打镇痛膏引领的中药基因组研究工程，倾力打造中国解热镇痛类药驰名品牌和外用药第一品牌。

三、“何济公”文化体系建设的内容和措施

当前，白云山何济公正处于“十二五”规划的关键时刻，制定了企业文化体系建设的核心内容：企业使命、愿景和核心价值观。

企业使命——济世为公，精心制造和研制新药，全心全意帮助病患者克服疾病。

企业愿景——敢为天下先，打造中国解热镇痛类药驰名品牌和外用药第一品牌。

企业核心价值观——团结、发展、再造、突破。

为有效落实“何济公”企业文化体系建设工作，企业重点将做好以下工作：

1. 紧扣中心，突出重点，切实做好企业文化建设理念宣传动员工作，使企业使命、愿景、核心价值观深入人心，从而统一员工思想，提高认识，为“何济公”企业文化体系建设奠定坚实基础。

通过争创“四强四优”活动，把党建工作和企业文化建设融入企业生产经营管理工作中去，把创先争优作为推动企业科学发展的经常性动力、作为促进企业和谐稳定的经常性保证、作为服务职工群众的经常性机制、作为我们加强基层党支部建设的经常性要求；每年开展纪念向秀丽烈士纪念活动，进一步教育广大员工弘扬秀丽精神；组织党员奉献爱心、看励志电影、参加红色之旅，充分发挥党员先锋模范作用，加强党组织的战斗堡垒作用；通过开展“学先进、赶先进、树典型”活动，积极宣传白云山何济公的好人好事，发挥典型示范的带动作用，使员工从思想上转变观念，提高认识，全面提升员工素质，并形成树典型的长效机制，为推进白云

山何济公的发展给予支持和保障。

2. 加强企业文化制度建设，经常组织员工进行培训和交流，规范员工职业行为，为企业的良性发展保驾护航。

定期组织员工对企业文化制度进行学习，并加强企业文化宣传报道工作，营造良好的宣传氛围，使制度深入人心，从而改变员工的职业行为。尤其对新员工，要进行深入的制度培训，使其深刻领会企业使命和核心价值观。

3. 工会通过开展丰富多彩的文娱体育活动、形式多样的劳动竞赛以及扶贫助困“送温暖”活动，进一步落实职工的“三个保障计划”，增强员工对白云山何济公的归属感，提高凝聚力和向心力，为企业生产经营中心任务的完成提供有力保障。

4. 用企业文化精神凝聚白云山何济公的团员青年，充分

合力发展，济世为公

发挥团员青年作为党的后备军和助手作用，展现白云山何济公团员青年的精神风貌。

“向秀丽突击队”积极开展各种以“志愿者爱心奉献”为主题的系列活动，大力弘扬向秀丽精神，用志愿者爱心奉献行动传递和谐薪火；白云山何济公新市检测中心市级“青年文明号”争创省级、国家级“青年文明号”；“向秀丽青年突击队”争创广药集团和广州市级“青年文明号”等。

白云山何济公，上百年源远历史，七十载驰名品牌，见证着民族产业的成长历程，传扬着济世为公的高尚精神。随着企业的发展，它将进一步在中药外用药的广阔领域里，书写岭南中医药文化的辉煌！

第七章 大事记

1831 年

宁远堂药店开业，地址在广州油栏门油栏直街。

1881 年

徐绍棠承顶宁远堂。

1917 年

和平制药公司成立，地址是广州市豆栏上街 12 号之 1。

1921 年

灵芝药厂成立，地址是广州市太平南路 110 号。

1923 年

陆顺天创办新民敷料厂，地址在广州市光塔路仙邻巷。

1931 年

宁远堂改名徐宁远堂，地址是广州市一德中紫薇街 1 号，新中国成立后更名徐宁远药厂。郑安之成药社成立，地址是广州市十八甫西 17 号。梁永馨药社成立，地址是广州市桨栏路 71 号。

1932 年

苏南山药社成立，地址是广州市杉木栏路 137 号。

1935 年

孔金芳药社成立，地址是广州市濠畔街 386 号。

1936 年

万灵药厂成立，地址是广州市在杉木栏路 108 号。

1937 年

安安工业社成立，地址是广州市桨栏路由父巷。

1938 年

何济公药行成立，地址在广州市河南积善里。年底，何济公药行迁往上海市康定路 88 弄 11 号。

1940 年

安全堂成立，新中国成立后改名为安全堂药厂，地址是广州市杉木栏路 161 号。农林药局成立，新中国成立后改名为张农林药社，地址是广州市太平南路吉生里 12 号。

1945 年

何济公药行迁至广州市洞神坊 45 号之一。新民敷料厂复业。三益敷料厂成立。

1946 年

宇宙成药社成立，地址是广州市丛桂路十二甫西路 18 号。惠民药厂成立，地址是广州市十八甫路 59 号。凤凰草药社成立，地址是广州市太平北路 179 号三楼。仁人药行成立，地址是广州市宝源路 112 号。吴国强药社成立，地址是广州市十八甫路 84 号。百元堂成立，地址是广州市一德西路。华大药厂成立，地址是广州市杨巷路新巷 17 号。何济公药行产品“灭痛星”改名为“止痛散”。

1947 年

百灵成药社成立，地址是广州市十八甫桂堂新街 12 号。保心安药厂成立，地址是广州市杉木栏路 91 号。中亚药厂成立，地址是广州市华贵路观贤坊12号。

1949年

荷兰制药厂成立，地址是广州市桨栏路91号。

1950年

国华药社成立，地址是广州市宝华路十五甫正街7号。钧华药社成立，地址是广州市桨栏路42号。普庆中药厂成立，地址是广州市第十甫7号。万宝药社成立，地址在广州市光塔路玛瑙巷。天和堂药社成立，地址在广州市和平西路联桂坊。

1951年

康健成药社成立，地址是广州市杨巷路杨仁南4号。胡文龙药社成立，地址是广州市杨巷路万钟首约。信谊药厂成立，地址是广州市光复中路96号。

1952年

新华敷料厂正式投产。同年，时代、永和、保康四间敷料厂和新星橡皮膏厂先后建立。

1953年

清华化工厂成立，地址是广州市第十甫同福里2号。何济公药行迁至广州市下九路52号。

1954年

三联制药社成立，地址是广州市杨巷路60号。力生鱼鳞胶厂成立，地址在珠江南岸烂花园8号之1。何济公药行产品“止痛散”定名为“止痛退热散”。

1956年

适用化工厂成立，地址在宝华路存善正街19号三楼。何济公药厂、宇宙成药社、和平制药公司、郑安之成药社、荷兰制药厂、惠民药厂、康健成药社、国华药社、百灵成药社、凤凰草药社、三联制药社、安安工业社、力生鱼鳞胶厂共13间私营药厂、社合并，成为公私合营何济公联合制药厂，以生产新药散剂、鱼肝油、盒装软膏为主。灵芝药厂改制为公私合营灵芝制药厂。普济药行、万灵药厂、徐宁远堂药厂、安全堂药厂、保心安药厂、钧华药社、胡文龙药社、梁永馨药社、苏南山药社、万宝药社、天和堂药社、孔金芳药社合并为公私合营普济联合制药厂。仁人药厂、信谊药厂、中亚药厂、华大药厂合并为公私合营仁人联合制药厂。张农林药社、普庆中药厂、吴国强药社、百元堂合并为公私合营农林联合兽药厂保康敷料厂、新星橡皮膏厂与新华敷料厂合并，定名为公私合营新华联合敷料厂。永和、三益、时代三家敷料厂合并，定名为公私合营永和联合敷料厂。新民敷料厂改名为公私合营新民敷料厂。

1958 年

清华化工厂、适用化工厂并入公私合营普济联合制药厂。公私合营普济联合制药厂接受两名越南友人到厂学习清凉油类生产技术，依期完成培训任务。公私合营何济公联合制药厂创办化工车间（后命名为秀丽车间），生产硫尿、双氰胺、硫酸肼、甲基硫氧嘧啶等药用原料和中间体。公私合营永和联合敷料厂与公私合营新华联合敷料厂合并，定名为公私合营新华联合敷料厂，同年改为公私合营新华制药厂。越秀化工社并入公私合营新民敷料厂。

12 月 13 日，化工车间失火，共产党员向秀丽奋不顾身与烈火搏斗，严重烧伤。

公私合营侨光联合制药厂研制试产安乃近成功。

1959 年

1 月 15 日向秀丽伤重不治，光荣牺牲。《人民日报》以向秀丽事迹写了《毫不利己、专门利人》的编后话。《中国青年报》发表了《崇高的品质、光辉的榜样——悼念和学习向秀丽同志》的社论。当时的中央首长和广东省、广州市领导都为向秀丽写诗题词，以表彰英烈，策励来兹。

广州第八制药厂的前身广州公私合营侨光联合制药厂化工第二车间建成投产。主要生产安乃近、氨基比林、安替比林等解热类医药原料。

鹿头牌正金油获广州市一等名牌产品奖。

广州何济公联合制药厂化工车间被评为全国先进单位。

广州西村福利化工厂并入公私合营新华制药厂

1961 年

公私合营何济公联合制药厂、公私合营灵芝制药厂、公私合营普济联合制药厂合并，成立为广州公私合营何济公联合制药厂。

鹿头牌正金油获广州市二等名牌产品奖。

1963 年

广州何济公联合制药厂黄甜堃等人创制了第一台能完成散剂包装操作 7 项工序的自动包装机，获得化工部医药司的奖励。

广州何济公联合制药厂工人、生产组长陈凤琼出席广东省工业、交通、基建、农业、财贸方面社会主义建设先进集体和先进生产（工作）者代表大会。

公私合营新民敷料厂与公私合营新华联合制药厂合并，定名为公私合营新华卫生材料厂，厂址在越秀北路 139 号。

1964 年

广州公私合营何济公联合制药厂改名为中国医药工业公司公私合营向群制药厂。

1965 年

6 月 29 日中国医药工业公司公私合营向群制药厂与公私合营仁人联合制药厂、公私合营农林联合兽药厂合并，仍命名为向群制药厂。

“止痛退热散”由卫生部确定处方、质量标准、包装规格、文字图案、零售价格，并改名为“解热止痛散”。

广州公私合营侨光联合制药厂的化工第二车间分出，成立为中国医药工业公司广州第二制药厂。生产品种以“三安”原料药为主。

1966 年

向群制药厂试制成功了膏剂自动灌封机。经过不断改革和完善，连续自行制造了 4 台投入生产。

公私合营新华卫生材料厂改名为广州卫生材料厂。

1969 年

中国医药工业公司广州第二制药厂又与卫民制药厂、永红制药厂重新合并，定名为中国医药工业公司广州第二制药厂，原广州第二制药厂改为合并后的广州第二制药厂的原料车间。

向群制药厂改名为广州第六制药厂。

广州卫生材料厂自行创造开切玻璃纸机，自行制造切胶机，改进压玻璃纸花纹机，双刀消炎铡刀机等。

1973 年

原广州第二制药厂原料车间从广州第二制药厂分出，组建成以生产医药原料为主的广州第八制药厂。

1974 年

1 月 1 日广州第八制药厂正式定名成立。

1975 年

广州第八制药厂采取以厂带社形式，成立广州第八制药厂医药生产合作社。

1976 年

广州第六制药厂采取以厂带社形式，成立广州第六制药厂医药生产合作社，属集体所有制，经济独立核算，自负盈亏，生产管理在厂内视同车间。

1977 年

广州第八制药厂安基比林在全国同品种质量评比中获第一名；安乃近在由国家医药总局主持的全国同类产品质量评比中连续三年获得第一名。

1978 年

广州第八制药厂的番麻皂素合成强的松荣获全国科学大会奖；抗真菌药克霉唑获广州市科委授予新工艺研究奖。

广州第八制药厂的安乃近被命名为广州市名牌产品。

广州第八制药厂二车间在完成各项工作中成绩突出，被评为出席广州市工业学大庆先进集体；同年 6 月，车间主任林艳珠代表车间出席石油化学工业部第二次工业学大庆会议，石化部授予二车间为“红旗车间”光荣称号。

1979 年

按照上级指示，向群制药厂派人员协同广州中医学院为越南、老挝留学生上课，传授膏剂及清凉油生产技术。

广州第六制药厂对两个生产车间和合作社实行全面规划，调整生产场地，进行技术改造。散剂车间在巩固提高散剂包装自动化的同时，实现了散剂前工序筛、磨、混密闭式连续生产线；膏剂车间和合作社在原地进行场地调整，膏剂生产进行技术改造，眼膏、软膏分别配套为生产线，并采用管道输送。

广州第八制药厂的安乃近在全国医药工业同品种竞赛中获得冠军。

1980 年

广州第六制药厂复名为广州何济公制药厂。

广州第八制药厂安乃近被评选为广东省优质产品和国家医药总局优质产品。

广州第八制药厂开始打破医药原料专业化生产，成立了制剂车间，生产剂型以栓剂为主。

广州卫生材料厂成立生产合作社。

1981 年

广州何济公制药厂正金油制油质量控制小组被评为广东省医药局先进质量控制小组。

广州第八制药厂萘普生获广东省医药管理局授予优秀医药科技成果一等奖；克霉唑癣药水获广州市经济贸易委员会授予新产品新技术三等奖。技术副厂长张霖泽获广州市科学技术委员会授予研制萘普生成果三等奖。

广州卫生材料厂消炎镇痛膏和“713”跌打止痛膏经过广东省优质产品评比，被评为广东省优质产品。

1982 年

何济公制药厂鹿头牌正金油获广东省优质产品奖。

何济公制药厂成立研究所。

原广州第九制药厂原料药阿司匹林移交第八制药厂生产，生产设备、生产工作随该品种调入，3 月正式投入生产。

1983 年

广州何济公制药厂计划生育工作被广州市医药总公司评为先进单位；环保工作被评为广州市先进集体；计量工作被

评为广州市医药系统先进小组；癣敌软膏质量控制小组被评为广东省制药工业公司先进质量控制小组。

何济公制药厂与黑龙江省阿城县玉泉养鹿场签订联合生产经营参芪鹿精产品经营协议，与广东省中医院签订联合研制经营麝香止痛跌打霜协议。

广州第八制药厂盐酸吗嗪获广州市科委授予科技成果三等奖，技术副厂长张霖泽获广州市科学技术委员会授予研制盐酸吗嗪科技成果三等奖；克霉唑栓获广州市经委授予新产品、新技术三等奖。

广州卫生材料厂“701”跌打镇痛膏被评为广东省优质产品称号。

1984 年

广州第八制药厂新产品“的确当”眼药水投入生产；萘普生获国家医药管理局授予优秀科技成果三等奖。

何济公牌癣敌软膏获广东省优质产品奖。

何济公制药厂气雾剂系列和益康唑喷雾剂均被评为广东省制药工业公司优秀包装。

何济公制药厂气雾剂质量控制小组和参芪鹿精质量控制小组均被评为广州市医药总公司优秀质量控制小组；正金油质量控制小组被评为广州市医药总公司先进质量控制小组。

1985 年

经广州市医药总公司研究决定：广州第八制药厂与广州何济公制药厂实行两厂合并，定名为广州何济公制药厂。

1986 年

广州何济公制药厂与增城氮肥厂签订了关于“加工安乃近、氨基比林”中间体的协议。

广州何济公制药厂“济公菊”像获广州市文化公园和荔

湾区的秋菊展览一等奖。

1987 年

广州何济公制药厂散剂车间的磨、筛、混生产线获广州市政府科技进步奖，并于12月7日送北京展览。

广州牌“701”跌打镇痛药膏和广卫牌止血贴，荣获第三届羊城杯质量奖。

广州卫生材料厂获1987年广州市出口工作成绩显著单位称号。

1988 年

广州卫生材料厂在新市萧岗乡举行了新址奠基仪式。

广州卫生材料厂止血贴获广州市1987年度科技进步奖（三等）；广卫牌止血贴获广州市1988年质量奖及广东省优秀新产品奖，并被广东省经委和广东省质量奖审定委员会评为1988年广东省最佳工业产品；广州牌医用橡皮膏获1988年度广东省质量奖。

1989 年

广州何济公制药厂美肤保健制品社获广东省卫生厅颁发的化妆品生产企业卫生许可证。

广州何济公制药厂“的确当”眼药水获市科技进步奖三等奖。

广州卫生材料厂被评为广东省先进企业。

广州卫生材料厂“701”跌打镇痛膏复评为省优质产品和止血贴获广东省优质产品称号。

1990 年

广州何济公制药厂被批准为省级先进企业，被全国医药技术中心评为全国医药包装管理先进企业，被广东省医药联合总公司评为广东省医药包装管理先进企业。

广州何济公制药厂“济公开胃茶”被广州市经济贸易委员会评选为广州市1989年技术进步及发明新项目奖。

广州卫生材料厂新市厂房迁建改造首期工程全面通过验收。

广卫牌止血贴荣获广州市第六届羊城杯质量奖。

1991年

广州何济公制药厂济公开胃茶获中国优质保健产品银奖。

1993年

广州何济公制药厂组建何济公经贸发展公司，下设财务部、医药化工部、药机五金部、建材部、百货劳保用品部。撤销展销部、劳动服务部，并入经贸发展公司。

国家统计局1993年发布的中国100家最大医药工业企业名单，广州何济公制药厂按1992年利税总额指标排序居第62名。

1994年

广州何济公制药厂新膏剂生产大楼正式投入生产。

广州何济公制药厂白霉唑原料及白霉唑溶液剂获准生产，是实施新药审批办法以来第一次获得的二类新药证书。

1995年

广州何济公制药厂疥得治药品包装盒外观设计专利获国家医药管理局优秀医药专利三等奖。

广州何济公制药厂联苯苄唑溶液、复方奈甲唑啉剂获1994年广州市医药管理局科技进步奖。

广州何济公制药厂成立何济公实业发展有限公司。

1996年

广州何济公制药厂联苯苄唑溶液被评为1996年广东省医药科技进步二等奖。复方萘甲唑啉喷雾剂（乎泰）被评为

1996 年广东省医药科技进步三等奖。

1997 年

广州何济公制药厂肤美茵霜项目获广州医药集团有限公司 1996 年科技进步奖（新药证书及生产批文奖）。

在第三次全国工业普查中，广州何济公制药厂被全国第三次工业普查办公室、国家统计局工业交通司认定为年销售收入，在全国化学品制剂制造行业中排序第 48 名。

何济公牌解热止痛散被市评为名牌产品。

广州卫生材料厂生产的广州牌“701”跌打镇痛药膏被列为国家二级中药保护品种。

1998 年

“何济公”商标、广州牌注册商标被评为广州市著名商标。

“何济公”商标被认定为广东省著名商标。

何济公经贸发展公司与实业发展公司合并，合并后机构名称为广州何济公经贸发展公司。

1999 年

广州何济公制药厂替硝唑栓获得广州市医药集团有限公司新药证书和生产批文。

2000 年

广州何济公制药厂痔疮栓药品包装盒获外观设计专利。

广州何济公制药厂解热止痛散药品包装盒获外观设计专利。

穗府［2000］56 号文关于公布广州市第一批“老字号”的通知（共 27 家），“何济公”排列在 24 号。

广州牌“701”跌打镇痛药膏被认定推荐为 1999 年广州名牌产品（有效期二年）。

2001 年

“何济公”、广州牌商标被延续认定为市著名商标。

广卫牌滴通鼻炎水被列为国家二级中药保护品种

2002 年

广州何济公制药厂按上级要求参与重组白云山，采取有限责任公司方式进行改制，更名为“广州何济公制药有限公司”。

广州何济公制药有限公司生产的解热止痛散更名为阿咖酚散。

广州卫生材料厂通过喷雾剂、滴鼻剂、外用溶液剂 GMP 认证。

广州卫生材料厂改制为广州卫材制药有限公司。

2003 年

广州何济公制药有限公司散剂车间、滴眼剂车间通过 GMP 认证，成为全国首家散剂通过 GMP 认证的生产企业。

何济公牌阿咖酚散经广东省医药行业名牌产品审定程序核准为广东省医药行业名牌产品，被广州市质量管理协会用户委员会评为广州市用户满意产品。

广州何济公制药有限公司鹿头牌商标被认定为广州市著名商标。

广州卫材制药有限公司通过橡胶膏剂（含激素类），贴剂 GMP 认证。

广州卫材制药有限公司被广东省经济贸易委员会、广东省医药行业协会评为抗击“非典”模范单位。

广州牌“701”跌打镇痛膏被广东省质量技术监督局授予广东省名牌产品称号。

2004 年

广州何济公制药有限公司被广东省食品药品放心工程评价委员会认定为广东省食品药品放心工程示范基地。

“何济公”商标延续被认定为广东省著名商标。

广州何济公制药有限公司全面通过 GMP 认证检查。认证剂型包括散剂、滴眼剂、胶囊剂、颗粒剂、溶液剂（外用）、软膏剂、乳膏剂（含激素类）、眼膏剂（含激素类）、栓剂、散剂（口服）。

广州医药集团有限公司穗药集字［2004］164 号文批复，同意将广州白云山中药厂外用药部分资产和业务剥离后全部并入广州卫材制药有限公司统一经营管理，同时将公司更名为广州白云山外用药有限公司。

2005 年

根据广州白云山制药股份有限公司资源整合以及广州医药集团有限公司的要求，广州何济公制药有限公司更名为“广州白云山何济公制药有限公司”。

“何济公”、广州牌商标被延续认定为广州市著名商标。

何济公牌阿咖酚散经复评合格，再次被评为广州市用户满意产品。

广州白云山何济公制药有限公司被广州市质量管理协会用户委员会评为广州市用户满意企业。

广州白云山外用药有限公司定名为广州白云山制药股份有限公司白云山外用药厂。

广州白云山天心制药股份有限公司的滴眼剂、滴鼻剂车间及该车间所属剂型品种合并归入广州白云山制药股份有限公司白云山外用药厂。

2006 年

广州白云山何济公制药有限公司鹿头牌商标首次成功获得广东省著名商标称号，并获广州市人民政府 5 万元奖励。

广州何济公经贸发展公司办理歇业的相关手续。

广州白云山何济公制药有限公司获首批全国中华老字号称号企业。

2007 年

广州白云山何济公制药有限公司和广州白云山制药股份有限公司白云山外用药厂合并组建为广州白云山制药有限公司白云山何济公制药厂，1 月 26 日正式挂牌成立。

广州白云山何济公制药有限公司被生产力发展研究会等 6 单位评为 2006 年中国广州最具竞争力制造业和高新技术企业 100 强单位；被广东省企业文化建设论坛组委会评为广东省知名品牌、2006 年度广东省最具公众形象企业、2006 年度广东省十大最具文化价值品牌企业；被广州市企业评价协会评为 2006 年度中国广州最具诚信度企业 100 家单位。

“何济公”商标被广东省著名商标认定委员会认定为广东省著名商标，有效期三年。

广州白云山制药有限公司白云山何济公制药厂荣获第十七届广东省企业管理现代化创新成果三等奖（成果名称：注重整合的管理优化）。

2008 年

广州白云山制药有限公司白云山何济公制药厂先后完成普宁厂外车间散剂（分装、包装）GMP 认证，荔湾厂区散剂、滴眼剂（含激素类）GMP 认证剂（外用）、栓剂 GMP 认证，新市厂区和同和厂区橡胶膏剂（含激素类）、贴剂、搽剂、软膏剂、乳膏剂（含激素类）、溶液剂（外用）、栓剂

GMP 认证。

荣获 2007 年度中国广州最具竞争力制造业和高新技术企业 80 强上榜单位。

荣获 2007 年度广东省企业品牌建设十佳单位。

广州牌、何济公牌商标被广州市工商局评为广州市著名商标。

2009 年

全厂 15 个剂型全部通过了第二轮 GMP 再认证。

荣获广东老字号企业二十强、2008 年度广东省社会责任杰出贡献单位、2008 年度广东省企业品牌建设先进单位称号。

跌打镇痛膏产品被广东省科学技术厅认定为广东省高新技术产品。

2010 年

“701”跌打镇痛膏被列为广药集团中药基因技术首批品种。

“701”跌打镇痛膏正式获得韩国药品管理部门的批准，取得韩国药监局颁发的药品注册进口证。

阿咖酚散胶囊成功取得生产批文。

何济公牌商标 荣获广东省著名商标称号。

荣获 2009 年度白云区“名牌战略奖”和“纳税大户奖”。

荣获 2009 年度广东省企业文化建设先进单位、企业品牌建设先进单位和广东省最具文化价值品牌称号。

荣获 2008 ～ 2009 年度纳税信用等级 A 级纳税人称号。